한국어 완곡 표현 연구

양 정

박문사

본고는 광동외어외무대학교 신임교수 연구지원비로(번호: x299-x5218003) 진행되었다.
感謝廣東外語外貿大學引進人才科研啟動項目(項目號: x299-x5218003)對本書出版的支持。

차 례

제1장

머리말

1. 머리말

1.1 완곡 표현은 왜 필요하고 중요한가

한국은 급격한 경제 성장과 한류 등의 전파로 그 국제적 위상이 점차 높아져 왔으며, 이에 따라 한국어를 배우는 중국어권 학습자의 숫자도 지속적으로 증가하고 있다. 한국과의 교류가 활발해지고 있는 가운데 중국어권 학습자를 위한 한국어 완곡 표현의 교육과 연구의 필요성과 중요성에 대해서는 연구자와 학습자들도 대체로 공감하고 있는 사실이다. 한국어 교육의 최종 목표는 학습자가 올바른 의사소통을 할 수 있도록 지도하는 데에 있다. 일상생활 속에서 원활한 의사소통을 위해 사람들은 가급적 부정적이고 민감한 화제는 피하고 돌려서 표현하는 경향이 있으며, 부드럽고 우회적이며 간접적인 화법을 사용하려고 한다. 완곡 표현의 사용은 금기를 회피하고 상대의 체면 유지와 함께 예의를 지켜 긍정적이고 원활한 대화를 이끌어 대화의 목적을 달성하도록 하는 데 도움을 준다. 그런

면에서 완곡 표현은 의사소통에서 '윤활제'에 해당하는 매우 중요한 역할을 담당한다. 따라서 한국어 교육을 연구할 때 한국어의 음운이나 형태 또는 문법 등에 대한 강조도 물론 중요하지만, 여기에서 한 걸음 더 나아가 한국어의 어휘, 표현, 문화 교육 등의 중요성 역시 결코 무시될 수 없을 것이다. 특히 그 가운데에서도 완곡 표현은 의사소통에서 담당하게 되는 고유의 역할로 인해 그 중요성이 더욱 강조될 수밖에 없다. 또한 완곡 표현의 사용은 청자와 화자 간에 불쾌한 감정을 일으키지 않고 상대방이 조금 더 받아들이기 편한 화법을 사용하는 것이기 때문에 같은 화법이라도 화자가 처한 사회적·문화적 배경에 따라 다를 수 있을 것이고, 또한 언어 자체가 가진 특징 및 화자의 심리상태도 역시 밀접하게 연관되어 있을 것이다. 한국어 완곡 표현의 교육을 위해서는 한국의 사회적·문화적 배경 뿐 아니라 한국 모어화자(母語話者)의 공통적인 심리에 대해서도 역시 언급하고 이해시킬 필요가 있다. 특히 유학경험이 없는 중국내 한국어 학습자들의 경우 한국에서의 생활경험이 없기 때문에 한국어 모어화자의 심리를 이해하는 데 더 더욱 어려움을 겪게 마련이다. 중국내 학습자들은 완곡 표현이 일상생활에서 매우 필요하고 그 중요성을 인식하고 있기 때문에 학습할 의향이 있다.1) 실제로 중국어권 학습자들은 자신이 한국어를 학습하면서 완곡어법에 대하여 잘 몰라서 의사소통에 지장을 받았던 경험이 여러 번 있었음을 토로하였다. 그리고 완곡 표현 사용의 오류가 생기는 원인에 대해서 대체로 완곡 표현을 사용해야 하는 상황에 대해서

---

1) 중국 북경대학교, 연변대학교 등 4개 대학교 50명의 한국어 전공자를 대상으로 진행한 곽단양(2006)의 조사 결과를 보면 50명의 조사 대상자 중 43명(86%)의 학습자들은 완곡 표현이 일상생활에서 매우 필요하며 그 중요성을 인식하고 학습할 의향이 있다고 답했다.

잘 모르거나 완곡 표현 자체를 알지 못하기 때문이라고 생각하고 있었다.[2] 또한, 한국어 완곡 표현의 정의에 대해 정확히 이해하지 못하거나 조금 이해하고 있는 정도라고 했고, 완곡 표현을 사용하기에 적합한 상황이나 사용 방법, 사용해야 할 장소에 대해서도 역시 잘 모르고 있는 실정이다.[3] 그런 까닭에 실제로 대부분의 중국어권 학습자들이 완곡 표현 학습에 많은 어려움을 겪고 있음을 알 수 있다. 그럼에도 불구하고 이들 문제점은 지금까지도 여전히 해결되지 않은 과제로 남아있다.

이 때문에 본고에서는 완곡 표현과 관련하여 교육현장에 존재하는 문제점에 대한 인식에서 출발하여 우선 한·중 양국 한국어 교육 현장을 살펴보고자 한다.

중국의 대학에 설치된 한국어학과 교육현장의 경우 완곡 표현과 관련된 교육에 있어 교재나 교육 내용 등에 많은 문제가 있음을 발견할 수 있었다. 기본적으로 교재에서 완곡 표현을 거의 언급하지 않고 있는 경우가 대부분이었고, 그러다 보니 자연히 완곡 표현에 대한 교사의 교육도 부실해질 수 밖에 없게 되는 것이다. 따라서 완곡 표현에 관한 기회가 주어지는 학습자들은 한국인과의 의사소통을 통해 배울 수 있지만,[4] 그런 기회를

---

2) 왕자기(2014:63-64)가 시행했던 설문조사에서도 유사한 형태로 나타난다. 설문조사에 응답한 50명의 중국인 학습자 가운데 겨우 5명(10%)의 응답자만 자신이 한국어를 학습하면서 완곡어법에 대하여 배운 적이 있다고 하였으며 38명(76%)이 완곡어법을 몰라서 의사소통에 지장이 되었던 경험이 3회 이상 있다고 답하였다. 또한 완곡 표현 사용의 오류가 생기는 원인을 묻는 질문에 대한 대답을 보면 11명(22%)의 학습자가 완곡하게 표현해야 하는 상황에 대해서 모르기 때문이라고 답했으며 16명(32%)의 학습자가 완곡어법 자체를 알지 못하기 때문이라고 답했다.

3) 곽단양(2006)의 조사에 따르면, 35명(70%)의 학습자들이 완곡 표현의 정의에 대해 조금 이해하고 있는 정도이고, 38명(76%)의 학습자가 한국인이 일상에서 사용하는 완곡 표현을 조금 이해할 수 있으며, 39명(78%)의 학습자가 완곡 표현을 사용하는 적합한 상황과 장소에 대해서도 조금 밖에 알지 못한다고 응답했다.

얻지 못한 대다수의 학습자들은 완곡 표현에 대한 효과적인 학습이 매우 어렵다는 문제점이 존재하게 된다. 중국어권 학습자를 위한 한국어 교육의 경우 완곡어나 완곡 표현 또는 이와 직간접적으로 관련된 교육 내용이 매우 적다. 현재 중국에서 한국어 교육과정이 개설된 대표적인 대학으로는 베이징대학교, 베이징 대외경제무역대학교, 길림대학교, 연변대학교 등을 비롯하여 40여개가 넘는데 이들 대학에서 사용되고 있는 한국어 교재를 살펴보면 일부 완곡 표현과 관련된 어휘가 있다 하더라도 한국인의 일상생활 속에서 그것이 왜, 또한 어떤 이유로 그렇게 사용되는지에 대한 구체적 설명이 없다. 즉, 구체적인 문화와 습관의 시각에서 설명된 한국어 완곡 표현이 없는 것이다. 이 때문에 학습자들의 입장에서는 한국어 완곡 표현의 이해에 많은 어려움을 느끼고 있으며, 더 나아가 실제 대화 상황을 접하게 될 때 이를 어떻게 사용하여야 할지에 대해 당혹감을 느끼게 될 수밖에 없다.

이 같은 현상은 비단 중국의 대학에서만 볼 수 있는 문제점은 아니다. 한국 국내의 교육현장에서도 한국어 완곡 표현 교육은 중국 내에서와 마찬가지로 유사한 문제점을 찾아볼 수 있다.[5] 한국에서 사용되고 있는 외국인 학습자를 위한 한국어 교재에서는 완곡 표현의 개념에 대한 명확한

---

4) 곽단양(2006:3)의 설문조사에 따르면 82%의 학습자들이 교사가 완곡 표현에 대해서 조금 언급한다고 답했고 78%의 학습자들이 교재에서 완곡 표현에 대해서 명확하게 제시되어 있지 않았다고 답했다. 그리고 58%의 학습자들이 한국인들과 의사소통을 통해서 한국어 완곡 표현을 배우고 있다고 답했으나 교사의 가르침 및 교재를 통해서 학습한다는 응답자는 16%밖에 없었다.

5) 석진주(2011:22-37)에서 분석한 한국에서 사용되고 있는 대표적인 한국어교재인 경희대학교『한국어』(초급1~고급2), 서울대학교『한국어』(1-4), 연세대학교『연세 한국어』(1-6), 고려대학교『재미있는 한국어』(1-6)를 통해서 알 수 있다.

정의가 없는 상태에서 '한국어 교육용 완곡 표현' 자체도 제대로 정리되지 않아 교재별로 공통성을 찾기 어렵다. 그리고 한국어교재의 완곡 표현 관련 부분에서 인식문제, 공손의 완곡 표현과 높임법의 구별 문제, 교육 목록 미설정의 문제, 학습 단계의 구분상의 문제점 등이 존재함을 지적할 수 있다. 이 때문에 한국어 학습자들이 현행 한국어 교재로 학습할 때에도 학습자로 하여금 각 표현 별 사용 상황에 대한 이해가 부족할 수밖에 없다는 문제점이 존재하고 있다.[6]

이상에서 살펴본 것과 같은 문제점이 있음에도 불구하고 현재까지 한국어와 타 언어의 대조연구가 활발한 것과 달리 한국어 교육용 완곡 표현 목록 선정에 대한 선행연구는 여전히 부족한 실정이고 언어권별 학습자를 고려한 본격적인 연구는 더 더욱 찾아보기 어렵다. 따라서 본고는 한국과 중국의 대표적인 교재 및 관련 보조 자료들에 대한 검토와 분석을 진행하였으며, 많은 중국인 한국어 학습자들과의 인터뷰 조사도 함께 병행하였다. 결과적으로 보자면 기존 연구들에서 제기된 문제점들은 현재까지도 여전히 존재한다고 판단된다. 특히, 이 시점까지도 체계적인 한국어 완곡 표현 교재나 전문적인 한국어 완곡 표현 사전이 출간되어 있지 않은 실정이다. 이 때문에 본고에서 완곡 표현을 선정하는데 많은 현실적인 어려움을 겪을 수밖에 없었다. 이 같은 상황을 감안한다면 한국어 완곡 표현 교육에서는 무엇보다도 교육용 완곡 표현의 선정이 가장 시급하고 중요한 과제라고 생각한다.[7] 다시 말하면 중국어 학습자를 대상으로 한 체계적인

---

6) 배성영(2012)은 석진주(2011)가 분석했던 교재들을 재검토하여, 같은 문제점을 지적하였다.
7) 김미형(2009)에서 제시한 바와 같이 문장 범주는 시의성과 유동성이 있기 때문에 한정된 목록을 제시하기가 힘들다. 반면에 어휘 범주는 고정성이 있고 유형화가 쉬우며

한국어 완곡 표현 교육 연구에 있어 우선적으로 선행해야 할 것은 명확한 기준에 의한 한국어 교육용 완곡 표현의 선정이다. 그 다음으로 필요한 것은 중국어권 학습자를 고려하여 사용빈도와 난이도에 따른 한국어 교육용 완곡 표현의 등급을 설정하는 작업이 될 것이다.

1.2 완곡 표현 교육의 기존 문제점은 어떻게 해결해야 하는가

앞에 언급한 바와 같이 학습자의 언어를 고려한 한국어 완곡 표현 교육 기존연구는 많이 부족한 실정이다. 대부분 한·중 양국 완곡 표현이나 완곡어의 비교를 시도하였으나 대응 완곡 표현 조사, 혹은 문화적 대조 결과는 완곡 표현의 선정 및 등급화의 기준으로서 작용을 하지 못하였다. 게다가 선정 및 등급화의 기준이 명확하게 제시되거나 그 과정을 구체적으로 보여주지 못하고 있다는 한계를 보이고 있다. 따라서 본고에서는 무엇보다도 교육용 완곡 표현의 선정이 가장 시급하고 중요한 과제라고 판단하였다. 중국어권 학습자들을 대상으로 한국어 교육용 완곡 표현 목록의 선정 및 등급화를 시도하기 위해 본고에서는 다음과 같이 진행한다.

첫째, 먼저 완곡 표현에 대한 기본 이론을 고찰할 것이다. 특히 완곡 표현의 정의, 특징, 기본이론, 생성원인, 완곡 표현의 원리와 표현방법 등에 관련된 이론을 살펴볼 것이다. 그리고 언어적인 한국어 완곡 표현과

한정된 목록의 제시가 가능한 범주이기 때문에 본 논문에서는 어휘 범주를 연구하기로 한다. 그러나 어휘와 어휘가 만난 표현도 다루어야하기 때문에 '완곡어'보다 '완곡 표현' 이라는 것이 적당하다.

비언어적인 한국어 완곡 표현에 관련된 생성방식에 대해 검토할 것이다. 지금까지 논의되어 왔던 모든 한국어 완곡 표현의 생성방식을 분석하고 재검토해 보고자 한다.

둘째, 본고는 한·중 양국에 한국어 완곡 표현에 관련된 모든 기존연구에서 다루던 완곡 표현에 대해 재검토해 볼 것이고, 이를 기초 연구 자료로 삼을 것이며, 완곡 표현의 판단기준과 교육용 완곡 표현의 선정 기준을 더욱 명확히 제시한 후에 교육용 완곡 표현 목록을 선정할 것이다. 또한 중국어권 학습자를 위해 선정된 완곡 표현에 대해서 난이도 분석을 통해서 등급화를 설정하고자 한다.

셋째, 본고의 핵심은 교육용 완곡 표현의 선정과 선정된 완곡 표현의 빈도, 난이도에 따른 등급화에 있다. 선정된 완곡 표현의 빈도와 난이도 분석을 진행한 뒤, 한·중 완곡 표현 대조 분석을 통해 선정된 교육용 완곡 표현의 투명도, 중국어 완곡 표현과의 유사성, 어휘의 난이도를 분석할 것이다. 그리고 빈도와 난이도를 함께 고려한 등급화 설정 작업을 신행하여 이를 초급·중급·고급으로 나눠서 분류 할 것이다. 본고의 한국어 교육용 완곡 표현 선정과 난이도 분석은 본고의 최대 핵심이자 기존 연구와의 최대 차이점이다.

다시 정리하면 본고는 문헌 연구법으로 완곡 표현과 관련된 이론을 검토하고 기존 연구에서 완곡 표현에 대한 정의를 재검토하여 정리한 후에 이를 바탕으로 본고의 완곡 표현의 판단 기준을 제시한다. 또한 본고에서는 완곡 표현의 정의를 내리고 범주를 정하고 설문조사를 통해 한국어 교육용 완곡 표현을 선정한다. 선정한 결과를 바탕으로 선정된 한·중 완곡 표현 대조분석을 진행한다. 이렇게 선정된 완곡 표현을 면밀하게 대조·분석함으로써 빈도, 난이도에 따른 등급을 설정하고 이를 기초로 초·중·고급 단계별로 분류한다.

제 2 장

—

완곡 표현에 관한 이론적 고찰

2. 완곡 표현에 관한 이론적 고찰

본 장에서는 한국어 완곡 표현을 파악하는 데 중요한 이론적인 배경을 살펴볼 것이다. 즉, 완곡 표현의 정의, 특징, 기초이론, 생성원인, 완곡 표현의 원리 및 표현방법 등 관련된 이론을 검토할 것이다.

2.1 완곡 표현의 개념과 특징

한국어의 완곡 표현에 대응하는 영어 'euphemism' 이란 단어는 그리스의 eu('well' 또는 'sounding good'을 의미)와 phēmē ('speech'를 의미)에 그 기원을 두고 있다(박승혁 2007: 153). 'euphemism'에 대해서 Fromkin and Rodman(1978: 275)은 '즐겁지 않은 주제나 두려움을 피하기 위한 시도에서 사용된 말이나 금기어를 대체한 말(words)이나 구(phrases)'라고 정의하고 있다. Euphemism에 대한 한국어 표현은 주로 완곡어, 완곡어법, 완곡 표현으로 쓰이고 있다.

일반적으로 완곡어는 낱말이 가지고 있는 본래의 의미가 좋지 않거나 부정적인 경우에 이를 감추고 다른 좋은 어감을 가진 낱말로 대체하는 것을 말한다. 완곡어법이란 '악의 없는 표현'을 사용해서 불쾌한 생각을 좋은 표현으로 에둘러 표현하는 기법을 말한다. 통상적인 범위에서 이루어지는 완곡 표현들은 다른 사람의 평가나 태도를 청자에게 전달하려는 정보가 부담이 될 경우에 이를 완화시켜 말하는 것이다(오길용 2012: 69-86).

〈표 2-1〉 완곡어법에 관한 정의

연구자	완곡어법에 관한 정의
이용주 (1959:34)	완곡어법이란 표현의 필요에 의하여 발생된 언어표현의 수단이며 말하기 꺼리는 것을 그렇지 않은 말로 표현하는 것이다.
조혜선 (1999:303)	완곡어법은 현대 사회에서 일반적으로 공손한 배려이며, 화자가 주어진 상황에서 사용을 기피하려는 표현에 대한 대안이다.
이종능 (2003:4)	완곡어법이란 불유쾌한 감정을 환기시키는 말을 다른 말로 대체시키거나 직접적이거나 노골적인 표현을 피하고 부드럽고 우회적인 표현을 사용하는 것을 말한다.
윤희주 (2007:193)	완곡어법이란 말하기 꺼려지는 표현의 대안이며 이는 체면손실을 피하는 데 사용되는 것이다.
전지연 (2013:9)	완곡어법은 말하는 이와 듣는 이의 체면(face)을 지키며 심리적 불쾌감을 감소시키는 역할을 하는 점에서 점잖은 말하기 혹은 공손한 말하기 표현이라고도 한다.

그러나 완곡어, 완곡어법, 완곡 표현 이 3개 개념에 대한 선행 연구의 정의가 서로 다르고 심지어 한 단어에 대해서조차도 상이하다. 예를 들면

위의 〈표2-1〉에서 다루는 선행연구들은 'Euphemism'를 완곡어법으로 표현해서 수사법[8])의 시각에서 정의를 내리고 있다. 이용주(1959: 34)는 완곡어법이란, 표현의 필요에 의하여 발생된 언어표현의 수단이며 말하기 꺼리는 것을 그렇지 않은 말로 표현하는 것이라고 주장한다. 조혜선(1999: 303)은 완곡어법이 '현대 사회에서 일반적으로 공손한 배려이며, 화자가 주어진 상황에서 사용을 기피하려는 표현에 대한 대안이다'는 정의를 내리고 있다.

이종능(2003: 4)은 완곡어법이란 불유쾌한 감정을 환기시키는 말을 다른 말로 대체시키거나 직접적이거나 노골적인 표현을 피하고 부드럽고 우회적인 표현을 사용하는 것을 말하고 있다. 또한, 윤희주(2007: 193)에서는 '완곡어법이란 말하기 꺼려지는 표현의 대안이며 이는 체면손실을 피하는 데 사용되는 것'이라고 정의하고 있다. 전지연(2013: 9)에서는 '완곡어법은 말하는 이와 듣는 이의 체면(face)을 지키며 심리적 불쾌감을 감소시키는 역할을 하는 점에서 점잖은 말하기 혹은 공손한 말하기 표현'이라고 밝히고 있다.

앞에서 제시한 선행 연구들의 완곡어법에 대한 정의를 종합해보면 모든 연구들은 정의한 완곡어법의 범주가 어휘, 문장을 포함하며 완곡어법도 일종의 표현이라고 생각한다. 다만, 정의에 대한 논술 중에 이용주(1959: 34), 이종능(2003: 4)은 완곡어법을 사용하는 구체적인 방법을 강조하고, 전지연(2013: 9)는 완곡어법의 목적과 만드는 방법을 강조한다. 그리고 조혜선(1999: 303), 윤희주(2007: 193)는 완곡어법이 무엇인지에 대해 밝히고

---

8) 수사법(修辭法): 어떠한 생각을 특별한 방식으로 전달하는 기술로 표현이나 설득에 필요한 다양한 언어표현기법.(한국민족문화대백과, 한국학중앙연구원)

있으며, 윤희주(2007: 193)는 사용의 이유에 대해서도 강조하였다.

〈표 2-2〉 완곡어에 관한 정의

연구자	완곡어에 관한 정의
김광해 (1993:160)	주로 기본이 되는 어휘들이 여러 가지로 부정적인 느낌을 주는 연상을 동반하는 경우에 그 같은 연상을 삭감하는 수단으로서 사용되는 일군의 어휘소들을 완곡어라고 한다.
김홍석 (2008:20-37)	완곡어란 나쁘거나 좋지 않은 느낌을 꺼리고 회피하여 부드럽게 우회적으로 표현한 어휘를 지칭한다.
췌이 펑 훼이 (2010:3)	완곡어란 듣기에 불편하거나 불쾌감을 주거나 충격을 주는 좋지 않게 들리는 것들에 대해 부정적인 어감을 완화시키는 우회적으로 부드럽게 표현하는 언어 현상이라고 정의한다.
김욱(2011:7)	완곡어는 일정한 장소에서 사람들이 상대방하고 불쾌한 것을 피하려 하여 사용되는 우회한 언어형식이다.
劉一雙 (2012:161)	완곡어를 사용하는 것은 교양 있는 어휘를 사용하는 것인데 이러한 어휘는 긍정적 의의를 갖고 있다.
마풍빈 (2013:10)	완곡어는 원래의 금기된 말을 쓰는 대신 직설적인 표현을 부드럽게 완화시켜 표현하는 것이라 정의할 수 있다.

〈표 2-2〉의 선행연구에서는 'Euphemism'을 '완곡어'로 표현해서 완곡어의 의미, 활용, 사용목적에 대해 설명하면서 정의를 내린다. 완곡어의 범주에 있어서 김광해(1993), 김홍석(2008), 劉一雙(2012) 등이 정의하고 있는 완곡어는 어휘표현을 주로 다루었으며, 췌이펑훼이(2010: 3)가 정의한 완곡어는 음성, 문자, 어휘, 문법의 네 가지 방면을 포함하여 다루고 있다. 한편, 김욱(2011: 7)은 음운, 어휘, 문법, 수사의 네 가지 방면에서 완곡어를 다루었고, 마풍빈(2013: 10)은 어휘와 구절의 두 가지 측면을 다루었다.

<표 2-3> 완곡 표현에 관한 정의

연구자	완곡 표현에 관한 정의
문금현(1999)	두려움이나 공포의 대상이 되는 것을 돌려서 표현한 경우, 상대방에게 불쾌감을 주는 내용을 돌려서 표현한 경우, 추하고 더러운 것을 돌려서 표현한 경우를 완곡 표현으로 보았다.
김미형(2000)	완곡 표현이란, 말을 하거나 글을 쓸 때에 완곡하게 표현하는 언어 표현을 말한다.
조미경(2005)	의사소통 당사자가 느끼는 부담, 불쾌, 긴장감 등을 줄이기 위해 직접적으로 말하지 않고 간접적으로 돌려서 말하는 표현이라고 하였다.
김미라(2006)	완곡 표현이란 언어 자체가 주는 부정적인 뉘앙스에 의해 기피되는 말 대신에 쓰이는 것, 또는 인간관계를 원활하게 유지하기 위하여 언어행동으로써 직접적인 표현 대신에 에둘러서 표현하는 것을 의미하며, 간접적이고 다의적이며 또한 긍정적 평가의 의미를 갖는다는 것이다.
곽단양(2006)	말을 하거나 글을 쓸 때에 상대의 감정을 상하지 않게 하고 부드럽게 돌려서 표현하는 것이다.
용요요(2010)	일상생활에서 완곡 표현은 문자 그대로, 말을 하거나 글을 쓸 때에 상대의 감정을 상하지 않게 하고 부드럽게 돌려서 표현하는 것이다.
왕소단(2011)	완곡 표현이란 말을 하거나 글을 쓸 때에 완곡하게 표현하는 언어 표현이다.
석진주(2011)	완곡 표현이란 사회·문화적으로 직접 표출하기 어려운 말을 대신하는 표현이다.
왕효효(2011)	완곡 표현이란 화자가 의사소통이 이루어지게 하기 위해서 청자의 감정을 상하게 하지 않음을 목적으로 금기어나 딱딱하거나 직접적인 표현들이 아니고 기분 좋게 들리도록 부드러운 표현으로 하는 것으로 본다.

연구자	완곡 표현에 관한 정의
배성영(2012)	완곡 표현이란 그대로 표현하면 감정을 너무 해칠 수 있는 사실 또는 생각 등을 완곡하게 완화해서 표현하는 것을 말한다. 또한 어떤 말을 할 때에 받아들이는 사람 쪽에서의 부정적인 반응을 미리 없애기 위해 의도적으로 선택하여 표현하는 것으로, 공개적인 자리에서 드러내어 말하기가 꺼려 지는 말들을 말하는 것을 완곡 표현으로 본다.
학사경(2012)	상대방에게 불쾌감을 주는 느낌이나 감정 등 부정적인 것을 완화시켜 상대방 체면의 손상을 최소화하는 표현이다.
채춘옥(2013a)	완곡 표현은 듣는 사람의 감정이 상하지 않도록 모나지 않고 부드러운 말을 쓰는 표현인데 같은 의미를 지녔더라도 직접적인, 또는 공격적인 언어를 사용하는 대신 듣기 좋은 단어로 표현하여 상대에게 불쾌함을 주지 않는 것을 말한다.

〈표 2-3〉에 보는 바와 같이 대부분의 선행연구는 'Euphemism'을 완곡 표현이라고 정의하고 있다. 예를 들어서 문금현(1999)은 두려움이나 공포의 대상이 되는 것을 돌려서 표현한 경우, 상대방에게 불쾌감을 주는 내용을 돌려서 표현한 경우, 그리고 추하고 더러운 것을 돌려서 표현한 경우를 완곡 표현으로 보았다. 김미형(2000)은 완곡 표현이란, 말을 하거나 글을 쓸 때에 완곡하게 표현하는 언어 표현을 말한다. 앞에 두 연구 중에 문금현(1999)은 완곡 표현의 사용 상황을 강조하였고, 김미형(2000)은 완곡 표현이 일종의 언어 표현이라고 강조하였다. 다른 연구들도 'Euphemism'을 일종의 표현이라 강조하면서 각자가 완곡 표현의 용도, 사용목적과 방법 등의 시각에 구체적인 정의를 내린다.

위와 같은 선행연구들을 살펴본 결과로 한국어의 완곡 표현에 대한 구체적인 정의는 일치하지는 않지만 완곡 표현의 특징을 다음과 같이 종합해볼 수 있을 것이다.

첫째, 완곡 표현은 일종의 표현방식이다. 넓은 의미로는 대화중의 행위를 비롯한 무성 표현과 유성 표현, 구어와 문어 표현까지를 모두 포함한다. 무성 완곡 표현은 몸짓 언어와 표정 등의 표현방식을 포함하는 것이며, 유성 표현은 어휘, 문장, 억양 등을 사용하여 말하는 완곡 표현을 의미한다. 이러한 무성 표현 방식과 유성 표현 방식의 완곡 표현은 일상에서 자주 함께 사용된다. 또한 구어 완곡 표현과 문어 완곡 표현은 담화에서나 서면 상에서 사용되는 여부를 통해 구분된다.

둘째, 완곡 표현의 사용에서 가장 큰 특징은 간접적이고 부드러우며, 우회적이고 함축적이라는 것이다. '완곡'은 '구부러지다'는 의미로 많은 선행연구에서는 완곡 표현을 정의할 때 '완곡하게', '간접적으로 돌려서', '우회적으로'라는 단어를 사용하고 있다.

세 번째 특징으로 의사소통에서 완곡 표현이 사용되는 직접적인 목적은 대화를 적극적이고 긍정적인 방향으로 이끌어내기 위함이다. 즉, 청자에게 보다 긍정적인 정서를 형성하고 부정적인 느낌을 회피함으로써 보다 좋은 인상이 남게 하여 긍정적인 방향으로 대화를 유도하게 되는 것이다.

넷째, 특정한 완곡 표현은 자신과 대응하는 직설표현이나 직설표현의 의미가 반드시 존재한다. 邵軍航(2007: 38)은 완곡어는 그것의 직설어와 함께 생겨나는 것이기 때문에 직설어가 있으면 곧 완곡어도 있게 된다고 주장하였다.[9]

---

9) 邵軍航(2007:38): 委婉語總是和直陳語相伴而生 : 直陳語在, 委婉語則存.
   번역: 소군항(2007:38) 완곡 표현은 늘 직설표현과 공존한다. 즉, 직설표현이 존재해야 완곡 표현이 존재할 수 있는 것이다.

다섯 번째, 완곡 표현은 본질적으로 일종의 언어 사용의 방식임과 동시에 일종의 언어 행위이다.

여섯 번째, 완곡 표현은 날로 새로워진다는 특징을 가진다. 邵軍航(2007: 43-47)에 따르면 완곡어가 가리키는 대상은 변하지 않아도 완곡어 자체는 자주 바뀐다. 즉, 하나의 완곡어가 일정 시간 지속해서 사용될 때 그 완곡어와 대상 사이의 관계는 점차적으로 고정되며, 사람들은 이에 대해 매우 익숙해져서 완곡어가 연상시키는 것과 실제 의미 사이의 차이가 거의 없어지게 된다. 이런 과정을 통해 완곡어의 '회피', '약화', '숨김'등의 기능은 거의 없어지게 되고 완곡 기능을 갖고 있는 새로운 표현이 나타나야 한다.

그러므로 본고에서는 이상에서 살펴본 완곡 표현의 특징과 지금까지의 선행연구를 참고하여 한국어의 완곡 표현을 다음과 같이 정의한다. 완곡 표현은 첫째, 의사소통을 적극적이고 긍정적인 방향으로 이끌고 둘째, 직설적 표현이나 의미전달을 피해 간접적, 우회적으로 부드럽고 함축적으로 표현하는 일종의 화용 방식과 언어 행위이다.

완곡 표현은 금기어나 금기표현에 대비되어 금기어나 금기표현을 대신하여 사용되는 표현방식이다. 그리고 완곡 표현은 공손표현과 비교하면 존경, 공손의 효과를 얻을 수 있는데 공손표현이 완곡 표현의 방식으로만 실현되는 것은 아니다. 뿐만 아니라, 저속적인 표현에 비해 완곡 표현은 긍정성을 가지고 있어 저속어를 대신하여 사용되기도 한다. 마지막으로, 완곡 표현은 간접적인 표현이지만 간접표현이 모두 완곡 표현이 되는 것은 아니며 일부 간접표현의 사용 목적은 소극성과 부정성을 띄기도 한다.

완곡 표현에 대한 정의에 이어 본고는 선행 연구에서 논의된 완곡 표현,

완곡어, 완곡어법을 다음과 같이 정리하기로 한다. 먼저 완곡어법은 수사법의 측면에서 일종의 수사표현 방법으로 이해할 수도 있고, 완곡 표현의 측면에서 일종의 완곡 표현 방법으로도 이해할 수 있다. 완곡 표현은 일종의 종합적인 표현 방식이며, 완곡어는 단어와 구 단위의 완곡 표현으로 본다.

지금까지 본고에서의 연구 범위는 주로 일상 담화에서 사용되는 완곡 표현으로 정한다. 표현 중에서도 한국어 교육용 어휘 및 구절, 즉 '어휘범주'로 한정한다. 다시 말하면, 본고에서의 주된 연구 대상은 어휘범주의 완곡 표현으로 한정한다. 일상대화의 의사소통에서 자주 사용하게 되는 완곡 어휘 및 구절들을 한국어 교육용 완곡 표현으로 하며, 문장차원의 완곡 표현, 무성표현(비언어적인 표현)과 문어표현은 본고의 목적에 부합되지 않으므로 연구 대상에서 제외한다. 그 이유는 김미형(2009) 등이 제시한 바와 같이 문장 범주는 시의성과 유동성이 있기 때문에 한정된 목록을 제시하기가 매우 어렵다. 반면에 어휘 범주는 고정성이 있고 유형화가 가능하며 표현 목록의 제시가 가능해서 본고에서는 어휘범주의 완곡 표현을 연구대상으로 삼기로 한다. 하지만, 어휘와 어휘가 만난 '구절', 표현도 다루어야하기 때문에 '완곡어'보다 '완곡 표현'이라 하는 것이 적절하다.

2.2 완곡 표현에 관한 이론 고찰

2.2.1 행동심리학과 완곡 표현

사람의 행동은 특정한 욕망을 바탕으로 특정한 목표를 위한 것이며 여러 수단을 선택해서 목표를 실현하는 활동이다(佐伯茂雄 1985: 33). 행동은 원동력과 목적, 수단으로 구성되며 원동력이 곧 행동을 일으키는 근본적인 원인, 근본적 동인(動因)이다. 또한 행동 목적과 행동 수단을 자아내는 근본적 원인, 근본적 동인이기도 하다(王海明 2001: 184). 행동의 기능적 차원에 보면 즐거움과 이익을 추구하고 고통과 손해를 회피하는 것은 모든 행동의 원동력이다(王海明2001: 215-216).

완곡 표현의 사용은 목적성이 매우 강한 일종의 언어행동이다. 언어행동의 일종으로서 그것의 추상적인 원동력은 인간의 욕망이고, 구체적인 원동력 역시 즐거움과 이익을 추구하고 고통과 손해를 회피하는 것이다. 왜냐하면, 언어행동은 사랑과 원망의 감정을 통해 즐거움과 이익, 고통과 손해를 유발할 수 있기 때문이다. 즉, 사랑과 관련된 언어행동은 즐거움과 이익을 유발할 수 있으나, 원망과 관련된 언어행동은 고통과 손해를 초래할 수 있다. 또한 원망을 피하는 언어행동은 원망과 관련된 고통과 상해를 피할 수 있다. 완곡 표현의 사용은 일종의 언어행동으로서 사랑을 위해서 원망을 피할 수 있으니, 즐거움과 이익을 추구할 수 있고 고통과 상해를 피할 수 있다(邵軍航 2007: 24).

그러므로 행동심리학의 차원에서 보면 즐거움과 이익을 추구하고 고통과 상해를 피하려는 인간의 욕망은 완곡 표현 사용의 원동력이 될 수 있으므로, 심리학의 행동 원동력 이론은 완곡 표현의 사용원인에 대한 매우 의미 있는 해석이 된다.

2.2.2 화용론 이론과 완곡 표현

1) 협력원칙과 대화 함축 및 완곡 표현

잘 알려진 바와 같이 Grice(1975)는 인간의 의사소통을 지배하는 일반적인 원칙으로, "대화 기여를 하게 되는 단계에서 네가 참여하고 있는 그 대화에서 받아들여진 목적이나 방향이 요구하는 대로 대화 기여를 만들어라[10]"라는 협력원칙(cooperative principle)을 제시한다. 그리고 Grice(1975)는 이 협력 원칙을 네 가지 대화 격률(conversational maxims)과 그 하위 격률로 다음과 같이 설명한다.[11]

---

10) Grice(1975) The Co-operative principle: make your contribution such as is required, at the stage at which it occurs, by the accepted purpose or direction of the talk exchange in which you are engaged.

11) Grice의 협력원칙은 다음과 같다.(1)The maxim of Quantity: a. make your contribution as informative as is required. (for the current purposes of the exchange) b. do not make your contribution more informative than is required. (2)The maxim of Quality: try to make your contribution one that is true, specifically; a. do not say what you believe to be false. b. not say that for which you lack adequate evidence.(3)The maxim of Relevance; make your contributions relevant. (4)The maxim of Manner: be perspicuous, and specifically. a. avoid obscurity. b. avoid ambiguity. c. be brief(avoid unnecessary prolixity). d. be orderly.

<표 2-4> Grice 협력 원칙 대화 격률

원칙과 격률	내용	
협력원칙	대화가 진행되는 각 단계에서 대화의 목적이나 방향에 의해 요구 되는 만큼 대화에 이바지하게 하라.	
대화격률	양의 격률	꼭 필요한 만큼만 정보를 제공하라 필요 이상의 정보를 제공하지 말라
	질의 격률	틀렸다고 믿는 것은 말하지 마라 타당한 증거가 없는 것은 말하지 말라
	관계의 격률	관련성이 있게 하라
	태도의 격률	간결하게 하라 중의성을 피하라 간결하게 하라 조리 있게 하라

일반적으로 인간의 담화는 위와 같은 협력원칙과 격률을 준수하는 것이다. 하지만 대화의 참가자는 조용히, 소리 없이 격률을 어길 수 있고 심지어 고의로 어길 수 있다(박선옥 1990: 5). Grice(1975)는 고의로 협력원칙과 관련된 격률을 어겨서 나타난 언외의 뜻을 대화함축이라고도 한다. 대화함축은 화자가 발화의 인습적 의미 또는 이면의 의미를 청자에게 전달하는 방법이다. 협력원칙의 어떤 격률 중 하나라도 대화하는 동안에 위배된다면 대화함축이 생성된다(천강우1991: 147).

완곡 표현은 직설적 표현이나 의미전달을 피해 간접적, 우회적으로 부드럽게, 그리고 함축적으로 표현하는 언어행위이다. 그래서 완곡 표현을 사용하는 것은 avoid obscurity(모호성을 피하라), avoid ambiguity(다의성을 피하라), be brief(avoid unnecessary prolixity)(짧게 하라 (불필요하게 돌려 말하지 말라)) 등의 격률을 고의로 어길 수 있으며 대화하는 과정 중에 함축적인 의미가 나타날 수 있고 화자와 청자가 이 함축적인 의미를 바탕으로 의사소통의 목적을 달성할 수 있다. 이렇게 보면 함축적인 의미가 완곡 표현의 의사소통 목적 달성의 기초라고 볼 수 있다. 다시 말하면 즉 Grice의 협력원칙, 특히 대화함축에 관한 이론은 완곡 표현의 활용 효과를 실현하기 위한 화용론의 기본 원리라고 생각할 수 있다.

2) 정중성과 체면이론과 완곡 표현

Grice의 협력원칙과 관련된 격률은 인간이 의사소통을 일반적으로 어떻게 해야 될 지에 대해서 설명하였지만 사람들이 왜 가끔씩 고의로 이 원칙과 격률들을 어기는 것인지에 대해서는 설명하지 못한다. 그렇지만 화용론 중 정중성과 체면론에 관한 이론은 이러한 문제를 잘 해명할 수 있다. 즉, 이러한 행위들은 예의나 체면을 위한 것이라고 이해할 수 있는 것이다.

정중성은 모든 인간의 의사소통에서 나타나는 잠재적인 갈등이나 대립을 최소화함으로써 대화를 촉진시키는 대인관계의 체계다(Lakoff 1990). 특히 Lakoff(1973), Brown & Levinson(1978), Leech(1983) 등이 제시한 이론은 대표적인 정중성 이론에 속하는데, 그 중 Lakoff(1973:296)은 정중성에 관한 다음 3가지 격률을 제시한다.

(1) 부담을 지우지 마라.
(2) 선택권을 주어라.
(3) 상대를 기분 좋게 하라.

이어서 Leech(1983: 132)도 다음 6가지의 격률을 제시하였다.

(1) 기지격률(Tact Maxim): 타인의 손해를 최소화하고 이익을 최대화하라.

(2) 관용격률(Generosity Maxim): 자신의 이익을 최소화하고 손해를 최대화하라.

(3) 칭찬격률(Approbation Maxim): 타인의 칭찬을 최대화하고 비난을 최소화하라.

(4) 겸손격률(Modesty Maxim): 자신의 칭찬을 최소화하고 비난을 최대화하라.

(5) 일치격률(Agreement Maxim): 자신과 타인과의 불일치를 최소화하고 일치를 최대화하라.

(6) 공감원리(Sympathy Principle): 자신과 타인과의 반감을 최소화하고 공감을 최대화하라.

또한, Brown & Levinson(1978, 1987)은 Goffman(1967)이 사용했던 '체면(face)'의 개념을 도입하여 정중성을 '체면 위협 행위의 부정적인 효과를 없애기 위한 완화적 행위'라 정의하여 특정행위에 대한 책략으로 정의하였다(이선희2002: 86-87). 즉, 사람은 자신이 인정받고자 하는 공적인 자아상 또는 자아가치에 대한 감정을 가지고 있는데 이를 체면이라 하며, 이러한 체면은 타인과의 대화를 통해 손상되거나, 유지되거나, 강화될 수 있으므로 항상 배려되어야 한다는 것이다.

체면에는 타인에게 인정받고자 하는 욕구인 적극적인 체면(positive face)과 타인에게 방해받지 않고자 하는 욕구인 소극적인 체면(negative face)이 있는데, 화행에는 비판과 같이 적극적인 체면을 위협하는 행위와, 명령이나 요구와 같이 소극적인 체면을 위협하는 행위가 있으며 이를

FTA(face-threating act)라 한다. 이러한 FTA를 수행할 때 화자는 청자와 화자의 체면 손상을 완화시키기 위하여 책략을 사용하게 되는데 이것이 정중성이라는 것이다. 또한 이 때 사용되는 정중성 책략은 청자와 화자의 사회적 거리, 화자에 대한 청자의 힘, 특정한 FTA가 그 문화권에서 갖는 부담을 고려한 FTA의 무게에 따라 결정된다고 주장한다(이선희 2002: 93). Brown & Levinson(1978, 1987)의 주장에 따르면 체면을 위협하는 화행은 다음 4가지 종류로 구분된다.

(1) 청자의 소극적인 체면을 위협하는 화행: 화자가 청자에게 하는 명령, 청구, 충고, 위협, 경고.

(2) 청자의 적극적인 체면을 위협하는 화행: 화자가 청자의 견해에 동의하지 않음; 화자가 청자에게 비판, 멸시, 원망, 비난, 고발, 모욕을 함; 화자가 청자의 적극적인 체면에 대해 부정적인 태도를 유지.

(3) 화자의 소극적인 체면을 위협하는 화행: 화자가 청자에게 감사하는 뜻의 표현, 비판을 받아들임; 화자가 청자에게 본인이 원하지 않는 도움을 주는 것.

(4) 화자의 적극적인 체면을 위협하는 화행: 화자의 사과; 화자가 비판이나 아첨하는 말을 받아들임; 화자가 회개하거나 죄가 있거나 잘못이 있다는 것을 인정하는 것 등등.

이상의 이론은 의사소통 과정 중에 정중성과 체면의 유지를 고려해야 함을 강조한 것으로서, 정중성 유지의 예의 격률과 체면을 위협하는 화행을 제시하였다. 완곡 표현은 완곡하게 표현하는 방식이라 불가피한 상황에서도 정중성과 체면을 유지할 수 있다. 완곡 표현과 정중성, 체면론의 관계에 대해서 조혜선(1999: 304)은 '완곡어법은 화용적 현상이기 때문에 Grice(1975)의 함축이론에 의한 대화 격률과 이것을 운영하는 좀 더 일반적인 원칙인 협력원칙으로부터 영향을 받는다. 그러나 협력원칙 자체는 사람들이 왜 완곡어법으로 자신의 뜻을 전달하는지 설명해 줄 수 없다. 따라서 더욱 광범위하고 사회적이고 심리적인 면에 근거를 둔 화용론적 원칙을 생각하게 되는 것이다. 이러한 관점에서 그는 완곡어법의 정보전달 의미 외에 수반되는 의미는 '공손(politeness)'과 '체면 유지(face-saving)' 이다.'라고 제시한다. 이 같은 관점에서 본다면 완곡 표현을 의사소통의 한 방식으로서 활용하는 과정 속에서 Grice의 협력원칙 및 관련된 격률들을 어길 수 있으나 그를 위배한 원인이 곧 정중성이나 체면 유지를 위한 것이며, 완곡 표현의 과정도 정중성의 구체적 예의 격률과 체면이론의 주요 관점을 준수하는 과정이라고 할 수 있을 것이다.

즉, 화용론의 시각으로 보면 완곡 표현 사용의 원인은 정중성이나 체면 유지를 위한 것이며 완곡 표현으로 어떻게 표현해야 하는지에 대해서 고려할 때도 예의 격률과 체면이론 관점을 기준으로 고려할 필요가 있다. 그래서 정중성과 체면이론은 완곡 표현의 사용원인과 활용 방법에 있어서 그것들의 이론적 기초가 될 수 있다고 본다.

2.2.3 금기[12], 공손 및 완곡 표현

王海明(2001: 215-216)은 언어 행동을 포함한 인간 행동의 원동력이 이익과 즐거움을 추구하고 손해와 고통을 피하는 것이라고 주장한다.[13] 그러면 언어행동과 언어 내용(용어의 의미)에 있어서 도대체 어떻게 말하면, 또한 뭐라고 말하면 사람들이 그것을 이익이 되고 즐거운 것으로 느낄 수 있고 또 그 반대로 손해가 되고 고통스러운 것으로 생각할 수 있게 되는가. 이에 대한 대답은 해당 사회의 공손문화, 금기문화 등과 관련된다.

한국 사회에 대해서 용요요(2010: 13-19), 진흔흔(2016) 등은 연구를 통해 유교의 등급관념, 존비귀천, 예의를 중시하는 교제관, 속된 것을 피하고 우아한 것을 추구하는 사유방식, 의를 중시하고 이익을 경시하는 도덕관념은 한국사회의 공손문화에 대해서 깊은 영향을 미쳤다고 주장하였다. 그들은 화행의 관점으로 보면 의사소통의 과정에서 용어 구조는 등급 질서, 존비귀천 등의 관념을 반영할 수 있다고 보았다. 그리고 표현되는 내용은 우아함과 의를 추구하고, 저속함이나 이익, 애정, 왕이나 성인의 휘(諱)에 관한 것을 피해야 한다. 그렇지 않을 경우에는 청자인 상대방이 불쾌감, 수치감을 느낄 수 있을 것이며 심지어 '상해'나 '고통'을 초래할 수 있다. 이 때문에 서로 공손한 교류가 될 수 없어서 의사소통의 목적을 이룰 수 없다. 따라서 이 때에는 완곡 표현을 사용해야 한다는 것이다.

또한, 이용주(1959: 34-36), 채춘옥(2014a: 388-391), 용요요(2010: 13-19),

---

12) 문효근(1974:1)은 금기, 즉, 타부(Tabu, Tapu, Taboo)란 것은 일종의 종교적인 공포심에서 오는 금제를 말하는 것으로서 어느 특정된 물건, 언어, 행위에 대해서는 신성불가침의 것이라 하여 보지도, 다치지도 못할 뿐더러 입에 오르내리기까지를 금지한다. 만약에 이를 범하면 화를 입거나, 신이나 영혼을 노하게 하여 자기 신상에 비참한 결과를 가져온다고 생각한다.

13) 王海明(2001:215-216)认为"从行为的功能上来说, 趋乐避苦是一切行为的原动力."

진흔흔(2016) 등의 연구에 따르면 한국의 토종신앙, 미신관념, 우상숭배 등 영역에서 나타난 금기는 많은 금기어[14]를 생성하였다. 이 금기어들은 사람으로 하여금 공포감을 상기시킬 수 있다. 따라서 사람들은 이 금기어들이 손해와 고통과 관련성 있다고 생각해서 완곡 표현으로 금기어들을 대체해서 사용하고 있다.

현대사회에 접어들면서 서양으로부터 수입된 자유, 민주, 평등에 관한 이념들이 한국에 들어와 받아들여지고 한국사회에 깊숙이 스며들어 깊은 영향을 끼쳤다. 이 관념들로 인해 부자유, 비민주, 불평등, 아름답지 않은 것에 관한 표현들은 사람들의 새로운 금기표현이 되게 되었다. 이러한 금기표현들도 역시 완곡 표현으로 표현되어야 한다.

따라서 유교문화, 금기문화, 서양사상 등의 문화와 사상은 한국사회의 일상교류에 영향을 미치고 있다. 이들 문화와 사상과 충돌을 통해 나타난 금기표현 방식과 표현내용들은 완곡 표현으로 대체해서 사용해야 더 원만한 의사소통 결과를 낳을 것이다. 완곡 표현 사용의 구체적인 원인에 대해서 이들 문화와 사상은 공동으로 그 원인을 해석하기 위한 이론적 기초가 된다고 할 수 있다.

2.2.4 인지언어학 이론과 완곡 표현

인지언어학은 인간 마음의 본질, 더 나아가 인간의 본질을 규명하기 위한 학제적 연구의 일환으로서 '언어, 몸과 마음, 문화'의 상관성을 밝히려는 언어 이론이다. 그리고 인지언어학은 언어를 아는 것이 무엇을 뜻하며,

---

14) 박영준(2004:84)는 금기어가 한 언어 공동체에서 사용하기를 꺼리는 언어 표현이라고 정의한다.

언어가 어떻게 습득되며, 언어가 어떻게 사용되는가를 인지적으로 타당성 있게 설명하는 데에 그 목적을 둔다(Taylor 2002).

인지언어학은 기존의 언어이론들 특히 변형생성문법과는 분명히 다른 언어관을 지니고 있다. 기존의 언어이론들이 언어현상을 설명할 때 분석적인 태도를 보이고 있다면 인지언어학은 통합주의적인 태도를 보이고 있고 의미 문제에 대해서도 기존의 언어이론들이 객관주의적인 입장에 근거하고 있다면 인지언어학은 체험주의의 입장을 지지하여 고수하고 있다(조영심 2002: 48). 인지언어학의 대표적 방법론에 관해서는 Ungerer& Schimid(1996)가 제시하는 체험적, 현저성, 주의성 등의 관점이 있다.

즉, 체험적 관점(experiential view)은 실용적이고 체험적인 방법을 추구하려는 시도다. 자율언어학에서 언어에 대한 이론적 연구와 조사를 바탕으로 논리적 규칙과 객관적 정의를 가정하는 것과는 구별된다. 이 때 체험은 개인적·주관적 체험뿐만 아니라, 집단적·공통적 체험이 있는데, 세계에 대한 우리의 공유된 체험이 일상 언어에도 저장되어 있으며, 따라서 그것이 우리의 생각을 표현하는 방식에서 드러나게 된다. 이 관점에 따른 연구 분야는 '범주화', '은유', '감정'등을 들 수 있다.

현저성 관점(prominence view)은 표현된 정보의 선택과 배열에 관한 것이다. 만물의 영장인 인간은 삼라만상에서 가장 현저한 지위를 가지며, 도구를 사용하고, 환경을 조정하며, 의지적 행동을 수행할 수 있다. 이 때 인간은 주변의 사물을 보면서 지각적으로 현저한 부분인 '전경'과 전경을 뒷받침해 주는 바탕인 '배경'을 구별하여 파악한다. 이러한 '전경-배경'의 대조는 청각 및 시각에서뿐만 아니라, 언어의 구조에도 폭넓게 반영되어 있다. 이 관점에 따른 연구 분야는 '능동문과 수동문의 동의성', '객관적

이동과 주관적 이동'등을 들 수 있다.

주의적 관점(attentional view)은 언어적 표현이란 사건의 어떤 부분에 우리의 주의가 끌렸는지에 대한 반영이라고 보는 시각이다. 즉 우리가 주의의 초점을 어디에 부여하느냐에 따라 '틀'의 각기 다른 면을 선택하고 두드러지게 해서, 각기 다른 언어표현에 도달할 수 있다는 것이다. 이 관점에 따른 연구 분야는 '환유'등을 들 수 있다.

한편 완곡 표현은 언어표현의 일종의 특수한 방식으로서 직설표현에 상대되는 개념이다. 직설표현에 대해서는 일반적으로 변형생성문법으로 의미 해석을 할 수 있으나 직설 표현의 의미를 인지하는 과정 속에서 사람들이 자신의 경험에 의해 부정적인 상상이나 이해를 야기할 수 있어 직설 표현을 대체하기 위한 완곡 표현 사용의 필요성을 느끼게 된다. 그러나 완곡 표현의 사용 과정 중에 변형생성문법으로는 완곡 표현의 의미에 대한 정확한 해석을 내리기가 매우 어렵다. 인지언어학의 체험적 관점, 현저성 관점, 주의적 관점에 의한 인간의 공동 경험을 바탕으로 담화자의 집중력과 집중의 초점의 변화에 의해 완곡 표현의 심층 의미를 해석할 수 있다. 그러므로 직설표현 회피의 필요성 및 완곡 표현 함의의 해석에 있어서 인지언어학의 관점은 주도적인 역할을 하고 있으며 완곡 표현의 의미 해석에 관한 기초 이론으로 삼을 수 있다.

이상 완곡 표현에 관한 이론들을 종합해보면, 행동심리학의 행동원동력 이론은 완곡 표현 사용의 근본적인 원인을 설명해 줄 수 있고, 정중성과 체면 이론, 금기와 공손 등의 사회문화적 요소들과 사상은 완곡 표현 사용의 직접적인 원인과 구체적인 원인을 밝혀 줄 수 있다. 그리고 협력원칙과 대화함축, 인지언어학 이론은 완곡 표현의 의미인지를 가능하게 해 줄 수 있다.

2.3 완곡 표현의 생성 원인, 완곡 원리 및 표현 방법

2.3.1 완곡 표현의 생성 원인

완곡 표현이 사용되는 원인에 대해 박선희(2002: 10-11)는 완곡어의 사용이 사망, 죄 등 금기와 관련이 있다고 하며 그 사용의 심리적 원인은 감정이나 정서에 있다고 보았다. 의사소통 과정에서 청자의 감정이나 정서를 상하게 하는 것은 수치심, 불쾌감, 공포감 등을 야기시키게 되므로 화자와 청자 사이에서 이러한 상황이 발생하는 것을 막고 원활한 상호교통을 위한 표현의 사용이 요구되는데, 이로써 완곡어가 나타나게 된다고 주장한다.

邵軍航(2007: 21-29)은 완곡 표현의 사용은 언어 사용에 있어서 하나의 언어행위라고 하였다. 언어행위로써 완곡 표현을 생성해 내는 원동력은 바로 인간의 욕구인데, 인간은 누구나 즐거움과 이익을 추구하며 고통을 회피하려고 하는 욕구를 갖고 있기 때문이라는 것이다. 그러나 완곡 표현을 사용하는 목적은 모두 다르며 주로 회피하거나 예의를 갖추거나, 감추거나, 우아하게 표현하거나, 익살스럽게 표현하고자 하는 목적을 포함한다고 보았다.[15] 또한 쉐이펑훼이(2009: 7-34), 용요요(2010: 13-19)는 완곡 표현의 주요 사용원인에 대해 금기를 피하는 표현, 저속함을 피하거나 숨기거나 위장하는 표현, 예의와 존경의 표현으로 크게 나누었다.

채춘옥(2014c: 69)은 완곡 표현의 심리적 원인을 정서적 요인과 인지적

---

15) 邵軍航(2007:23-24)认为"委婉语的使用是一种言语行为。作为行为中的一种，其一般的、抽象的原动力也应该是欲望；而其具体的原动力也应该是趋乐避苦、趋利避害"。邵軍航(2007:29)认为"不同类型的委婉语在使用过程中的目的不尽相同，主要包括避讳、礼貌、掩饰、文雅、诙谐等。"

요인으로 나누어 살펴보았다. 정서적 요인은 공포 감정, 수치 감정, 불쾌 감정으로 나뉜다. 공포감은 대부분 현대적인 언어적 터부 때문에 생성되는 것이고, 수치심은 성적 혹은 생리적 표현 때문에 일어나며, 불쾌감은 존대법의 파괴나 열등의식이나 수치심을 자극하는 표현 때문에 생겨난다. 그리고 인지적 요인은 범주, 원형이론, 개념적 은유와 환유이론을 중심으로 살펴볼 수 있다고 하였다.

앞에 언급했던 선행연구에서 제시된 이론들을 참고하여 한국어 완곡 표현의 사용 원인을 종합해 보면 다음의 몇 가지로 구분해볼 수 있다.

첫째, 완곡 표현을 사용하는 근본적 원인은 즐거움과 이익을 추구하고 고통과 손해를 피하려는 심리에 있다. 사람의 행동은 특정한 욕망을 바탕으로 특정한 목표를 위한 것이며 여러 수단을 선택해서 목표를 실현하는 활동이다(佐伯茂雄1985: 33).[16] 즐거움과 이익을 추구하고 고통과 손해를 회피하려는 것은 인간의 근본적인 욕망이라 그 욕망을 만족하려는 행위를 야기할 수 있다. 王海明(2001: 215-216)은 행위기능의 차원에 보면 즐거움과 이익을 추구하고 고통과 손해를 회피하려는 것은 모든 행위의 원동력이라고 지적한 바 있다.[17] 마찬가지로 완곡 표현 역시 일종의 언어 행위로서 그를 활용한 근본적 원인도 즐거움과 이익을 추구하고 고통과 손해를 회피하려는 것이다. 그러므로 의사소통 과정에서 어떤 화제나 발화 방식이 상대에게 부정적인 영향을 주게 될 때에는 완곡 표현을 사용함으로써

---

16) 佐伯茂雄(1985:33)认为"人类的行为，是基于特定的欲求、为了实现特定的目标、并选择各种各样的手段去实现目标的活动。从行为的功能上来说，趋乐避苦是一切行为的原动力。"

17) 王海明(2001:215-216)认为"行为是由原动力、目的、手段三部分构成。原动力就是引发行为的根本原因、根本动因，也就是引发行为目的和行为手段的根本原因、根本动因。"

이러한 화제나 발화 방식을 회피하게 되는 것이다.

둘째, 완곡 표현 사용의 직접적 원인은 공손이나 체면을 위해서 부정적인 감정이나 정서의 화행과 억양, 어휘와 구절 등을 회피하기 위함이다. 담화 중에서 사용되는 화행, 억양 등은 당사자나 이해 당사자에게 부정적인 정서나 감정을 일으킬 수 있다. 〈표 2-5〉에서 보다시피 개인의 의견이나 주장을 나타내거나 건의를 할 때, 명령이나 요구를 할 때, 거절을 할 때, 도움을 주고받을 때와 같은 상황에서 부적절한 화행 방식이나 억양을 사용한다면 상대에게 부정적인 느낌을 줄 수 있으므로 이러한 상황에서는 완곡 표현을 사용하는 것이 필요하다.

〈표 2-5〉 한국어 완곡 표현이 사용된 상황분류

한국어 완곡 표현이 사용된 상황	선행연구
민감한 화제를 이야기 할 때	이용주(1959:36-39), 南桂仙(2006:21-31), 翟錄(2006:8-22), 김홍석(2008:24-33), 김미형(2009:67-92), 췌이 펑훼이(2009:7-25), 용요요(2010:41-62), 왕소단(2011:16-60), 석진주(2011:11-21), 김욱(2011), 趙美恩(2011:20-45), 田英(2011:20-26), 姚秋林(2012:13-26), 李善熙(2012:18-44), 마풍빈(2012:18-85), 배성영(2012:11-13), 薑素英(2013:8-27), 채춘옥(2014c:179-237)
상대방에게 (지시) 명령할 때	곽단양(2006:30-38), 췌이펑훼이(2009:26-34), 왕효효(2011:49-50), 리우씨아오쉬엔(2012:41-42), 李善熙(2012:45-65), 왕자기(2014:18-38)
요청과 청유를 표현할 때 (상대방에게 도움을 청할 때)	곽단양(2006:30-38), 췌이펑훼이(2009:26-34), 왕효효(2011:49-50), 李善熙(2012:45-65), 리우씨아오쉬엔(2012:41-42), 왕자기(2014:18-38)

한국어 완곡 표현이 사용된 상황	선행연구
어떤 일에 대해 상대방에게 건의, 제안, 권유, 충고, 조언할 때 (상대방의 생각을 바꾸고자 할 때)	곽단양(2006:30-38),췌이펑훼이(2009:26-34),왕효 효(2011:49-50),李善熙(2012:45-65),왕자기 (2014:18-38)
상대방에게 거절을 해야 할 때	곽단양(2006:30-38),췌이펑훼이(2009:26-34),왕효 효(2011:49-50),리우씨아오쉬엔(2012:41-42),왕자 기(2014:18-38)
화자가 자신의 주장을 하거나 진술을 할 때	곽단양(2006:30-38),李善熙(2012:45-65),南桂仙 (2006:21-31),췌이 펑 훼이(2009:7-25),왕소단 (2011:16-60)
상대방에게 곤란한 질문(문제점이나 곤란함)을 할 때	곽단양(2006:30-38),췌이펑훼이(2009:26-34),왕효 효(2011:49-50)
상대방의 잘못이나 실수를 지적(비판)할 때	곽단양(2006:30-38),췌이펑훼이(2009:26-34),李善 熙(2012:45-65)
화자가 상대방(사람)에게 뭔가 혜택을 줄 때, 상대방이 화자에게 혜택을 주었으면 할 때	곽단양(2006:30-38), 췌이펑훼이(2009:26-34),
화자가 난감하거나 곤란한 상황에서 스스로 배려할 때	췌이 펑 훼이(2009:26-34)
구체적인 담화 상황에서 제삼자에 대한 언급을 할 때	곽단양(2006:30-38)

〈표 2-6〉에서 보다시피 의사소통 과정에서 상대에게 부정적인 정서를 쉽게 유발할 수 있는 단어나 구절은 주로 군왕이나 성인의 이름과 휘, 사망, 질병, 배설, 성(性), 월경, 혼인과 출산, 연애, 금전, 저속, 범죄, 평가, 신분이나 직업 등과 관련된 민감한 화제들이다. 그 중에서 사망, 질병과

관련된 표현은 사람들에게 공포감을 주며, 배설과 관련된 표현은 불결한 느낌을 줄 수 있다. 월경, 혼인과 출산, 연애와 관련된 것들은 상대로 하여금 부끄러움을 느끼게 할 수 있고 낯을 뜨겁게 하기도 한다. 또한 금전, 저속, 범죄, 평가, 신분이나 직업과 관련된 표현은 상대를 무안하게 할 수도 있어 이러한 표현들을 사용해야 하는 상황에서는 완곡 표현을 사용함으로써 직설적인 표현을 피해야 한다.

<표 2-6> 민감한 화제의 분류

민감한 화제의 분류	선행연구
죽음	이용주(1959:36-39),南桂仙(2006:21-31),翟錄(2006:8-22),김홍석(2008:24-33),김미형(2009:67-92),췌이펑훼이(2009:7-25),용요요(2010:41-62),왕소단(2011:16-60),석진주(2011:11-21),김욱(2011),趙美恩(2011:20-45),田英(2011:20-26),姚秋林(2012:13-26),李善熙(2012:18-44),마풍빈(2012:18-85),배성영(2012:11-13),薑素英(2013:8-27),채춘옥(2014c:179-237)
생리, 배설이나 분비	이용주(1959:36-39),南桂仙(2006:21-31),翟錄(2006:8-22),김홍석(2008:24-33),김미형(2009:67-92),췌이펑훼이(2009:7-25),용요요(2010:41-62),趙美恩(2011:20-45),왕소단(2011:16-60),석진주(2011:11-21),김욱(2011),田英(2011:20-26),李善熙(2012:18-44),마풍빈(2012:18-85),姚秋林(2012:13-26),배성영(2012:11-13),薑素英(2013:8-27),채춘옥(2014c:179-237)
직업과 신분 ('결혼 이주 여성', 흑인 등 외국인과 관련된 것, '양성평등' 등 '성차별'에 관련된 것)	이용주(1959:36-39),南桂仙(2006:21-31),翟錄(2006:8-22),김홍석(2008:24-33),김미형(2009:67-92),췌이펑훼이(2009:7-25),용요요(2010:41-62),왕소단(2011:16-60),석진주(2011:11-21),김욱(2011),趙美恩(2011:20-45),田英(2011:20-26),姚秋林(2012:13-26),李善熙(2012:18-44),마풍빈(2012:18-85),배성영(2012:11-13),薑素英(2013:8-27),채춘옥(2014c:179-237)

민감한 화제의 분류	선행연구
성(신체나 부위 포함)	이용주(1959:36-39),南桂仙(2006:21-31),翟錄(2006:8-22),김홍석(2008:24-33),김미형(2009:67-92),췌이펑훼이(2009:7-25),용요요(2010:41-62),왕소단(2011:16-60),석진주(2011:11-21),김욱(2011),田英(2011:20-26),姚秋林(2012:13-26),李善熙(2012:18-44),마풍빈(2012:18-85),배성영(2012:11-13),薑素英(2013:8-27),채춘옥(2014c:179-237)
병과 상해 관련된 것	이용주(1959:36-39),南桂仙(2006:21-31),翟錄(2006:8-22),김홍석(2008:24-33),김미형(2009:67-92),췌이펑훼이(2009:7-25),용요요(2010:41-62),왕소단(2011:16-60),석진주(2011:11-21),김욱(2011),趙美恩(2011:20-45),姚秋林(2012:13-26),李善熙(2012:18-44),마풍빈(2012:18-85),배성영(2012:11-13),薑素英(2013:8-27),채춘옥(2014c:179-237)
장애(결함)	南桂仙(2006:21-31),翟錄(2006:8-22),췌이펑훼이(2009:7-25),석진주(2011:11-21),김욱(2011),趙美恩(2011:20-45),李善熙(2012:18-44),李善熙(2012:18-44),배성영(2012:11-13),薑素英(2013:8-27),채춘옥(2014:179-237),채춘옥(2014c:179-237)
평가(연령, 외모, 노인)	翟錄(2006:8-22),南桂仙(2006:21-31),췌이펑훼이(2009:7-25),김미형(2009:67-92),석진주(2011:11-21),김욱(2011),姚秋林(2012:13-26),마풍빈(2012:18-85),배성영(2012:11-13),薑素英(2013:8-27),채춘옥(2014c:179-237)
범죄와 도덕과 관련된 불량행위, 부정적 행위	翟錄(2006:8-22),김홍석(2008:24-33),췌이펑훼이(2009:7-25),왕소단(2011:16-60),석진주(2011:11-21),姚秋林(2012:13-26),마풍빈(2012:18-85),薑素英(2013:8-27),채춘옥(2014c:179-237)
연애, 가정, 혼인과 임신	南桂仙(2006:21-31),김미형(2009:67-92),용요요(2010:41-62),석진주(2011:11-21),李善熙(2012:18-44),마풍빈(2012:18-85),채춘옥(2014:179-237),
정치외교	翟錄(2006:8-22),췌이펑훼이(2009:7-25),마풍빈(2012:18-85),薑素英(2013:8-27),채춘옥(2014c:179-237)
동식물	翟錄(2006:8-22),췌이펑훼이(2009:7-25),채춘옥(2014c:179-237)

민감한 화제의 분류	선행연구
경제	김욱(2011), 마풍빈(2012:18-85), 채춘옥(2014c:179-237)
사회관계	翟錄(2006:8-22), 췌이 펑 훼이(2009:7-25)
기타	석진주(2011:11-21)

2.3.2 완곡 표현의 완곡 원리 및 표현방법

앞에서 설명한 바와 같이 완곡 표현 사용의 근본적인 원인은 즐거움과 이익을 추구하고 고통과 손해를 피하려는 인간의 심리에 기인하는데, 그 직접적인 원인은 공손과 체면 유지를 위해서 부정적인 느낌을 줄 수 있는 글자, 단어, 구절, 문장, 억양 등을 피하기 위한 것이라고 하겠다. 그렇다면 이러한 상황에서 완곡 표현을 사용할 때 어떻게 부정적인 반응을 회피하고 완곡의 효과를 얻어낼 수 있으며, 어떠한 이유로 그러한 표현이 완곡의 효과를 실현시킬 수 있는지에 대한 문제가 제기될 수 있을 것이다.

중국에서 완곡 표현과 관련된 邵軍航(2007: 81)의 논문에서는 '완곡기제(委婉機制)'로 완곡 표현, 완곡 효과의 실현 원리에 대한 체계적인 분석을 하였다. 그는 완곡 표현의 완곡 원리에는 미화원리(美化原理), 거리적 모호 원리(距離原理)와 약화원리(弱化原理)가 있다고 분석하였다[18]. 그리고 이를 바탕으로 완곡 표현이 정보를 받아들이고 해석하는 당사자의 심리에 모호함을 형성하여 완곡 효과에 이르게 된다고 보았는데, 이는 결국 완곡 표현의 완곡 원리가 총체적으로는 모호 원리로 볼 수 있다는 주장이다.

---

18) 邵军航(2007: 81) :委婉语的委婉机制包括美化机制、弱化机制、距离机制。

그러나 완곡 표현의 구성방법은 분류가 다양해서 모호 원리를 여러 유형으로 분류할 수 있다. 완곡 표현은 상대에게 공포감, 수치심, 혐오감, 불안, 불편함, 적의 등의 부정적 심리를 완화하기 위해 사용되는 것으로서 완곡되어 표현되는 대상은 좋지 않은 것으로 인식된다. 완곡 표현은 이렇게 좋지 않게 인식되는 사물을 듣기 좋게 미화시키고 부정적인 정도를 낮추고 약화시키기 위해서, 혹은 완곡 표현하려는 대상과의 사이에 심리적 거리를 형성함으로서 거리적 모호성을 형성하기 위한 작용을 한다. 그러므로 완곡 표현의 완곡 원리는 미화원리, 약화원리, 거리적 모호 원리를 나눌 수 있다.

그리고 완곡 표현의 방법이 있어서도 邵軍航(2007)은 완곡 표현의 원리를 논하는 동시에 완곡 표현의 구체적인 방법을 분석하고 변음법(變音法), 글자 생략법(省略法), 축약법(縮約法), 은유법(隱喩法), 환유법(換喩法), 동의어 교체법(同義語交替法), 반의어 교체법(反意語交替法), 우회적 설명법(迂廻說明法), 부정법(否定法), 의문법(疑問法) 등의 방법을 제시하였다.

이와는 다르게 허동진(1994)는 통사론적 시각에서 완곡 표현의 방법을 분석하여 열거하였다. 즉, 간접적 표현 수법, 피동의 표현 수법, 부정적 표현 수법, 의문의 표현 수법, 추측의 표현수법, 희망, 청원의 표현 수법 등을 제시하였다. 조혜선(1999)은 화행론적 시각에서 비유적 표현, 우회적 표현, 무관계 표현의 세 가지 종류의 완곡 표현 방법에 대해 논하였다.

한편 김미형(2000)은 어휘적 측면에서 완곡어를 금기어를 대신하는 전통적인 완곡어, 일상생활에서 일상용어로 굳어져 일상용어로 사용하는 완곡어 그리고 표현 의도를 읽을 수 있는 현대의 완곡어로 분석했고 모호지시, 비유 지시, 유의 지시가 어휘의 완곡 표현의 주요 방식임을 밝혔다.

또한 청자, 화자, 제3자 중심으로 각각 나누어 서로 다른 상황에서 어떻게 문장차원의 완곡 표현을 사용하는지에 대한 문제를 상세히 연구하였다. 이를 바탕으로 그는 가정 표현, 희망 표현, 추측 표현, 축소사 표현, 수혜 표현, 사견 표현, 느낌 표현, 권유 표현, 축소 표현, 피동 표현, 모호 표현 등이 문장 차원의 중요한 완곡 표현의 방법들이었다고 보았다. 그리고 이보다 진일보한 연구를 통해 김미형(2009)은 완곡어를 만든 명명 기반이 무엇인가에 대해 어휘 인지학 차원에서 완곡 표현 방식을 상위 범주적 지시, 묘사적 지시, 미화적 지시, 은유적 지시, 환유적 지시, 반의적 지시로 나누어 볼 수 있다고 주장하였다.

呂春燕(2004)은 어휘, 문법, 화용의 세 가지 측면에서 완곡 표현의 방식을 체계적으로 정리하였다. 〈표 2-7〉에서 볼 수 있듯이 呂春燕(2004)은 한자어로 고유어를 대체하고 외래어를 차용하며 추상적 어휘를 사용하는 등의 방법이 어휘적 수단의 주요 표현방법이라고 보았다. 또한 피동표현법, 의문표현법, 축소사표현법 등은 문법 수단의 주요 방법이며 언어 환경 속의 언어 외적 의미를 사용하여 자신의 입장과 관점을 나타내는 방식을 화용 방법이라고 주장하였다.

〈표 2-7〉 한국어 완곡 표현 방법

구분	주요 방식
어휘적 수단	한자어로 고유어 대체, 외래어 차용, 추상적 어휘 사용, 다른 동의어나 유의어로 교체, 비유와 환유 등의 수사법으로 대체
통사적 수단	피동표현법, 의문표현법, 축소사 표현법, 관용형 표현법
화용적 수단	자신의 입장, 관점, 태도, 바람 등을 완곡 표현의 형식을 사용하여 간접적, 우회적으로 나타낸다. 즉, 구체적인 언어 환경에서 함축적인 의미를 사용하는 것으로 문자 그대로의 의미를 나타내지 않는다.

앞선 연구를 기초로 하여 곽단양(2006)은 문장차원의 완곡 표현 방식에 다른 사실을 들어 비겨 표현하는 방식, 이유를 들어 표현하는 방식을 추가하였고, 생활 담화 영역, 광고 표현 영역, 정치외교 영역, 경제무역 영역, 사회, 도덕, 교육 영역으로 나누어 담화 차원에서 완곡 표현의 방법을 논하였다.

金莉娜(2006)는 한국어의 음성 변화, 음 생략, 음 첨가, 음 도치의 음성 완곡 표현 방법과 글자의 수정, 숨김과 같은 표현방법을 제시했으며, 翟錄(2006)은 문장차원의 완곡 표현에서 억양의 전환, 주어의 생략, 단어의 변화 등과 같은 방법을 추가하였다. 췌이펑훼이(2009)는 피음(避音)의 어음 표현 방식과 문자의 대체나 해체 표현 방식에 대해 설명하였다.

김욱(2011)은 음의 삭제, 숫자 해음(諧音)[19]의 언어 표현방식과 속담, 경어어휘, 성어의 어휘 표현 방식을 추가하였는데 비유, 설명, 모호, 미화, 의인화, 생략이 수사법적 측면의 완곡 표현 방식이라고 보았다. 그리고 姚秋林(2012)는 수사론적 수법의 측면에 속어, 관용어의 완곡 표현 방식을 추가하였으며, 薑素英(2013)은 축약형을 완곡 표현 방식으로 보충하였다. 왕효효(2011), 이선희(2012), 학사경(2012)는 화용론적의 시각에서 완곡 표현 방식을 논하였다.

이상에서 살펴본 구체적인 완곡 표현 방식은 어음, 어휘, 문장 등의 다양한 측면의 내용을 포함하고 있는데, 본고에서는 이러한 논의를 종합적

---

19) 중국 「현대한어규범사전」에서는 해음(諧音)을 '글자의 독음이 서로 같거나 비슷한 것'으로 정의하고 있다. 해음의 의미를 살펴보면 크게 세 가지의 유형으로 나누어 볼 수 있다. 첫째, 소리가 같거나 비슷한 현상을 중심으로 하는 유명이다. 둘째, 동음이나 근음으로 인해 다양한 의미를 표현하는 언어 효과에 대한 유형이다. 셋째, 동음 혹은 근음 현상이나 언어학적 수사학적 관점에서의 정의가 아닌 문화적 관점에서 해음을 정리한 유형이다.

으로 정리하여 완곡 표현의 구체적인 방식을 다음의 〈표 2-8〉과 같이 정리하였다.

〈표 2-8〉 한국어 완곡 표현의 대표적인 생성방식

비언어적 완곡어 생성 수단	
몸짓, 얼굴표정, 억양, 말머리 잠시 멈춤(口頭停頓), 머뭇거림(遲疑)	
언어적 완곡어 생성 수단	
구분	대표적 방법
음성 변용 방식	변음, 음 도치, 음 삭제(생략), 음의 첨가, 음 대체(해음 대체 포함)
문자 변용 방식	고쳐 쓰기법(대자의 사용, 결획과 가필의 방식), 비워 쓰기법, 나눠 쓰기법
어휘 변용 방식	외래어나 방언 차용, 수사 방식(은유법, 제유법, 환유법, 풍유법, 의인법), 설명법, 유의성 용어 교체, 반의성 용어 교체, 부정성 어휘 교체, 대명사 교체, 축약형 어휘 교체, 유아어 대용
문법 변용 방식	허사, 이중부정, 어조사, 가정법, 외래어차용, 부정표현방식 문형전환, 말법(식) 바꾸기(서술문을 의문문으로 전환, 명령문을 의문문으로 전환, 의문문을 부정의문으로 전환), 의문의 표현, 부정적 표현 수법, 추측의 표현, 추측한 표현인 부사의 첨가, 삽입구의 사용, 희망, 청원 표현, 공손 표현, 어미 형태변화, 가정 표현, 축소사 표현, 수혜 표현, 사견 표현, 느낌 표현, 권유 표현, 축소 표현, 모호 표현, 관용형 사용, 피동표현 전환,
화용적 방식	자신의 입장, 관점, 태도, 바람 등을 완곡 표현의 형식을 사용하여 간접적, 우회적으로 나타낸다. 즉, 구체적인 언어 환경에서 암시적인 표현을 사용하는 것으로 문자 그대로의 의미를 나타내지 않는다. 예) 담론 수단

마지막으로 완곡 표현의 원인, 원리와 방법을 분석한 내용을 종합하면 완곡 표현의 실현모형을 다음과 같이 정리해낼 수 있다. 〈그림 2-1〉에서 보듯 즐거움과 이익을 추구하고 고통과 손해를 피하는 심리로 인해 담화 표현 중 부정적인 심리, 감정을 유발할 수 있는 글자, 단어, 문장을 회피하기 위해 긍정적인 정서를 발생시킬 수 있는 표현을 대신 사용한다. 이를 위해 음운론, 형태론, 통사론, 화용 등 수단을 사용함으로써 미화, 약화, 거리적 모호성 원리를 통해 완곡 효과를 실현하게 되는 것이다.

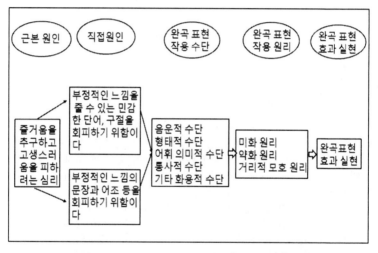

〈그림 2-1〉 완곡 표현의 활용 원인과 실현 원리

3. 한국어 완곡 표현의 생성 방식

제2장에서는 완곡 표현의 정의와 특성 및 기초이론을 논의하였고, 완곡 표현의 사용원인, 그리고 완곡 표현의 완곡 효과와 작용 원리 등을 분석하였다. 그리고 현재까지 발표된 선행연구들에서 제시하고 있는 완곡 표현의 구체적 표현 방법도 함께 검토하였다. 앞 장에서의 분석을 바탕으로 제3장에서는 언어적인 생성 방식 및 비언어적인 생성 방식 두 가지 측면에서 한국어 완곡 표현의 생성에 관한 문제에 대해 언어적인 차원에서 한국어 어휘범주의 완곡 표현을 중심으로 살펴볼 것이다. 이를 위해 〈표 2-8〉에서 제시한 음성 변용, 문자 변용, 어휘 변용, 문법변용 4가지의 방식을 기초로 하여 구체적으로 한국어 완곡 표현의 대표적 생성 방식도 함께 논의할 것이다. 그리고 비언어적인 커뮤니케이션의 의미에 대해서도 살펴볼 것이다.

3.1 언어적인 생성 방식

3.1.1 음성 변용에 따른 생성 방식

한국어에는 부정적인 정서나 감정을 연상시키는 발음이 있다. 이와 관련된 어휘는 변음, 음 도치, 음 생략, 음의 첨가, 음의 대체 등의 음성 변용 방식을 통해 관련된 발음을 피하는 방식으로 직설표현의 의미, 관련된 연상과 화자간의 심리적 간격을 생성한다. 그렇게 함으로써 제2장에서 다루었던 거리적인 모호성 원리를 통해 표현의 완곡 효과를 실현하게 되는 것이다.

예를 들어서 〈표 3-1〉에서 '십방세계'20)는 '십'자의 발음 때문에 말할 때 성(性)과 관련된 '씹방'과 유사하게 들릴 수 있어 '십'을 '시'로 변음의 방식을 사용하여 '시방세계'로 표현한다. '오줌'과 '방구'는 모두 배설과 관련되어 있기 때문에 음 도치의 방법으로 각각의 어휘를 '줌오'와 '구방'으로 표현하는 경우가 있다. '브라자', '성교하다'는 성(性)적 어휘와 관련이 있어 음 생략을 통해 '라자', '하다'라고 완곡하게 표현한다. 그리고 모욕적인 표현이 될 수 있는 '개(같은)'와 남성 생식기의 저속표현 '자지'에는 음절을 첨가하여 '개나리(같은)', '잡지'로 나타내기도 한다. 이 뿐만 아니라 '18(발음이 '씹할'과 유사), 도둑, 좆, 4층 등 성(性), 범죄, 죽음과 관계된 어휘는

---

20) 십방세계: '세상'을 의미하는 불교용어. 불교용어 가운데 동서남북과 동남, 동북, 서남, 서북, 상하를 포함한 세상을 이르는 '十方'이란 말이 있다. 그런데 이 말을 십방(十方)이라고 잘못 발음하는 사람이 많다. 한자 발음대로라면 '십방'이 맞겠으나 '십방' 보다는 '시방'의 발음이 용이하기 때문에 지금은 '시방'으로 읽히고 있다. 이는 언어의 역사성이다. 그 용례로 '온 세계'를 이르는 시방세계(十方世界), '시방에 있는 여러 부처의 정토'를 이르는 시방정토(十方淨土) 등이 있다. 이와 비슷한 사례로 황해도 소재의 고을인 白川을 '백천'이라고 하지 않고 '배천'이라고 하는 경우와 같다.

전체 혹은 부분적 음 대체를 통해 '열여덟, 도선생, 새, F층'으로 사용한다.

위에서 보인 사례와 같이 어휘의 사용에 있어 공손, 체면 문제를 야기할 수 있는 민감한 어휘발음이 나타나면 문제가 될 어휘 음절에 대해서 음성 변용의 방식을 사용함으로써 음성 변용 전의 직설표현의 의미를 청자에게 전달할 수 있을 뿐만 아니라 그 직설표현 발음이 야기한 안 좋은 연상도 피할 수 있어서 직설 표현의 부정적 인지와 화자의 심리 간에 '거리적인 모호'를 형성하여 완곡 표현의 효과를 만들어낼 수 있다.

〈표 3-1〉 음성 변용 방식의 완곡 표현

직설 표현	완곡 표현	변용 방식	참고 자료
십방세계	시방세계	변음	췌이 펑 훼이(2009:36)
오줌	줌오	음 도치	박영준(2004:91)
방구	구방	음 도치	박영준(2004:91)
브라자	라자	음 삭제	김욱(2011:43)
성교하다	하다	음 생략	金莉娜(2006:76)
개(같은)	개나리(같은)	음의 첨가	金莉娜(2006:76)
자지	잡지	음의 첨가	김욱(2011:43)
18	열여덟	음 대체	채춘옥(2014c:74)
도설	도선생	음 대체	채춘옥(2014c:74)
좆	새	음 대체	박영준(2004:74)
4층	F층	음 대체	췌이펑훼이(2009:36)

3.1.2 문자 변용에 따른 생성방식

한국어의 완곡 표현의 주된 문자 변용 방식에는 어휘 중의 글자를 고치는 고쳐 쓰기 법, 어휘 중의 글자를 생략하는 비워 쓰기 법과 어휘 중의 글자를 분할하는 나눠 쓰기 법 등 세 가지 방식이 있다. 이러한 방식을 통해 공손, 체면 문제를 야기시킬 수 있는 민감 어휘의 부정적 의미와 담화자의 심리 사이에 일정한 인지 거리를 만들 수 있어서 거리적인 모호 원리를 통해 완곡 표현의 효과를 가져 올 수 있다.

먼저, 문자 변용 중에 고쳐 쓰기 법은 다시 대자(代字), 가획(加劃), 결획(缺劃)의 세 가지 방식으로 나눌 수 있다.

대자는 피할 글자를 소리가 같거나 비슷한 다른 글자로 대체해서 쓰는 것을 말한다(채춘옥 2014c: 79). 〈표 3-2〉에서 보는 바와 같이, 당나라 당고조 부친의 '병(昞)'자 휘(諱)를 피하기 위해 신라시대 문무왕릉비(文武王陵碑)와 숭복사비문(崇福寺碑文)에서는 육십갑자(六十甲子)의 '병진(丙辰)'과 '병오(丙午)'를 각각 '경진(景辰)'과 '경오(景午)'라고 기록했다. 조선왕조 건립 후에는 개국공신을 봉할 때 명태조 주원장(朱元璋)의 '원(元)'자 휘를 피하려고 '원종공신(元從功臣)'을 '원종공신(原從功臣)'으로 고쳐 썼다.

그리고 고려 혜종의 휘였던 '무(武)'자를 피해 신라 '문무왕(文武王)'은 '문호왕(文虎王)'이라고 했으며, 신라 장군 김유신의 신호였던 '흥무대왕(興武大王)'은 '흥호대왕(興虎大王)'이라고 했다. 이 외에도 고려 말 충선왕의 '장(璋)'자를 피하기 위해 경상도의 '장산현'을 '경산현'이라고 하고, 건륭제 홍력(弘曆)의 '홍(弘)'자를 피해 서울의 '홍례문(弘禮門)'을 '흥례문(興禮文)'이라고 바꿔 쓴 예도 있다.

이 같은 고쳐 쓰기법의 방법 중에 가획과 결획의 방법도 사용되기는 하였지만 그 사용 빈도는 비교적 낮은 편이었는데, 대표적인 예를 들면 다음과 같다. 1750년 대구의 유생(儒生) 이량채(李亮采)가 공자의 휘가 '구(丘)'이므로 '大丘'를 '大邱'로 바꿔달라고 상소했으나 영조의 윤허를 얻지 못했다. 그러나 정조 때부터 점차적으로 '大邱'라는 지명을 쓰기 시작해 오늘날에 이르렀다(췌이펑훼이 2009: 44). 그리고 조선 시대에는 주희(朱熹)를 항상 '주희(朱⺗)'로 썼었다. 이 두 가지의 예시 중 전자는 가획의 방식을 사용한 것이며 후자는 결획의 방식을 사용한 것으로서, 이를 통해 성인(聖人)의 휘를 피하여 완곡하게 표현한 것이다.

〈표 3-2〉 문자 구조 방식의 완곡 표현

직설 표현	완곡 표현	완곡 방식	참고자료
병진(丙辰)	경진(景辰)	대자	채춘옥(2014c:81)
병오(丙午)	경오(景午)	대자	채춘옥(2014c:81)
원종공신(元從功臣)	원종공신(原從功臣)	대자	채춘옥(2014c:81)
문무화(文武王)	문호왕(文虎王)	대자	채춘옥(2014c:81)
흥무대왕(興武大王)	흥호대왕(興虎大王)	대자	채춘옥(2014c:82)
장산(獐山/章山)	경산현(慶山縣)	대자	채춘옥(2014c:82)
흥례문(興禮門)	홍례문(弘禮門)	대자	채춘옥(2014c:82)
대구(大丘)	대구(大邱)	가획	채춘옥(2014c:84)
주희(朱熹)	주희(朱⺗)	결획	채춘옥(2014c:84)
음경	X경	비워 쓰기 법	채춘옥(2014c:87)
음문	X문	비워 쓰기 법	채춘옥(2014c:87)

고쳐 쓰기 법 이외에도 비워 쓰기 법이 자주 사용되는데 앞의 〈표 3-2〉에서 '음경', '음문'을 'X경', 'X문'으로 쓴 것이 대표적인 예이다. 나눠 쓰기 법은 다른 방법에 비해 사용빈도가 매우 낮아서 문학작품에서 간혹 나타난다. 〈예 3-1〉은 연애편지에서 사용된 예이다.

〈예 3-1〉

잠상기유산(岑上豈有山)

호하갱무천(昊下更無天)

액중반월횡(腋中半月橫)

목변양인개(木邊兩人開)

〈예 3-1〉은 한 젊은 청년이 매파(媒婆)에게 자신이 흠모하는 여성에게 혼담을 꺼내길 청한 후에 상대방으로부터 받은 편지 내용이다. 이를 해석하면 다음과 같다. 잠(岑)자 위에 어찌 산(山)이 있느냐(岑上豈有山)는 '今'자가 되고, 호(昊)자 아래에 다시 천(天)이 없으니 (昊下更無天) '日'자가 되고, 액(腋)자의 반인 月자를 떼어버리면(腋中半月橫) '夜'자가 되고, 나무(木) 곁에 두 사람이 벌려 서면(木邊兩人開) '來' 자 인지라, 결국 세로로 앞 글자만 읽으면 '오늘 밤에 오십시오(今日夜來)'라는 뜻이 될 수 있게 에둘러 표현한 것이다(췌이펑훼이 2009:47-48). 청년은 답장을 받은 후에 아래 〈예 3-2〉 중에 있는 편지로 회신하였다.

〈예 3-2〉

사선하구(四線下口)

우각불출(牛角不出)

〈예 3-2〉를 해석하면 다음과 같다. 즉, 네 개의 선 아래 입구(口)는 (四線下口) '言'자가 되고, 소의 뿔이 나오지 않았다(牛角不出)은 '午'자가 되니, 합하면 허락할 '허(許)' 자가 되니, 곧 '좋아요'라는 회답을 완곡하게 보낸 내용이다 (췌이펑훼이 2009: 48).

위에 제시한 예시들과 같은 고쳐 쓰기 법, 비워 쓰기 법, 나눠 쓰기 법 등의 문자 변용 방식은 공손, 체면을 위협하는 민감 어휘의 형태를 변화시킴으로써 어휘에 대한 인지 시간을 지연시키고 화자 간에 심리적 거리를 생성해서 거리적인 모호 원리를 통해 완곡 표현의 효과를 얻기 위한 것이다. 하지만 위에 열거한 예시와 같이, 문자 변용의 방법은 문어의 완곡 표현에는 자주 쓰이지만 일상 대화에는 많이 쓰이지 않는다.

3.1.3 어휘 변용에 따른 생성 방식

(1) 외래어나 방언 작용방식

한국어에서 외래어를 구분한다면 한자어와 한자어 이외의 외래어로 나눌 수 있다. 한자어는 한국어에서 가장 빈번하게 사용되고 있기 때문에 한자어에 대한 연구는 항상 단독적으로 다뤄지고 있다. 그러므로 본고에서는 한국어를 고유어, 한자어, 한자어 이외의 외래어로 구분하기로 한다. 그리고 이 연구에서는 한국어 가운데 고유어로 표현된 직설표현에 대해서 한자어나 외래어를 사용함으로써 거리적인 모호 원리를 통해 완곡하게 표현 할 수 있다고 본다.

〈그림 3-1〉에서 보는 바와 같이 주로 모국어와 그에 대응하는 의미, 또는 그와 관련된 여러 가지 연상 의미는 사람의 의식에 이미 고정되어 있기 때문에 언급하면 바로 연상할 수 있다. 하지만 외래어는 그렇지 않다. 같은 의미지만 모국어보다는 그 단어에 대한 체감거리가 멀고, 간접적으로 돌려 표현하는 어감이 있어서 단어의 의미에 대한 반응 속도를 효과적으로 늦추게 한다. 그리고 '외래'라는 것은 명칭만 보고 '자기 것이 아니라

다른 데에서 온 것'이라는 생각이 있다. 실전 체득을 통해 이런 생각은 '외래어'의 명칭 자체에 대해 효과가 있을 뿐만 아니라 단어 실제의 의미도 많건 적건 간에 영향을 받았다고 볼 수 있다.

이로써 우리는 항상 '외래어'가 표현하는 뜻이 모국어보다 더 모호하고 모국어처럼 그렇게 급소를 찌르거나 다른 연상도 쉽게 일으키지 않는다고 생각한다. 그래서 외래어의 차용도 완곡어 구성 방식의 하나가 된다(췌이 펑훼이 2009: 60). 〈표 3-3〉에서 '죽다, 젖, 똥, 오줌'은 사망, 성(性), 배설과 관련된 한국 고유어의 직설적 표현으로 두려움과 저속한 느낌을 주는 어휘들인데 이러한 어휘는 각각 '별세, 유방, 대변, 소변'등의 한자어로 완곡하게 표현된다. 또한 '엉덩이, 바람둥이'는 개인의 신체부위나 애정, 가정과 관계된 고유어의 직설표현으로 '엉덩이'라는 어휘를 직설적으로 사용하면 상대에게 저속하고 질 낮은 느낌을 줄 수 있으며, '바람둥이'는 상대를 깎아 내리는 의미가 들어있다. 이 어휘들은 〈표 3-3〉에서 나타나듯 각각 '히프, 플레이보이'등으로 완곡 되어 표현되고 있다. 이러한 한자어와 외래어 어휘는 청자가 직설표현의 의미를 인식해 내는 속도와 의미의 부정적 이미지를 줄이게 되어 거리적인 모호 원리를 통한 완곡 표현 효과가 나타나게 된다.

한편, 한국어에서는 한자어 이외의 외래어에 비해 한자어의 사용이 더욱 빈번하기 때문에 한국인에게는 한자어가 나타내는 의미에 대한 반응이 기타 외래어 보다 더 빠르고 더 뚜렷한 이미지로 인지될 수 있다. 그래서 한자어는 한자어 이외의 외래어에 비해 더욱 더 직설적이라고 할 수 있다. 이와 관련하여 임지룡(2008)은 '완곡 표현은 충격을 누그러뜨리는 효과를 갖는다. 직접성의 정도는 고유어 > 한자어 > 외래어의 순서이다.'라고 주장한다. 예를 들어, 〈표 3-3〉에서 '세컨드, 멘스'는 한자어인 '첩, 생리'에 비해 더 완곡한 느낌을 주게 된다. 따라서 완곡 표현에 있어서 한자어를 제외한 외래어의 완곡 효과는 한자어에서 더욱 강하게 나타나며, 한자어는 고유 어에서 더욱 강하게 나타난다고 할 수 있다.

또한 이와 유사한 원리로 한국 방언(사투리)도 완곡 표현으로 사용되는 경우가 간혹 있는데 '정랑'을 '뒷간'으로 완곡 표현하는 것을 예로 들 수 있다.

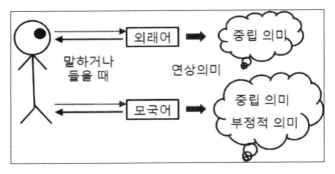

〈그림 3-1〉 외래어와 모국어 간의 의미 관계[21]

---

21) 췌이펑훼이(2009:60)재인용.

<표 3-3> 외래어나 방언 작용 방식의 완곡 표현

직설표현	완곡 표현	생성 방식	참고자료
죽다	별세(하다), 작고(하다), 운명(하다), 타계(하다)	고유어-한자어+고유어	金莉娜(2006:78)
젖	유방	고유어 - 한자어	金莉娜(2006:78)
똥	대변	고유어 - 한자어	이용주(1959:37)
오줌	소변	고유어 - 한자어	이용주(1959:37)
엉덩이	힙, 히프	고유어 - 외래어	金莉娜(2006:78)
바람둥이	플레이보이	고유어 - 외래어	췌이펑훼이(2009:60)
첩	세컨드	한자어 - 외래어	金莉娜(2006:78)
생리	멘스	한자어 - 외래어	金莉娜(2006:78)
뒷간	정랑	방언 작용	채춘옥(2014c:206)

(2) 수사법 작용방식

은유법, 제유법, 환유법, 의인법, 풍유법 등의 수사법은 미화, 거리적 모호, 약화 3대 원리를 종합적으로 활용하여 완곡 효과를 실현할 수 있다. <표 3-4>에서 '흰머리'를 '흰서리'로 은유적으로 표현한 것은 미화의 원리를 이용해서 '흰머리'를 완곡하게 표현한 것이다. '높은 담'은 감옥의 일부인데 '높은 담'으로 '감옥'을 표현하는 것은 제유법으로 거리적 모호 원리를 통해 완곡하게 표현하는 것이다. 그리고 '콩밥을 먹다, 지우개'는 환유법을 활용하여 '감옥살이하다, 피임약'의 의미를 표현한다. 이는 역시 거리적 모호의 원리를 통한 완곡하게 표현을 하는 것이다.

또한, 풍유법도 완곡 표현으로 활용될 수 있는데 이러한 표현의 경우 자신이나 사물에 대한 풍자, 해학, 조소를 통해 대화 분위기를 가볍게 만들면서 완곡의 효과를 만들어내는 것이다. 예를 들면 '양상군자'로 도둑을 표현하는 것이 곧 해학을 통해 무서운 화제를 가볍게 바꿔 주는 것이다. 그리고 '서생원, 집주인'이 '쥐'와 '뱀'으로 완곡 표현되는 것은 바로 의인법 활용의 사례이다. 이렇게 풍유법이나 의인법으로 완곡 표현 하는 것은 대화 분위기를 가볍게 만들어낼 수 있어서 실제로는 직설표현의 부정적인 영향을 줄일 수 있으므로 약화의 원리를 통한 완곡 효과를 얻을 수 있는 것이다.

<표 3-4> 수사법 작용 방식의 완곡 표현

직설표현	완곡 표현	완곡방식	참고자료
흰머리	흰서리	은유법	金莉娜(2006:78)
감옥	높은 담	제유법	췌이펑췌이(2009:73)
감옥살이하다	콩밥을 먹다	환유법	金莉娜(2006:78)
피임약	지우개	환유법	金莉娜(2006:78)
도둑	양상군자	풍유법	채춘옥(2014c:118)
쥐	서생원	의인법	췌이펑췌이(2009:15)
뱀	집주인	의인법	채춘옥(2014c:165)

(3) 설명법 사용방식

<표 3-5>에서 '남남이 되다, 한자리에 들다, 정신이 잘못되다'등의 표현은 각각 '이혼하다, 성관계를 가지다, 미치다'등에 대한 직설 표현에 대한 묘사를 하거나 설명을 한 것이다. 직설 표현을 묘술하거나 설명하는 어휘로 직설 표현을 대체하는 것은 직설 표현의 부정적 효과를 약화할 수 있어서 약화의 원리로 완곡 효과를 얻을 수 있다.

<표 3-5> 설명 방식에 따른 완곡 표현

직설표현	완곡 표현	완곡 방식	참고 자료
이혼하다	남남이 되다	설명법(진술법)	金莉娜(2006:78)
성관계를 가지다.	한자리에 들다	설명법(진술법)	金莉娜(2006:78)
미치다	정신이 잘못되다	설명법(진술법)	金莉娜(2006:78)

(4) 유의성 용어 변용방식

<표 3-6>에서 '장애우, 세무 공무원, 봉급생활자'는 직설 표현인 '병신, 세리, 월급쟁이'에서 나타나는 혐오적이고 경시적인 억양 대신 친숙하고 긍정적인 느낌을 갖게 하는 효과를 지니고 있다. 또한 '날씬하다, 넉넉해 보이다'는 부정적인 '마르다, 뚱뚱하다'를 대신하는 긍정적인 어휘이다. 이러한 어휘들은 모두 미화의 원리를 활용한 완곡 표현들이다.

<표 3-6> 유의성 용어 변용 방식의 완곡 표현

직설표현	완곡 표현	완곡 방식	참고 자료
병신	장애우, 장애인	유의어	췌이펑훼이(2009:52)
월급쟁이	봉급생활자	유의어	췌이펑훼이(2009:53)
벙어리	언어장애인	유의어	김욱(2011:47)
정신병	정신장애	유의어	췌이펑훼이(2009:52)
마르다	날씬하다	유의어	췌이펑훼이(2009:54)
뚱뚱하다	넉넉해 보이다	유의어	췌이펑훼이(2009:54)

(5) 반의어 용어 변용방식

<표 3-7>에서 볼 수 있는 것처럼 죽은 이가 입는 옷은 '수의'라고 하며,

장지는 '길지'라고 칭한다. 즉, 죽음과 관계된 표현에는 '수'나 '길'을 덧붙인다. 이는 반의어를 활용한 완곡 표현의 예들이다. 이렇게 반의어를 사용하여 표현하는 것은 죽음 등과 같은 두려움이나 혐오감을 연상시키는 어휘들을 회피하고 장수 혹은 길상(吉祥)과 같은 긍정적인 연상과 연결될 것이다. 이러한 예시들에서 볼 수 있듯이 반의어를 사용한 완곡 표현은 미화의 완곡 원리를 작용해서 표현하는 것이라고 할 수 있다.

〈표 3-7〉 반의어 용어 변용 방식의 완곡 표현

직설 표현	완곡 표현	완곡 방식	참고 자료
죽은 이가 입는 옷	수의	반의어	채춘옥(2014c:124)
장지	길지	반의어	채춘옥(2014c:124)

(6) 부정법 사용방식

부정법은 약화의 원리를 사용하여 완곡 표현을 만들어내는 것이다. 〈표 3-8〉에서 직설표현인 '병나다'와 '중병에 걸리다'는 듣는 이에게 걱정과 우려를 하게 만드는 어휘이므로 '안색이 안 좋다, 일어나지 못하다'등과 같이 완곡하게 표현해야 한다. 이러한 표현들은 본래의 직설표현을 회피할 뿐아니라 청자의 우려 정도를 약화시킬 수 있어 완곡 표현의 목적을 달성하게 되는 것이다.

〈표 3-8〉 부정법 변용방식에 따른 완곡 표현

직설표현	완곡 표현	완곡 방식	참고 자료
병나다	안색이 안 좋다	부정법	채춘옥(2014c:128)
중병에 걸리다	일어나지 못하다	부정법	채춘옥(2014c:128)

(7) 대명사 교체방식

방위대명사와 인칭대명사를 포함한 대명사는 항상 거리적 모호 원리를 통해 완곡 표현된다. 〈표 3-9〉의 예에서 볼 수 있듯이 '월경'을 '그날'로, '성 기관'을 '거기'로 표현하는 것은 모두 대명사를 사용한 완곡 표현의 사례들이다. 특정한 상황에서 이러한 대명사를 사용함으로써 월경, 성 기관 등 직설표현을 피하고 상대에게 의미를 모호하게 전달할 수 있으며 직설 표현으로 인한 부정적 연상과 일정한 심리적 거리를 유지할 수 있게 된다. 그래서 완곡의 효과가 거리적 모호 원리를 통하여 나타난다.

〈표 3-9〉 대명사 교체 방식의 따른 완곡 표현

직설표현	완곡 표현	완곡 방식	참고 자료
월경	그날	대명사	김욱(2011:50)
성 기관	거기	대명사	췌이펑훼이(2009:56)

(8) 유아어 교체방식

유아어를 사용하여 친숙하고 완곡 표현을 만들어내는 경우가 가끔 있는데, 유아어를 사용함으로써 귀엽고 익살스러운 효과를 만들어 낼 수 있어서 약화를 원리로 완곡 표현 효과를 얻을 수 있다. 대표적인 예로 소변을 누고 싶을 때 '오줌을 누다' 대신 유아어인 '쉬쉬'로 대체하여 사용하고 대변을 누고 싶을 때 '똥을 누다' 대신 유아어인 '응가'로 대체하여 사용하는 것을 예로 들 수 있다.

3.1.4 문법 변용에 따른 생성 방식

한국어에서 문장의 종류는 '평서문, 의문문, 명령문, 청유문, 감탄문'으로 나뉜다(국립국어원 2005: 25). 평서문은 말하는 사람이 듣는 사람에게 아무것도 요구하지 않고 단지 어떤 사실이나 현상에 대한 정보, 혹은 자신의 생각을 전달하는 문장이다(국립국어원 2005: 86-87). 의문문은 말하는 이가 듣는 이에게 질문을 하여 그에 대한 대답을 요구하는 문장이다. 의문문에는 '몇, 얼마, 누구, 언제, 어디, 무엇, 왜'등의 물음물이 포함되어 있어서 듣는 이에게 대답을 요구하는 설명 의문문과, 단순히 긍정이나 부정의 대답을 요구하는 판정 의문문이 있다. 그리고 물음에 대한 대답을 굳이 요구하지 않고 서술이나 명령의 효과를 내는 수사 의문문(또는 반어 의문문)도 있다(송찬선 2010: 149-150). 명령문은 말하는 이가 듣는 이에게 어떤 행동을 하라고 요구하는 문장이므로 명령문의 주어는 반드시 듣는 이여야 한다(송찬선 2010: 154). 청유문은 말하는 이가 듣는 이에게 어떤 행동을 함께 하자고 요청하는 문장이다(송찬선 2010: 156). 그리고 감탄문은 말하는 사람이 새로 알거나 느낀 것을 감탄하며 표현하는 문장이다(국립국어원 2005:104). 이 다섯 종류의 문장들의 대표적인 종결 어미로는 다음 〈표 3-10〉의 예를 들 수 있다. 본고에서는 위의 5가지 종류 문장 가운데 각 문장에서 자주 사용되는 종결어미와 뉘앙스에 대한 고려와 함께 문헌 자료를 참고하여 문장의 완곡 표현 방법을 아래와 같이 정리하였다.

<표 3-10> 한국어 문장의 종결어미

구분	종결 어미
평서문	-ㅂ니다/습니다, -아요/-어요, -아/-어, -네(요), -지(요), -오, -소, -ㄴ다/-는다/-다, -데(요), -(으)마, -(으)ㄹ게(요), -(으)ㅁ세.
의문문	-(으)냐/느냐, -(으)ㄴ가/는가, -니, -소/(으)오, -(으)ㄹ까, -(으)ㄹ 쏘냐, -(으)ㄴ 가요/는가요, -(으)ㄹ 까요, -습니까, -어/아, -어요/아요, -지, -지요, -(으)ㄹ래, -(으)ㄹ래요.
명령문	-어라/아라/여라/거라/너라, -(으)라, -(으)십시오, -(으)오, -소, -어/아, -어요/아요, -(으)렴, -게, -구려.
청유문	-자, -세, -지, -(으)ㅂ시다, -(으)오, -어요/아요, -지요.
감탄문	-구나/-는구나, -구려/는구려, -구먼/는구먼, -노라/로라, -도다/로다, -어라/아라, -누나, -(는)군(요), -네(요), -아라/-어라.

(1) 겸어(謙語)표현 첨가

문장 앞에 '미안한데/하지만', '죄송한데/하지만', '실례하지만', '글쎄요' 등 미안함을 나타내는 표현을 붙여 사용한다. 다른 이에게 어떤 일을 시키거나 상대방에게 거절을 할 때, 상대의 잘못을 지적하는 등 상대방의 바람을 이뤄주지 못하는 상황에서 문장 앞에 겸어 표현을 삽입함으로써 상대의 기대를 채워주지 못할 경우의 미안한 마음을 나타내 상대의 이해를 구하면서 상대방의 부정적인 인상을 약화시킨다. 이는 약화 원리를 통해 완곡 표현 효과를 실현하는 것이다. 김욱(2011), 김미라(2006) 등의 연구에서는 '죄송하지만'등의 겸어구(謙語句)를 덧붙여 완곡을 실현하는 예를 보여주었다. 〈예 3-3〉의 a와 b 모두 시간이 없어 상대의 요청을 완곡하게 거절하려고 하는 상황에서 a 문장에서는 '죄송하지만'을 덧붙였고, b 문장에서는 '글쎄요'를 붙여 완곡한 거절의 어감을 전달하고 있다.

〈예 3-3〉

a. 죄송하지만 전 시간이 없어서 못 갈 것 같다.

b. 글쎄요. 시간이 없을 것 같아요.　　　　　　　　김미래(2006)

(2) 사견 표현 첨가

사견 표현 첨가는 자신의 관점을 표현할 때 '내(네, 그 사람)가 보기에', '내(니, 그 사람)생각에는', '내(니, 그 사람)가 알기로는', '내(니, 그 사람)가 아는 한', '느끼다' 등을 문장에 덧붙여 그 관점은 자신이나 타인의 의견을 표현하는 것임을 강조하는 것을 말한다. 담화에서 사용되는 이러한 표현들은 화자가 현재 전달하는 관점이나 느낌은 화자 자신이 전에 이해하고 얻게 된 정보임을 나타내게 된다. 이러한 표현을 덧붙임으로써 자신의 의견을 전달할 때 자칫 상대에게 독단적이라고 비칠 수 있는 느낌을 약화시켜 청자로 하여금 내용을 쉽게 받아들이게 하는 효과를 기대할 수 있다. 이 역시 약화 원리를 활용한 완곡 표현이다.

곽단양(2006), 翟录(2006), 김미래(2006) 등은 '내가 보기에', '내 생각으로는' 등과 같은 사견 표현을 덧붙이는 것은 완곡 표현의 효과를 이끌어낼 수 있음을 밝혔다. 〈예 3-4〉에서 a, b는 '네가 잘못 생각했나 봐', '이렇게 하면 더 좋을 것 같은데요'라는 문장에 '내가 보기에', '내 생각으로는'을 덧붙여 이것은 단지 자신의 생각일 뿐이며 절대적인 것이 아님을 강조함으로써 청자로 하여금 쉽게 받아들일 수 있게 하는 완곡의 효과를 이끌어낸다.

〈예 3-4〉

a. 내가 보기에 네가 잘못 생각했나 봐.　　곽단양(2006), 翟录(2006)

b. 내 생각으로는, 이렇게 하면 더 좋을 것 같은데요.　김미래(2006)

(3) 축소사 삽입

축소사는 그리스의 'diminutive'에서 온 것이고 주요 기능은 언어 교제에서 문장의 딱딱함(生硬度)을 줄이고 무례함을 피하며 화자와 청자 간의 부드러운 담화 분위기를 수립하는 것이다. 한국어의 축소사는 주로 '좀, 잠깐, 약간, 잠시' 등 같은 작은 것을 지시하는 단어를 가리킨다. 이런 축소사는 어떤 상황의 수량적인 의미를 줄임으로써 말을 부드럽게 하는 완곡의 효과를 낸다. 쳬이핑훼이(2009), 왕소단(2011), 南桂仙(2006), 翟录(2006), 姚秋林(2012) 등에서는 축소사를 사용하여 완곡 표현을 나타낼 수 있다고 보았는데, 본고에서는 축소사가 약화의 원리를 통해 완곡 표현을 실현하는 것으로 본다. 〈예 3-5〉에서 a의 문장에는 '좀'을 덧붙여 견뎌야 하는 어려움을 '조금'이라고 약화시키고 있다. 또한 의문문 b의 예문에서는 청자에게 잠시 앉을 것을 요청하고 있는데, '좀'을 사용하여 잠시의 시간임을 강조하며 요청의 의미까지 더 하게 되는 것이다. c, d, e의 문장에서도 역시 '잠시', '잠깐', '한 가지'를 덧붙여 각각 '실례하다', '기다리다', '부탁하다'는 정도를 약화시키면서 완곡의 효과를 이뤄내며 청자가 상대의 요구를 보다 쉽게 받아들일 수 있도록 한다.

〈예 3-5〉

a. 글쎄요. 이번 일은 참기가 좀 힘들겠어요.　　　왕소단(2011)

b. 좀 앉아주실래요?　　　　　　　　　　　　　姚秋林(2012)

c. 잠시 실례하겠습니다.　　　　　　　　　　　　姚秋林(2012)

d. 잠깐만 기다려요.　　　　　　　　　　　　　용요요(2010)

e. 한 가지 부탁할 일이 있어요.　　　　　　　　南桂仙(2006)

(4) '동사+아/어 주다'의 관용형 사용

'동사+아/어 주다'의 관용형은 요청의 의미를 지니는데 화자를 위해 무 언가를 달라는 표현으로 자신이 도움의 은혜를 받음을 나타내 완곡 표현 으로 자주 사용된다. 姚秋林(2012)에서 발췌한 〈예 3-6〉의 예를 보면 '창문 닫아 주세요'는 직접적인 요청이기는 하지만 '창문 닫아라, 창문 닫아요.' 등과 같은 표현에 비해 상대가 부탁을 한 화자를 위해 창문을 닫는다는 의미가 되면서 요청의 의미가 더해지는 것을 알 수 있다. 이것은 상대가 자신에게 은혜를 베푸는 것이지 자신의 명령에 의한 것이 아님을 나타내 명령의 어감을 약화시키고 상대가 하는 행동에 의미를 부여하면서 약화와 미화의 원리를 통해 완곡 표현을 만들어내고 있는 것이다.

〈예 3-6〉

a 창문 닫아요.

b 창문 닫아 주세요.

a 창문 닫지 마요.

b 창문 닫지 말아주세요.　　　　　　　　　　姚秋林(2012)

(5) 피동문 사용

문장은 동작이나 행위를 누가 하느냐에 따라 능동문과 피동문으로 나뉘는데, 주어가 자기 힘으로 동작을 하는 것을 능동(能动)이라 하고, 주어가 스스로 행동하지 않고 남의 동작을 받는 것을 피동(被动)이라 한다. 피동문은 일반적으로 '-이-, -히-, -리-, -기-'와 같은 피동 접미사에 의한 파생적 피동문과, '-어지다'등 에 의한 통사적 피동문으로 나눈다(송찬선 2010: 210). 피동문은 능동문과 비교하여 한편으로는 '행위성이 약화되거나 상실된 일'을 나태태지만, 다른 한편으로는 '저절로 그리됨(자연성)의 의미가 강화된 일'을 나타낸다고 볼 수 있다(최규수 2010: 237). 그래서 한국어는 피동문을 이용하여 말을 완곡하게 전환할 수 있다(김욱 2010). 선행연구 중에 곽단양(2006), 翟录(2006), 南桂仙(2006), 김욱(2011), 姚秋林(2012) 등은 피동문으로 바꾸는 방법을 통해 완곡 표현을 만들 수 있음을 밝혔다. 〈예 3-7〉에서 a 문장의 '영이가 철수를 (뺨을) 때렸다'는 매우 직접적인 표현으로 청자에게 거부감을 줄 수 있으나 b 문장에서는 피동의 방식으로 '때렸다'는 행동을 완곡하여 나타내었다.

〈예 3-7〉

a. 영이가 철수를 (뺨을) 때렸다.   최규수(2010)

b. 철수가 영이에게 (뺨을) 맞았다.   최규수(2010)

일부 피동 표현은 서술어의 피동 표현이 아닌 사건의 객관적인 묘사나 피동의 결과를 나타내는 표현을 통해 실현하기도 한다. 〈예 3-8〉과 〈예 3-9〉에서 '나는 한국말도 할 수 있다'와 '사퇴를 결심한 것'이라는 결과를

'되었다'와 '보였다'로 표현하면서 '나는 한국말도 할 수 있다'와 '사퇴를 결심하다'라는 문장이 줄 수 있는 부정적인 느낌을 약화시킨다. 이런 방식으로 피동문의 사용은 약화의 원리를 통해 완곡 표현을 실현한다고 할 수 있다.

〈예 3-8〉

a. 나는 한국말도 할 수 있다.　　　　　翟록(2006), 곽단양(2006)

b. 나는 한국말도 할 수 있게 되었다.　　翟록(2006), 곽단양(2006)

〈예 3-9〉

a. 결국 검찰 조직과 후배 검사들을 위해 김 총장은 사퇴를 결심하였다.

김욱(2011)

b. 결국 검찰 조직과 후배 검사들을 위해 김 총장은 사퇴를 결심한 것으로 보였다.　　　　　　　　　　　　　　　　　김욱(2011)

(6) 추측표현 사용

추측표현은 말하는 사람이 어떤 사실이나 사건에 대해 추측할 때 주로 쓰는 표현들이다(국립국어원 2005: 287). 추측표현의 가장 큰 특징은 모호함인데 이러한 특징 때문에 약화 원리를 활용한 완곡 표현의 하나로 흔히 사용된다. 翟록(37), 김욱(2011) 등의 선행연구에서는 이러한 완곡 표현의 예들을 다루고 있다. 〈표 3-11〉은 추측표현에서 자주 사용되는 종결어미를 사용하거나 '아마', '혹시'등의 추측성 부사를 사용하여 완곡 표현을 만들어내는데 구체적으로는 다음과 같다.

<표 3-11> 한국어 추측표현의 종결어미[22]

추측표현
-(으)ㄹ 것이다, -겠-, -(으)ㄹ까, -것 같다, -듯하다, -(으)ㄹ 지 모르다, -(으)ㄹ/은/던 모양이다, -듯 싶다, -(으)ㄴ가 싶다, -(으)ㄴ가 보다, -(으)ㄹ 까 싶다, -(으)ㄹ 테니, -법하다, -(으)ㄹ 걸(요), -성 싶다.

〈예 3-10〉의 a에서 '이런 생각이 대부분의 친구들의 생각이었다'는 문장은 어떤 것에 대한 판단의 관점을 보여주고, 〈예 3-11〉의 a에서 '우리는 미래 세대들에게 살기 좋은 세계를 남겨줄 수 있다'는 것은 미래에 대한 희망을 나타낸다. 또한, 〈예 3-12〉 a의 '오늘 시간이 없어서 못 해요'는 직접적인 거절 표현이며, 〈예 3-13〉a의 '네가 잘못 생각했어'는 상대를 직접적으로 지적하고 있다. 이러한 담화는 직접적인 표현으로서 담화 상황과 대상에 따라 문제를 야기할 수 있다. 예를 들어, 〈예 3-10〉의 a의 경우 그 관점이 잘못되었을 경우 화자는 스스로 곤란한 상황에 빠지게 되거나 옳다고 해도 청자로 하여금 거부감을 일으킬 수 있다. 〈예 3-11〉의 a에서는 그 판단이 잘못된 것일 수 있으며, 〈예 3-12〉 a의 거절, 〈예 3-13〉 a의 지적은 어감이 강하여 상대방의 체면을 상하게 할 수도 있다. 이러한 문장들은 추측의 종결어미를 사용하는 등의 방법으로 추측표현으로 바꿈으로써 유연하고 부드러운 어감을 만들어내고 화자와 청자의 체면을 보호하여 효과적인 완곡 표현을 실현할 수 있다.

---

22) 김욱(2011), 용요요(2010)에 의해 연구자 재정리하였다.

〈예 3-10〉

a. 이런 생각이 대부분의 친구들의 생각이었다.

b. 이런 생각이 대부분의 친구들의 생각이었는지도 모른다.

곽단양(2006)

〈예 3-11〉

a. 우리는 미래 세대들에게 살기 좋은 세계를 남겨줄 수 있다.

b. 우리는 미래 세대들에게 살기 좋은 세계를 남겨줄 수 있을 것이다.

곽단양(2006)

〈예 3-12〉

a. 오늘 시간이 없어서 못 해요.

b. 오늘 시간이 없어서 못 할 것 같은데요.　　　왕효효(2011)

〈예 3-13〉

a. 네가 잘못 생각했어.　　　　　　　곽단양(2006), 翟录(2006)

b. 내가 보기에는 네가 잘못 생각한 것 같아.23)

(7) 가정 표현 사용

'(만약) -면'은 한국어의 가정 표현으로서 이 같은 가정 조건을 제시함으로 부드러운 어감을 만들어내어 완곡 표현의 효과를 볼 수 있다. 〈예 3-14〉

---

23) 원문에서는 '내가 보기에는 네가 잘못 생각했나봐'로 되어 있는데 본고에서 다시 수정해서 예문을 제시하였다.

의 a 문장에서는 사무실로 올 것을 요구하는데, b의 문장에서와 같이 '시간이 나면'을 덧붙임으로 화자의 명령의 어감이 약해지면서 청자는 화자로부터 존중의 느낌까지 받을 수 있게 되어 완곡한 표현이 된다. 〈예 3-15〉의 a에서는 2012년 12월 23일 지구는 종말을 맞이할 것이라는 견해를 나타내는데, b에서처럼 '그 예언에 의하면'을 첨가하게 되면 전달하고자 하는 견해를 좀 더 약하게 피력하는 것이 되어 완곡 표현의 작용을 하게 된다.

〈예 3-14〉

a. 사무실로 오세요.

b. 시간이 나면 사무실로 오세요.

〈예 3-15〉

a. 2012년 12월 23일 지구는 종말을 맞이할 거예요.

b. 마야예언에 의하면 2012년 12월 23일 지구는 종말을 맞이할 거예요.

(8) 희망 표현 사용

〈표 3-12〉에서 보는 바와 같이 '-면 좋겠다', '-면 감사하겠다'등은 희망을 나타내는 관용 표현으로서 약화의 원리를 활용한 완곡 표현의 효과를 기대할 수 있다. 〈예 3-16〉의 예문에서는 어떤 일을 부탁하고 있는데 '-면 좋겠다'의 관용 표현을 사용하여 명령의 어감을 약화시키고 '요구'가 아닌 '희망'의 어감으로 바꾸어 매우 완곡하게 표현하고 있다. 또한, 〈예 3-17〉에서는 '써야 돼요'라는 요구 사항에 대해 '-면 감사합니다 / 감사하겠다'를 덧붙여 사용함으로써 희망 사항임을 나타내며 완곡하게 표현하였다.

<표 3-12> 희망표현 방식[24]

희망표현
-고 싶다, -고 싶어하다, -고자 하다, -는가/(으)ㄴ가 싶다, -(으)ㄹ까 싶다, -아/어 보고 싶다, -(았/었)으면 싶다, -(았/었)으면 좋겠다, -(았/었)으면 하다, -기 바라다, -기나 하다, -(았/었)으면 고맙겠다/감사하겠다.

〈예 3-16〉

a. 그걸 알려 주세요.   翟录(2006)

b. 그걸 알려 주셨으면 좋겠어요.   翟录(2006)

〈예 3-17〉

a. 지금 답해야 돼요.

b. 지금 답해주시면 감사하겠습니다.

(9) 의문문 종결어미 '-(으)ㄹ래요 /-(으)ㄹ까요'의 사용

'-(으)ㄹ래요' 또는 '-(으)ㄹ까요'는 제안하거나 의견을 구하거나 추측을 나타내는 의문문 종결어미이다. 문장에서 '-(으)ㄹ래요' 또는 '-(으)ㄹ까요' 를 사용하여 청자에 대한 존중을 표현할 수 있기 때문에 자신의 주관적 의견을 부드럽게 전달하여 완곡 표현으로 사용된다. 〈예 3-18〉에서는 상대에게 '우리 오늘 저녁에 같이 식사 합시다.'라고 명령하고 〈예 3-19〉에서는 다른 사람한데 '결혼 합시다'고 요구하고 있는데, 여기에 종결어미 '-(으)ㄹ래요' 또는 '-(으)ㄹ까요'를 붙여 상대의 의견을 묻는 형식을 통해 청자를

---

24) 김서형(2007), 김욱(2011), 이정란(2011)에 의해 연구자 재정리하였다.

존중하면서 자신의 주장을 약하게 표현하여 매우 완곡하게 표현하고 있다.

〈예 3-18〉

a. 우리 오늘 저녁에 같이 식사 합시다.

b. 우리 오늘 저녁에 같이 식사 할래요?

c. 우리 오늘 저녁에 같이 식사 할까요?

〈예 3-19〉

a. 결혼합시다.

b. 결혼해 줄래요?

c. 결혼할까요?

(10) 의문문 관용형 '-면 어때요?'의 사용

한국어에서 '-면 어때요?', '-면 어떻게 생각해요?'등은 상대의 의견을 구하는 의문문 관용형으로 상대의 의견을 존중하고 부드러운 어감을 표현하여 완곡 표현으로 사용된다. 〈예 3-20〉에서 상대에게 요구하는 '열심히 공부해'라는 문장과 〈예 3-21〉에서 '같이 공부하자'고 청하는 문장에 '-면 어때요?'를 사용하면 청자는 상대의 요구에 대해 자신이 결정할 수 있는 여지가 생기게 되어 상대의 제안을 보다 거부감 없이 받아들이게 된다.

〈예 3-20〉

a. 열심히 공부해

b. 열심히 공부하는 게 어때요?

〈예 3-21〉

a. 같이 공부하자.

b. 같이 공부하는 게 어때요?

(11) 허락을 구하는 의문문의 사용

한국어 의문문의 형식 중에서 상대의 허락을 구하는 것으로 '-을/를 수 있어요?', '-아/어도 돼요?', '-면 괜찮아요?' 등이 있다. 이러한 관용 표현을 사용하면 화자는 자신의 요구사항을 상대에게 허락을 구하는 방식으로 표현함으로써 직접적으로 요청하는 방식보다 완곡하게 전달할 수 있게 된다. 〈예 3-22〉의 a에서는 상대에게 집에 돌아가서 화장실을 청소할 것을 명령하고 있으며, 〈예 3-23〉의 a에서는 상대에게 같이 앉을 것을 요구하는데, b에서는 '-를/을 수 있어요?', '-아/어도 돼요?'를 붙여 명령과 요구의 어감을 청자의 허락을 받는 말투로 바꿈으로써 완곡한 표현을 만들어내며 상대가 명령이나 요구를 쉽게 받아들이게 한다. 이는 어조의 약화의 방식을 통해 완곡 표현을 실현하는 것으로 볼 수 있다.

〈예 3-22〉

a. 집에 가서 화장실 청소하세요.

b. 집에 가서 화장실 청소할 수 있어요?

〈예 3-23〉

a. 같이 버스 타자.

b. 같이 버스 타도 돼요?

(12) 의문문 관용형 '-면 안 돼요?' '-면 안 될까요'의 사용

관용형 '-면 안 돼요?', '-면 안 될까요'는 한국어에서 다른 이에게 어떤 일을 부탁할 때 사용하는 완곡 표현으로 자주 사용된다. 앞서 제시한 예문과 마찬가지로 아래의 두 예문 〈예 3-24〉b와 〈예 3-25〉b 역시 다른 이에게 어떤 일을 하도록 하는 것이지만 의문문 관용형 '-면 안 돼요?', '-면 안 될까요'를 사용함으로써 요청의 의미를 더하게 된다. 이로써 어떤 일을 하도록 하는 어조를 부드럽게 표현하게 되고 완곡의 효과를 얻게 되는 것이다.

〈예 3-24〉

a. 가방을 가지고 나오세요.

b. 가방을 가지고 나오면 안 돼요?

〈예 3-25〉

a. 내일 같이 내려갑시다.

b. 내일 같이 내려가면 안 될까요?

(13) 다른 문장을 통한 암시

앞에서 언급한 완곡 표현은 주로 동일한 문장을 기본으로 하여 문장에 어떤 문장 성분을 첨가하거나 생략하고 관련된 관용 표현의 형식 등으로

바꾸는 등의 방식으로 이루어진 것이었다. 다른 문장을 통한 암시 방법 역시 완곡을 표현하는 데 사용되는데, 어떤 한 문장을 통해 표현하고자 하는 전체의 의미를 암시하는 방식을 말한다. 〈예 3-26〉의 a는 다른 이에 게 문을 닫을 것을 명령하고 있고, b는 자신이 춥다고 하면서 상대에게 문을 닫을 것을 요구하는 의미를 가지고 있다. 〈예 3-27〉의 a에서는 어딘 가에 같이 가자고 이야기하고 있는데 b에서는 혼자서 가기는 무섭다고 말하며 상대에게 같이 가자는 것을 암시하며 a 문장의 의미를 완곡하게 표현하고 있는 것이다.

〈예 3-28〉의 a에서는 가방이 너무 비싸다는 뜻을 전달하는데, 만일 이것 을 직접적으로 표현한다면 판매자가 불쾌할 수 있을 것이므로 b와 같이 '이 가방은 나중에 살게'라고 표현한 것이다. 비록 '비싸다'는 표현은 사용 하지 않았지만 이는 가방이 비싸다는 것을 의미를 암시하고 있다. 이러한 문장을 '다른 문장을 통한 암시'의 완곡 표현 방식이라고 하며, 이러한 표 현 방식은 청자로 하여금 관련된 의미를 떠올리도록 유도하여 원래의 의 도를 이해하게 하는 완곡 표현 방식이라고 하겠다. 이 방식은 암시를 통해 완곡 표현을 실현하게 된다.

〈예 3-26〉
a. 창문을 닫아라.
b. 아이구, 좀 춥다...

〈예 3-27〉
a. 우리 같이 가자.

b. 나 혼자 가기가 좀 무서운데.

〈예 3-28〉

a. 이 가방은 너무 비싸요.

b. 이 가방은 나중에 살게.

3.2 비언어적인 생성 방식

3.2.1 몸짓 표현, 얼굴 표정에 따른 생성 방식

몸짓은 손이나 발 등 주로 직접적인 동작이 가능한 신체 부위를 이용해 의도나 느낌을 전달하는 비언어적 표현으로, 주로 손과 팔을 사용해서 이루어지는 경우가 많지만 머리 부분을 움직여서 표현되는 것도 몸짓에 해당된다(김경지 2011: 25). 몸짓이 나타내는 비언어적 커뮤니케이션의 의미는 크게 두 가지로 분류할 수 있다. 첫째는 언어의 보조 수단으로서 몸짓(gesture)이다, 둘째는 언어와는 독립되어 그것 스스로 의미를 갖는 몸짓(autonomous gesture)이다(Kendon 1987: 74).

〈표 3-13〉는 한국의 대표적인 몸짓 표현으로서 의사소통에서 이러한 몸짓 표현은 의미를 직접적으로 전달하거나 의미 전달을 돕는 역할을 하여 암시를 통해 완곡 표현의 효과를 얻게 된다. 예를 들어, 시끄럽게 떠드는 사람이 있어 조용히 하라고 이야기하고 싶은 경우 직접적인 언어로 표현한다면 상대의 체면을 상하게 하고 공포감을 줄 수 있지만 집게손가락을 세워 입에 대는 행동을 통해 상대에게 조용히 해달라는 의사를 암시

적으로 표현하여 완곡 표현을 실현할 수 있게 되는 것이다. 또한 어떤 사람의 정신에 문제가 있다는 것을 전달할 때 '그 친구 머리가 좀/ 약간 좀...' 이라고 말하는 동시에 집게손가락을 머리 옆에서 돌리는 행동을 취하면서 완곡하게 전달할 수도 있다. 하지만 아래〈표 3-13〉에서 제시한 표현들은 이렇게 신체적인 동작으로 간접적인 표현을 하는 것은 직설적인 느낌은 줄여줄 수 있으나, 일부 동작의 경우 오히려 비하하는 표현이 될 수 있으므로 주의해야 한다. 완곡 표현의 목적은 본고에서 앞서 정리한 바와 같이 긍정적인 분위기 유도와 상대의 체면을 세워주려는 것이다. 돌려서 표현하는 효과가 있어도 상호 관계에 부정적인 영향을 준다면 완곡 표현 교육의 목적에 위배되므로 비하의 의미가 될 수 있는 동작은 한국어 학습자에게 좋은 표현으로서 교육할 수 없다.

〈표 3-13〉 한국의 대표적인 몸짓 표현[25]

의사소통 상황	비언어적 표현
약속할 때	서로 새끼손가락을 건다.
상대방을 오라고 할 때	손을 아래로 향하게 하고 손목을 앞뒤로 흔든다.
상대방을 가라고 할 때	손을 아래로 향하게 하고 손목을 뒤 앞으로 흔든다.
최고임을 나타낼 때	팔을 뻗어 엄지손가락을 위로 든다.
마음에 든다는 것을 표현할 때/돈을 의미할 때	엄지와 집게손가락으로 동그라미 모양을 만단다.
어떤 사람의 정신이 이상하다고 표현할 때	집게손가락을 머리 옆에서 원형으로 돌린다.
큰 일이 일어났거나 죽었다거나 일을 그만 두게 됨을 나타낼 때	손으로 목을 자르는 행동을 한다.
조용히 해야 함을 알릴 때	집게손가락을 세워 입에 댄다
용서를 구할 때	양손을 서로 비빈다.

오관으로 되어 있는 인간의 얼굴의 미세한 변화는 표정을 만들어 내어 사람의 감정, 마음, 의지 등을 반영한다. 얼굴 표정은 사람의 감정을 그대로 담고 있어 언어적 표현과 충돌되는 상황에서 얼굴표정에서 나타나는 비언어적 표현이 더 진실한 의사임을 알 수 있다(안인숙 2013: 66). 그래서 우리는 상대방의 얼굴 표정을 통하여 여러 가지 정보를 알아차릴 수가 있다. 예를 들면 보통으로 웃는 얼굴은 즐거움과 기쁨의 전형적인 얼굴 표정이고, 우는 얼굴은 슬픔을 뜻하고, 찡그린 얼굴은 고통스러움을 의미하고, 눈썹을 치켜 올리는 얼굴 표정은 놀라움이나 충격을 받음을 나타낸다(왕례량 2004: 27-28).

〈표 3-14〉을 참고하여 보면 사람들이 완곡 표현을 사용할 때는 일반적으로 친절하고 진실되며 친절한 표정을 짓는다. 그러나 자신의 감정을 언어로 전달하기 어려운 상황에서는 상대에게 전달하고자 하는 의미를 암시하는 표정을 지어 암시를 통해 완곡한 표현을 만들어낸다. 예를 들어, 한 여자 아이가 싫어하는 남자 아이로부터 고백을 들었을 경우 상대의 체면을 생각한다면 언어를 통한 직접적인 거절은 좋지 않으므로, 대신 입을 삐죽이거나 혀를 차며 유쾌하지 않은 얼굴 표정으로 완곡하게 거절하는 태도를 보여줄 수 있다. 또한 '이번에는 제가 틀린 것 같아요'라고 하며 상대에게 자신의 잘못을 완곡하게 표현할 경우 부끄럽고 창피하다는 얼굴 표정과 함께 자신이 어쩔 줄 모르겠다는 감정을 전달할 수도 있는 것이다.

---

25) 김정은(2006:514), 필자가 재정리하였다.

⟨표 3-14⟩ 한국인의 얼굴표정과 의사소통의 의미[26]

얼굴 표정	의사소통의 의미
눈살을 찌푸리다	못마땅하다
눈웃음을 치다	유혹하다
눈을 깜박이다	잘 몰라서 어리둥절하다
눈을 내리깔다	경멸하다
눈을 부라리다/부릅뜨다	거만하게 굴거나 화를 내다
눈을 씻고 보다	정신을 바짝 차리고 마무리 찾으려고 노력하다
눈을 치켜뜨다, 째려보다, 흘겨보다, 눈을 흘기다	불만이나 아니꼬움을 표시하다/못마땅하다
눈을 크게 뜨다	정신을 바짝 차리다
눈이 휘둥그레지다	놀라다
인상을 쓰다, 이맛살을 찌푸리다	못마땅하다
이마를 (탁) 치다	갑자기 깨닫게 됨을 나타내는 말
이(어금니)를 악물다	어려움을 참다
입술을 깨물다	원통함이나 고통을 참거나 결의를 다지다
입에 거품을 내다/물다/품다	흥분하여 말하다
입을 가리다	부끄러워하다
입을 내밀다/입이 나오다	못마땅한 표정을 짓다
입을 다물지 못하다/입을 벌리다	놀라다
입을 삐죽이다	언짢은 마음을 표시하다
코 방귀를 뀌다/날리다	가소롭게 여겨 남의 말을 들은 체 만 체 말대꾸를 하지 않다
코웃음을 치다	깔보고 비웃다
콧노래를 부르다	일이 잘 되어 기분을 내다
턱으로 부리다	거만함을 풍기며 지시대로 움직이게 하다
혀를 차다	마음에 들지 않아 하다

---

26) 조현용(2003:289-291), 필자가 재정리하였다.

3.2.2 상이한 억양 사용에 따른 생성 방식

이현복(1976)은 억양을 말의 가락으로 정의하고, 높낮이가 중심 요소이나 강세, 길이, 리듬, 속도, 목소리 음질 등의 요소와 밀접한 관계를 갖고 복합적으로 나타난다고 하였다. 일반적으로 짧고 굵은 하강 음조의 발음은 화자의 단호한 태도를 보여주며, 상향 음조로 조용하고 부드럽게 이야기하는 것은 화자의 완곡한 어조를 나타낸다. 때로는 특수한 어조로 본래의 의미 이외의 것을 암시할 수도 있는데 암시를 통해 완곡 표현의 효과를 볼 수도 있다. 아래의 〈예 3-29〉의 a에서처럼 짧고 굵은 하강 음조로 질문을 한다면 화가 났음을 표현할 수 있다. 만일 살인용의자의 모친이라면 아들을 존중하고 배려함을 드러내기 위해 상향 음조로 부드럽게 〈예 3-29〉의 b의 질문을 할 것인데, 이는 어조 약화의 원리를 사용하여 완곡하게 대답을 요구하는 것이다. 〈예 3-30〉의 예문에서 어떤 이가 두 사람 중 한 사람을 가리켜 '그 사람은 돈이 없을 거야'라고 이야기하고 있는데, a문장에서처럼 편안한 어조로 전달함으로써 청자는 화자가 단지 그 사람은 돈이 없다는 사실을 이야기하는 것으로 받아들일 것이지만 b에서처럼 강한 어조로 전달한다면 청자는 화자가 누가 돈이 있다고 직접적으로 말하는 것을 피하기 위해 '그 사람'이 돈이 없다고 완곡하게 표현하는 것으로 받아들이게 될 것이다.

〈예 3-29〉

a. (짧고 굵은 하강 음조로)

　　그녀를 죽인 사람이 너야?

b. (상향 음조로 부드럽게)

···그녀를 죽인 사람이 너···야?

〈예 3-30〉

a. (편안한 어조로)

그 사람은 돈 없을 거야~

b. (강한 어조로)

그 사람은 돈 없을 거야!

지금까지 언어적인 생성 방식 및 비언어적인 생성 방식의 두 가지 측면에 한국어 완곡 표현의 생성에 대해서 검토해보았다. 언어적인 차원에서는 한국어 어휘범주의 완곡 표현을 중심으로 살펴보았으며, 음성 변용, 문자 변용, 어휘 변용, 문법변용 4가지의 방식을 기초로 하여 구체적으로 한국어 완곡 표현의 대표적 생성 방식도 함께 정리해 보았다. 한편, 비언어적인 커뮤니케이션의 의미에 대해서도 구체적으로 한국인의 몸짓표현이나 얼굴표정에 따른 의사소통의 의미, 또는 억양에 따른 한국인의 전달하고자 하는 의미를 따져 보았다.

제 4 장

|

한국어 교육용 완곡 표현의 선정

4. 한국어 교육용 완곡 표현의 선정

제3장에서는 언어적인 생성 방식 및 비언어적인 생성 방식의 두 가지 측면에서 한국어 완곡 표현을 살펴보았다. 이를 바탕으로 제4장에서는 외국어로서의 한국어 교육에 필요한 어휘범주의 완곡 표현을 선정하고 그 목록을 제시하고자한다. 완곡 표현 선정을 위해서 먼저 완곡 표현의 선정 기준, 선정 대상, 선정 절차 및 방법 등에 대해서 간단히 소개할 것이다. 이와 관련해서는 본고에서 설정한 절차에 따라 총 6단계로 구분하여 진행하였고 그 결과 상용성 평가 점수가 가장 높은 81개의 한국어 완곡 표현을 선정하여 이를 교육용 완곡 표현 목록으로 제시할 것이다. 그리고 앞에 선정한 완곡 표현의 결과를 바탕으로 해당 목록의 타당성에 대해서도 논의를 진행할 것이다.

4.1 한국어 교육용 완곡 표현 선정의 기준

한국어 교육용 완곡 표현의 선정에 있어서 먼저 한국어 완곡 표현의 선정 기준에 대한 논의가 선행되어야 한다. 현재까지 어휘범주의 한국어 완곡 표현에 대한 연구가 많지 않고 참고할 자료가 매우 빈약하다. 이에 따라 명확한 기준이 제시되지 않고 있음을 감안하여 본고에서는 먼저 한국어 교육용 어휘선정[27]과 관련된 주요 선행연구를 살펴보기로 한다.

교육용 어휘를 선정하기 위해 우선 교육용 어휘의 개념 및 선정의 기준이 정립되어야 함은 물론, 교육용 어휘의 개념을 명확히 하는 것 역시 중요하다.[28] 기본 어휘의 개념을 명확히 구분하기 위해 서덕현(1990), 김종택(1992), 이충우(1994), 김종학(1995), 서상규(2009) 등 선행 연구를 살펴 볼 것이다.

이충우(1994)는 기본 어휘를 '일상생활에서 가장 기본적으로 사용되며 빈도가 높은 어휘 가운데 모든 사람에게 공통된 어휘의 상당수'로 정의하고, 정상적인 기본 생활을 하는 데 필요한 2000-3000어가 해당된다고 하였다. 김종택(1992)의 경우 기본 어휘를 '한 언어에 있어서 가장 흔하게 쓰이고 있는 기본적인 어휘'로 정의하고 있다. 한편 김종학(1995)은

---

27) 김중섭 외 5인(2011)에서 다음과 같이 제시한 바가 있다. 단어 이상의 어휘 단위인 관용 표현이나 속담에 대한 선정 기준이나 등급화가 쉽지 않다. 국제통용 한국어교육 표준 모형 개발 1단계에서는 4급에서 관용 표현을, 5급에서 속담을 어휘 항목에서 제시하고 있는데, 이러한 단어 이상의 구 단위 어휘의 선정이나 등급화에 대한 참고 자료가 매우 빈약하다.

28) 서상규(2009:136)에서는 많은 연구들에서 '기초 어휘'와 '기본 어휘'의 개념을 구별하려고 시도하였으나, 실제 어휘 목록 조사에서는 이러한 개념이 분명히 구분되지 않은 채 어휘 목록을 제시하거나, '한국어 교육용 기초 어휘', '한국어 교육용 기본 어휘'와 같은 용어가 엄격한 구별 없이 혼용되는 일도 빈번했었다고 지적한 바가 있다.

Swadesh(1950)가 언어연대학에서 기초 어휘의 개념을 '모든 인간 집단 혹은 일정 시대에 일정한 지역에 사는 여러 집단에 공통의 개념이나 경험과 관계되는 일상적인 표현으로 형태소의 유형이 비교적 안정적인 어휘'라고 정의한 것을 받아들여 통시적인 관점에서 어휘 분석을 하였다. 이를 통해 그는 기본 어휘는 '지금까지 국내외에서 이루어진 어휘 조사를 통하여 공시적인 사용 빈도와 사용 범위를 기준으로 선정된 어휘 목록'이라고 정의하였다. 그리고 한국어의 특성에 맞는 기초 어휘 선정 기준을 마련하고 한국어 기초 어휘를 선정한 뒤 이 중에서 표준적인 어휘를 선택하여 그에 대한 한국어 어휘사적인 분석을 하였다.[29]

서덕현(1990)도 김종학과 유사하게 Swadesh의 기초 어휘의 개념을 받아들여 기초 어휘를 정리하고 있다. 서덕현(1990)은 기본 어휘란 '피교육자가 취학 후 언어발달 상황에 따라 공통적이고 기본적으로 알아야 할 어휘'로, 음성언어에서 새로운 용법을 학습해야 할 기습의 어휘와 새로 배울 어휘를 포함한다고 하였다. 교육용 기본 어휘를 정의함에 있어 그가 취학 전에 습득한 어휘라도 그 어휘의 새로운 용법을 학습할 필요가 있는 것은 기본 어휘에 포함된다고 한 것은 기본 어휘 목록이 단계별로 명확하고

---

29) 김종학(1995)의 기초 어휘 판정 절차에 관한 주장을 정리하면 다음과 같다. 첫째, 기존 사전의 표제어로 수록된 단어를 대상으로 하여 현대 한국어 어휘 중 고유어로 판단되는 어휘의 목록을 작성한다. 둘째, 형태적으로 단일어인 것만으로 선정 목록을 재작성한다. 셋째, 시간을 거슬러 올라가 15세기 문헌부터 현대까지 지속되어 온 어휘만 선정한다. 넷째, 유아어 등 특수 계층에만 해당되는 어휘는 제외한다. 다섯째, 의성어 의태어는 제외한다. 여섯째, 의미가 특수 분양에 관련되는 어휘와 문화적인 요소를 지니는 어휘는 제외한다. 일곱째, 도구의 명칭, 동식물의 종명에 해당하는 어휘는 제외한다. 여덟째, 기존의 연구에서 외래어로 확인된 어휘를 제외한다. 아홉째, 동근파 생어군별로 분류한 다음 공통어근을 중심으로 정리한다. 열째, 알타이(Altai) 제어에서 대응되는 단어를 찾아 대조한다.

엄격하게 구별될 수 없음을 의미한다. 따라서 다음 단계에서 심화, 학습되어야 함을 시사하고 있다.

이와는 약간 상이하게 일본 학자 林四郎(1971)은 기본 어휘를 '특정 목적을 위한 기본 어휘'라고 정의하고, 眞田信治(1977)는 기본 어휘를 '어떤 목적에 따라서 인위적으로 선정되며 공리성을 지닌 어휘 집단'으로 정의하였다. 그리고 김광해(2003)는 기초 어휘를 '일상 언어생활을 영위하는 데 꼭 필요하다고 판단되는 최소한의 단어 1,000~2,000개'라고 하였고, 임지룡(1991)은 기초 어휘를 '언어생활에서 빈도수가 높고 분포가 넓으며 파생이나 합성 등 2차 조어의 근간이 되는 최소한의 필수어'라고 정의하고 있었다. 그리고 이것이 어휘 빈도수의 통계치에 따른 기본 어휘보다 한결 균형이 있고 체계적이라고 주장하였다. 水谷靜 田中章夫(1988)는 기초 어휘의 조건을 독자적으로 제시하기도 하였다.[30] 이상에서 살펴본 선행연구를 정리하면 다음과 같다.

---

30) 첫째, 그 어휘를 사용하지 않고 다른 언어를 대용하는 일이 불가능하여 문장을 작성하는 일이 불가능해지며, 다른 단어를 대용한다고 하더라도 오히려 그것이 더 불편해진다.
둘째, 그 단어들을 서로 조합하여 다른 복잡한 개념이나 새로운 명명이 필요한 개념 등을 나타내는 단어를 쉽게 만들 수 있다.
셋째, 기초 어휘에 속하지 않은 단어를 설명하는 경우 결국에는 기초 어휘의 범위에 들어 있는 단어들에 의지하는 일이 대게 가능하다.
넷째, 그 단어들의 많은 것은 오랜 옛날부터 사용되어 오던 것이며, 앞으로도 계속 사용될 가능성이 크다.
다섯째, 여러 방면의 화제에 흔하게 사용된다.

<표 4-1> 선행 연구의 '교육용 기본 어휘'의 개념

출처	선행 연구의 '교육용 기본 어휘'의 개념
김광해 (2003)	- 1차 어휘: 모국어에서 자연스럽게 습득되는 어휘, 학습에 의한 2차 어휘와 구별된다.
김종택 (1992)	- 기본 어휘: 한 언어에 있어서 가장 흔하게 쓰이고 있는 기본적인 어휘.
김종학 (1995)	- 기본 어휘: 지금까지 국내외에서 이루어진 어휘 조사를 통하여 공시적인 사용 빈도와 사용 범위를 기준으로 선정된 어휘 목록.
서덕현 (1990)	- 기본 어휘: 피 교육자가 취학 후 언어발달 상황에 따라 공통적이고 기본적으로 알아야 할 어휘'로, 음성언어에서 새로운 용법을 학습해야 할 기습의 어휘와 새로 배울 어휘
이충우 (1994a)	- 기본 어휘: 일상생활에서 가장 기본적으로 사용되며 빈도가 높은 어휘 가운데 모든 사람에게 공통된 어휘
임지룡 (1991)	- 기초 어휘: '언어생활에서 빈도수가 높고 분포가 넓으며 파생이나 합성 등 2차 조어의 근근이 되는 최소한의 필수 어휘. 빈도수의 통계치에 따른 기본 어휘보다 한결 균형이 있고 체계적이다.
Swadesh (1950)	모든 인간 집단 혹은 일정 시대에 일정한 지역에 사는 여러 집단에 공통의 개념이나 경험과 관계되는 일상적인 표현으로 형태소의 유형이 비교적 안정적인 어휘
林四郎 (1971)	의미의 논리적 분석에 따라 선정된 반인공적 어휘', 기본 어휘를 '특정 목적을 위한 기본 어휘
眞田信治 (1977)	특정 언어 가운데 그 중심적 부분으로서 구조적으로 존재하는 단어의 부분 집단'으로, 기본 어휘를 '어떤 목적에 따라서 인위적으로 선정되며 공리성을 지닌 어휘 집단

위에서 살펴본 바와 같이 기본 어휘는 특정한 목적, 특정한 대상, 특정한 분야를 위한 기본 어휘라고 할 수 있겠다. 이 때문에 반드시 기본어휘의 개념을 확립한 후에 교육용 기본 어휘 목록을 선정하여야 한다. 교육용 어휘 목록의 선정은 제2언어 학습자에게 매우 중요한 의미를 지닌다. 학습자들과 모국어화자들은 단어를 바르게 이해하는 것의 중요성을 인식하고

있다. 그러나 중국어권 학습자들의 어휘적 오류는 객관적으로도 무수히 많고 이 같은 오류는 원활한 의사소통을 방해한다. 게다가 학습자들에게 는 문장을 생성하고 그 문장들을 이해하기 위해 훌륭한 어휘적 기술이 요구된다(Gass 1999: 358).

따라서 교육용 기본 어휘를 선정하는 것은 그것을 바탕으로 교육체계를 만들어야 한다는 점에서 매우 중요하다. 특히 외국인을 위한 경우에는 기본 어휘의 선정이 무엇보다도 중요하다. 기본어휘에 따라서 단계를 설정하고 교재를 구성할 수 있고, 학습의 범위를 한정할 수 있기 때문이다(조현용 2000: 49). 따라서 본고에서는 먼저 기본 어휘의 개념을 정리하고 어휘목록의 중요성에 대해 논한 다음 교육용 기본어휘의 선정 기준에 대해서 살펴볼 것이다.

어휘 선정의 기준에 대한 기존 연구들을 살펴보면 교육, 학습, 등 목적의 기본 어휘 선정을 위하여 제시한 기준들이 다양하게 나와 있다. 이를 정리해 보면 다음과 같다.[31]

〈표 4-2〉 어휘 선정 기준에 대한 선행 연구

출처	어휘의 선정 기준
Mackey (1965)	• 어휘 선정 기준 1)빈도 2)범위 3)유용성 4)적용영역 5)학습성
이응백 (1972)	• 학습용 어휘 1)사용 정도가 높은 어휘 2)사용 범위가 넓은 어휘 3)조어력이 높은 어휘 4)기초적인 어휘

---

31) 서상규(2009: 141-149) 참고해서 재정리하였다.

출처	어휘의 선정 기준
JohsonD.D. PearsonPH (1984)	• 읽기용 기초 어휘 선정 기준 1)고빈도 단어 2)지문에서 핵심적인 단어 3)아는 단어의 새로운 의미 • 교사가 정규적인 지도가 필수적인 단어의 순서 1)교과 전문 어휘 2)다의어 3)일반 어휘
Nagy W.E. (1991)	• 독해력 향상을 위한 지도 대상 어휘의 선정 기준 1)개념이 어려운 단어 2)의미상 서로 관련이 되는 일련의 단어들 3)글의 이해 및 일반적인 언어 사용에서 중요한 단어
이충우 (1991)	• 교육용 어휘의 선정 기준 1)사용 빈도가 높은 어휘 2)사용 범위가 넓은 어휘 3)조어력이 높은 어휘 4)학습자의 발달 단계에 맞는 어휘 5)교육에 기초적인 어휘 6)적용성이 큰 어휘 7)시대가 요구하는 어휘 8)고유명사, 계급명, 의성어, 의태어, 비속어, 방언, 고어는 한정된 범위에서 선정
이영숙(1996)	• 지도 대상 어휘의 선정 원리 1)유용성의 원리: 교수학습 목표 달성에 유용한 어휘를 지도 대상 어휘로 선정해야 한다는 원리 2)효율성의 원리: 노력이나 시간을 낭비하지 않고 최소로 투자하여 교수학습 목표를 달성할 수 있는 어휘를 지도 대상어휘로 선정해야 한다는 원리 3)단계성의 원리: 학습자의 어휘 발달 단계를 고려하여 지도 대상 어휘를 선정해야 한다는 원리 　-아는 단어를 읽는 법 배우기 　이해 어휘를 표현 어휘로 바꾸기 　아는 단어의 새로운 의미 배우기 　아는 개념을 나타내는 새로운 단어 배우기 　아는 단어의 의미를 분명히 하고 풍부하게 하기 　새로운 개념을 나타내는 새로운 단어 배우기 • 지도대상 어휘의 질적 선정을 위해 고려해야 하는 변인 • 어휘 변인: 유용성 1)사용빈도 2)사용범위 3)조어력 4)적용성 • 텍스트 변인: 텍스트 선정, 문맥 이용

출처	어휘의 선정 기준
	1)텍스트 이해에 요구되는 단어 지식의 수준 2)텍스트 내 중요도 3)텍스트 내 정보의 가용성 4)텍스트의 잉여성 • 학습자 변인: 단계성 1)선행지식과 사전 경험 2)낯선 단어의 의미 파악 능력 • 교수학습 상황 변인: 유용성, 효용성 • 교수학습 목표와 내용 • 교육적 효용성
서상규 남윤진 진기호 (1998)	• 교육용 기본 어휘를 선정하기 위한 요구 사항 1)언어 사실에 근거하고 그 근거가 명백할 것 2)개별적인 목적에 따라 기대 수준이 다르므로 이에 대응할 것 3)양적으로 충분할 것 4)경제적인 적정성이 확보할 것 5)사용 및 관리가 용이할 것 • 학습자의 학습 단계에 따른 기준 1)일반인 대상 2)미취학 아동 수준 3)초등학생 수준 4)중·고등학생 수준 5)고등 교육 환경 학습자 6)전문적인 영영 연구자 • 규모에 따른 기준 1)선정 어휘의 수 결정 기준 2)품사, 구성 형식, 문형 제약 3)어휘 수의 구분간의 선정 조건 4)용례의 제시 수준 판단
김중섭, 김재욱 강현화, 김정숙 이정희, 김현진 (2011)	1)빈도: 한국어 사용 빈도를 우선적으로 고려한다. 2)범위: 어휘의 범위는 사용 영역을 포함하기 때문에 중요한 요소 　를 적용한다. 3)포괄성: 다른 어휘를 확장할 수 있는 어휘에 대한 개념이다. 4)학습용이성: 학습이 쉽게 이루어지는 어휘 순으로 어휘를 고른 　다. 이를 등급적용을 보완하는 데에 이용한다. 5)활용성: 정해진 상황에 가장 적절하고 필요한 어휘를 사용 할 수 　있는 어휘의 '활용성'이 기준을 삼는다.

이상으로 교육용 기본 어휘를 선정하기 위한 주요 기준을 살펴보았다. 서상규, 남윤진, 진기호(1998) 등은 교육용 기본 어휘를 선정하기 위한 학습자의 요구 사항으로 '언어 사실에 근거하고 그 근거가 명백할 것, 개별적인 목적에 따라 기대 수준이 다르므로 이에 대응할 것, 양적으로 충분할 것, 경제적인 적절성이 확보될 것, 사용 및 관리가 용이할 것'등의 조건을 제안하고 있다. 이러한 요구 사항을 참고하여 그들은 교육용 기본 어휘 선정 기준을 언어 기술적 관점, 규범적 관점, 계량 기술적 관점이라는 세 가지 관점32)에서 접근하였다. 교육용 기본 어휘 선정 과정에서는 현실 언어를 왜곡 없이 객관적으로 기술하는데서 출발하되, 이러한 언어 기술은 언어 자료를 처리하는 계량 기술이 뒷받침되어야 하고, 그렇게 이루어낸 어휘 자료는 교육의 목적과 학습자의 수준에 따라 언어 교육자가 다시 선택하여 교육적으로 활용해야 한다고 하였다.

조현용(2000: 64)은 한국어 교육에서 어휘를 선정하는 기준이 연구자마다 약간의 차이가 있기는 하지만 주로 Richard(1970)의 기준과 큰 차이가 없다고 주장하였다. 그가 제안한 어휘 선정의 기준은 빈도, 분포범위, 언어적 요구, 유용성 및 친숙성, 적용 범위, 학습의 용이성 및 학습 부담, 규칙성 등의 7가지이다.

---

32) 첫째, 일반적으로 기본 어휘 선정에서는 사용 빈도, 사용 범위 등이 중요한 객관적 기준으로 활용되는데, 이는 서상규, 남윤진, 진기호(1998) 등이 제시한 '언어 사실에 근거하고 그 근거가 명백할 것'이라는 조건과 통한다. 둘째, 이 연구과제에서 대상으로 하는 기본 어휘는 '교육용'이라는 목적을 가지고 있으므로, 언어 사실을 반영해야 한다는 언어 기술적 측면 외에 교육이라는 목적에 맞는 어휘를 선정해야 한다. 셋째, 언어 사실에 근거하고 교육용이라는 목적에 맞는 기본 어휘를 선정하기 위해서는 어휘 자료를 처리하고 계량하는 기술 또한 뒷받침되어야 하는데, 이는 계량 기술적 (technological)인 측면이다.

서상규(2009: 145)는 교육용 어휘 선정 기준을 언어 기술적 관점, 언어 규범적 관점, 계량 기술적 관점 등 세 가지 관점[33]에서 접근하였다.

강현화(2011)는 어휘의 등급을 설정하기 위한 기준으로 고빈도성, 중복도, 주제와의 상관관계, 기본의미와 파생력의 정도, 문법 교수요목과의 연계, 교수 현장과의 연계 등을 제시하였다.

김중섭, 김재욱 등(2011)은 어휘의 등급을 설정하는 기준으로 한국어 어휘 사용 빈도, 어휘의 범위 사용 영역, 어휘의 포괄성, 학습용이성, 어휘의 '활용성'등 제시하였다.

앞에서 살펴 본 교육용 기본 어휘 선정 관련 선행연구들에서 제시된 다양한 논의를 참고하여 교육용 한국어 완곡 표현을 선정하는 기준을 다음과 같이 제시하고자 한다. 첫째, 사용 빈도수를 기준으로 삼는다. 고빈도로 나타나는 주제 영역일수록 더욱 대중적이라고 판단하였기 때문에 본고에서 수집된 자료에서 빈도 점수가 4[34] 이상인 완곡 표현으로 선정한다. 둘째, 사용 상황을 쉽게 접할 수 있는 완곡 표현을 선정할 것이다.

---

33) 언어 기술적 관점에서 객관적 데이터로 대표되는 어휘 빈도 등은 그 자체가 절대적인 가치를 가진다고 할 수는 없으나 효용성이 있다고 하였고, 언어 규범적 관점은 '교육용'어휘로 학습자의 발단 단계나 각 교육과정의 교수, 학습 목표에서, 또는 해당 언어 사회나 시대가 교육되기를 요구하는 어휘의 수준이 반영되어야 한다고 밝혔다. 마지막으로 계량 기술적 관점은 어휘 자료를 처리하고 계량하는 기술이 뒷받침되어야 한다고 하였다.

34) 〈표 4-11〉의 결과를 바탕으로 5점 리커트 척도(Likert Scale)의 평가 방법에 의해 본고는 403개 어휘가 완곡 표현으로 활용될 빈도수에 대해서 평가할 것이다. 빈도수 평가 과정 중에 '매우 그렇다', '그렇다', '보통이다', '그렇지 않다', '전혀 그렇지 않다' 5개 응답은 각각 '5'점, '4'점, '3'점, '2'점, '1'점의 평가 점수를 받게 된다. 〈표 4-11〉 중 116명의 응답 결과에 의해 얻어낸 403개 표현의 빈도수 평가 점수 평균값은 부록〈2〉에 모두 기록하였다. 그 중 평균값 '4'점 이상(4점 포함)의 어휘를 한국에서 가장 많이 사용하는 완곡 어휘로 인정하며, 이를 선정해서 한국어 교육용 완곡 어휘, 표현 목록에 포함시킬 것이다.

셋째, 현대 사회의 일상생활 속에서의 사용 여부를 기준으로 삼는다. 학습자의 학습 단계를 고려하여 의미가 쉽게 변하지 않는 완곡 표현을 선정할 것이다. 앞에서 논한 바 있듯이 어휘의 특성을 고려하여 시간의 흐름을 지나 오늘날까지 정착되어 여전히 사용되고 있는가의 여부를 고려하여야 한다. 마지막은 교육적 목적의 적합성에 관한 부분이다. 이는 연구자의 주관적인 판단을 적용하였다. 다음 절에서는 위의 기준들을 고려하여 선정의 대상을 추출하고 중국어권 한국어 학습자를 위한 교육용 완곡 표현을 선정하고자 한다.

4.2 한국어 교육용 완곡 표현 선정의 대상

본고에서는 한국어교육용 대표 교재와 한국어능력시험 문제를 완곡 표현 선정을 위한 기초 참고자료로 삼을 것이다. 다만 한국어교재와 한국어능력시험에서 다루고 있는 완곡 표현은 양적으로 많이 부족하기 때문에 본고에서는 여기에 한국어 학습용 어휘목록, 그리고 이와 관련된 모든 선행 연구 자료까지 더한 것을 조사 대상으로 삼아 이에 수록된 모든 완곡 표현을 한국어 교육용 완곡 표현 1차 선정 자료로 삼기로 한다.

4.2.1 한국어 교재에 나타난 완곡 표현

한국어 교재에 나타난 어휘 범주의 완곡 표현에 관한 연구는 김욱(2011), 석진주(2011), 배성영(2012) 등을 들 수 있다. 석진주(2011)는 경희대 『한국어』 초급 · 중 · 고급, 서울대 『한국어』 4권, 연세대 『연세한국어』

6권, 고려대『재미있는 한국어』6권을 대상으로 분석을 진행하였다. 김욱 (2011) 역시 한국어를 외국어로서 학습하는 외국인을 대상으로 한 경희대 학교『한국어』초급·중·고급, 이화여자대학교『이화한국어』, 연세대학 교『연세한국어』6권, 서울대학교『한국어』4권 등 주로 대표 교재를 대상 으로 각 교재에서 다루는 완곡 표현을 제시하였다. 하지만 이들 연구에서 는 완곡 표현의 명확한 기준과 선정의 과정 없이 선정 결과만을 제시하 였다.

한편 배성영(2012)의 경우, 선행 연구자 석진주(2011)의 연구 성과를 통 해 살펴본 교재 분석을 간략히 소개하고 TOPIK 22회부터 26회까지를 분석 대상으로 선정하였는데 특히 시험 내용 가운데 일반 한국어(S-TOPIK) 고 급의 1교시 표현을 대상으로 삼았다. 종래의 B-TOPIK(Business TOPIK)이 폐지되고 S-TOPIK(Standard TOPIK)만 시행되기 시작한 2011년부터 조사하 였다. 2011년 최초로 시행된 한국어능력시험은 21회지만 일관적 문항 틀 을 게재하기 시작한 22회를 기점으로 분석 대상을 선정하고 총 5회의 출제 된 완곡 표현 문제를 살펴보는 방식을 채택하였다.

석진주(2011)의 경우에는 완곡 표현에 관한 별도의 교재가 없었기 때문 에 통합교재를 분석 대상으로 선정하였고 한국에서 대표적으로 많이 사용 되고 있는 교재를 분석대상으로 삼았다. 또한 어휘범주의 완곡 표현을 중 심으로 분석하였으며, 권별로 나타난 어휘의 개수, 제시한 급수 단계의 출처를 제시하였고, 사용하는 요인별로 분류하여 분석하였다.

경희대학교 한국어 교재에, 서울대학교 한국어 교재(총6권), 연세대학 교 한국어 교재, 고려대학교 한국어 교재 초급부터 고급까지 다루고 있는 한국어 완곡 표현을 다시 정리하면 다음과 같다.

〈표 4-3〉 한국어 교재에 다루는 완곡 표현 현황[35]

초급	경희대	운전사
	서울대	없음.
	연세대	없음.
	고려대	~이/가 안 계시다, 돌아가시다.
중급	경희대	귀가 얇다, 눈 감아 주다, 눈을 감다, 눈이 높다, 문을 닫다, 바가지를 쓰다, 바람을 맞다, 아랫배가 아프다.
	서울대	국수를 먹다, 귀가 가렵다, 누워 계시다, 눈이 높다, 돌아가시다, 말이 거칠다, 목숨을 잃다, 바가지 긁다, 바람을 맞다, 보육원, 숨지다, 신체장애인, 양다리 걸치다, 인명을 빼앗아가다, 입이 가볍다, 장애인, 저속한 말, 제 눈에 안경.
	연세대	~이/가 안 계시다, 돌아가시다, 문을 닫다, 미역국을 먹다, 통통하다, 하룻밤을 보내다.
	고려대	가사 도우미, 귀가 얇다, 눈이 높다, 독신 여성, 바람을 피우다, 속도위반, 숨지다, 얼굴을 찌푸리다, 입이 짧다, 코가 납작해지다.
고급	경희대	곁길로 돌다, 천당 가다, 파김치가 되다 호스피스에 입원하다
	서울대	없음.
	연세대	가정교육을 못 받다, 결혼 이민 여성, 기분이 씁쓸하다, 누워계시다, 뒷맛이 씁쓸하다, 마음이 씁쓸하다, 보육원, 성차별, 숨지가, 쉼터, 양성평등, 여의다, 이주노동자, 저 세상으로 떠나다, 철창행, 초상을 치르다, 하늘나라에 있다, 한 부모 가족, 혼자가 되다.
	고려대	감정이 골이 깊어지다, 결혼 이민자, 고개를 돌리다, 귀가 가렵다, 극과 극을 달리다, 기러기 아빠, 노숙인 쉼터, 다문화 가족, 문을 닫다, 물거품이 되다, 물 건너가다, 물이 들다, 미스 맘, 세상을 떠나다, 손을 벌리다, 장애인, 허리띠를 졸라매다.

---

35) 앞에 언급했던 선행연구 석진주(2011: 22, 25, 28, 31)에서는 경희대, 서울대, 연세대, 고려대순으로 교재 속 완곡 표현을 제시하였던 내용을 바탕으로 재정리하였다.

석진주(2011)에 의하면 한국어 대표교재에서 수록된 완곡 표현의 분포 상황은 다음과 같이 정리 할 수 있다.

〈표 4-4〉 한국어 교재에 나타난 완곡 표현 분포 현황

	경희대	서울대	연세대	고려대
초급	1	0	0	2
중급	8	18	6	10
고급	4	0	18	17
합계	13	18	24	29

위의 표에서 제시한 바와 같이 각 한국어 교재에 나타난 완곡 표현을 살펴본 결과 모두 6권으로 구성된 경희대학교 한국어 교재의 경우, 완곡 표현은 초급 과정에서 1개, 중급에서 8개가 수록되었고 고급에서 4개의 완곡 표현을 다루고 있다. 즉, 경희대 한국어 교재는 초급, 중급, 고급을 통틀어 총 13개 완곡 표현을 다루고 있음을 알 수 있다.

서울대학교 한국어 교재 역시 총 6권으로 구성 되어 있다. 하지만 고급 교재는 시중에 판매되지 않으므로 이를 제외한 초급, 중급 총4권을 대상으로 조사하였다. 서울대 한국어 초급에서는 완곡 표현을 전혀 언급하지 않았고, 중급에서는 18개 완곡 표현을 다루고 있다. 고급은 조사되지 않았으므로 고급을 뺀 결과는 총 18개이다.

연세대학교 교재인 연세한국어는 총 6권으로 구성되어 있다. 초급에서는 전혀 다루고 있지 않고, 중급에서 6개, 그리고 고급에서 18개의 완곡 표현을 각각 다루고 있다. 따라서 완곡 표현은 모두 24개이다.

고려대학교 교재인 한국어는 총 6권으로 구성되어 있다. 고려대학교

한국어 초급에서는 완곡 표현이 2개 나와 있고, 중급에서는 10개의 완곡 표현을 다루고 있으며, 고급에서는 17개 다루고 있다. 따라서 완곡 표현의 총 개수는 29개이다.

한편 김욱(2011)은 경희대학교, 이화여자대학교, 연세대학교, 서울대학교 4개 학교의 초급 단계부터 고급 단계까지(서울대 4권까지)의 한국어 교재 총 27권을 분석의 대상으로 삼았다. 하지만 교재에서 어휘만 추출한 뒤에 명확한 기준이나 구체적인 선정 과정에 대한 언급 없이 어휘의 선정 결과를 제시하였다. 이를 다시 정리한 결과는 다음과 같다.

〈표 4-5〉 각 한국어 교재에 다루는 완곡 표현 현황[36]

교재	완곡 표현
경희대학교	아프다, 괜찮다, 경찰관, 소방관, 숨지다, 귀사, 눈을 감다, 돌아가시다, 장애인, 편찮다, (세상에)뜨다, 따님, 은퇴자.
이화여자대학교	성함, 간호사, 경찰관, 회사원, 비행기 조종사, 가정주부, 기술자, 건축가, 미용사, 사업가, 소방관, 아프다, 괜찮다, 가슴, 엉덩이, 경비원
서울대학교	괜찮다, 글쎄요, 불편하다, 안되다, 화장실, 가슴, 근로자, 불경기, 사망하다, 선진국, 장애인, 편찮다.
연세대학교	글쎄요, 사생활, 혹시, 좀, 유통업 종사자, 무역인, 서비스업 종사자, 사회 봉사자, 돌아가시다, 통통하다, 스승, 괜찮다.
고려대학교	돌아가시다, 안 계시다, 숨지다, 세상을 떠나다, 가사도우미, 독신 여성, 장애인, 쉼터, 다문화 가족, 결혼 이민자, 미스맘(미혼모), 얼굴을 찌푸리게 하다, 바람을 피우다, 속도위반, 입이 짧다, 귀가 얇다, 코가 납작해지다, 눈이 높다, 부정행위, 손을 벌리다, 허리띠를 졸라매다, 고개를 돌리다, 극과 극을 다리다, 감정의 골이 깊어지다, 문을 닫다, 기러기 아빠, 귀가 가렵다, 물거품이 되다, 물이 들다, 물 건너가다.

교재	완곡 표현
선정 결과 (49개)	가다, 가슴, 간호사, 감다, 괜찮다, 경찰관, 경비원, 귀사, 그냥, 그쪽, 근로자, 글쎄요, 기술인, 기사, 기업인, 당신, 떠나다, 무역인, 미용사, 부인, 불편하다, 비행기 조종사, 사모님, 사망하다, 사업가, 사회봉사자, 소방관, 돌아가다, 돌아가시다, 뜨다, 섹시하다, 아프다, 없다, 유통업 종사자, 은퇴자, 좀, 잘못되다, 잠들다, 장애인, 주부, 통통하다, 팬티, 편찮다, 혹시, 화장실, 환경미화원, 후진국.

배성영(2012)은 선행 연구 석진주(2011)에서 살펴본 교재 분석을 간략히 소개하고 추가로 TOPIK 22회부터 26회까지 분석 대상을 선정하였다. 일반 한국어(S-TOPIK) 고급 가운데 1교시 표현만을 분석의 대상으로 삼았다. 시기적으로는 종래의 B-TOPIK(Business TOPIK)이 폐지되고 S-TOPIK(Standard TOPIK)만이 시행되기 시작한 2011년부터 조사하였다. 2011년 최초로 시행된 한국어능력시험은 21회지만 일관적 문항 틀을 게재하기 시작한 22회를 기점으로 분석 대상을 선정하고 총 5회의 출제된 완곡 표현 문제를 살펴보았다. 정리하면 다음과 같다.

〈표 4-6〉 한국어 능력시험에서 다루는 완곡 표현

출제회차	출제문항	출제 문항에서 다루는 완곡 표현
22	1	말이 거칠다
	4	눈살이 찌푸리다 허리띠를 졸라매다.
	27	손을 씻다 팔짱 끼고 본다. 눈에 불을 켜다

---

36) 김욱(2011)에서 제시한 내용을 바탕으로 재정리 하였다.

출제회차	출제문항	출제 문항에서 다루는 완곡 표현
		팔소매를 걷어붙이다.
	28	사촌이 땅을 사면 배가 아프다.
	42	생몰일, 돌아가다.
23	16	가슴이 찢어지다. 고개가 수그러지다.
	27	가슴을 치다, 진땀을 빼다, 눈독을 들이다, 발등을 찍히다.
	42	이름(이) 나다.
24	27	등을 돌리다 손을 벌리다 머리를 숙이다 발목을 잡히다
25	16	입이 귀에 걸리다
	23	불미스러운 일
26	16	혀를 내두르다 허리띠를 졸라매다
	18	이름을 날리다.
	20	한눈을 팔다. 다리를 놓다.
	30	꿈보다 해몽 좋다. 친구 따라 강남 간다.

위의 선행연구를 전체적으로 정리해보면 한국어 교재에 나타난 완곡 표현 상황에 대한 분석을 다룬 논문이 현재까지 모두 2편[37])에 지나지 않는다는 것을 알 수 있다. 양적으로도 부족할 뿐 아니라 구성이나 제시단계

---

37) 배성영은 석진주에서 다루는 교재분석을 간략하게 소개하기만 하였다. 추가교재의 분석은 없었다.

그리고 제시된 완곡 표현에도 큰 차이를 보이고 있다.

이 같은 사실들은 다음과 같이 정리된다. 첫째, 초급 단계에서는 어휘적 완곡 표현을 거의 다루지 않고 있다. 완곡 표현 교육이 초급 단계에서는 학습자 어휘부족, 배경지식 부족 등의 원인으로 활발히 이루어지지 않았다고 볼 수 있다. 둘째, 동일한 완곡 표현임에도 불구하고 교재마다 각각 다른 급수에서 다루고 있다는 것을 알 수 있다. 교재마다 등장하는 완곡 표현의 수와 내용은 서로 다르게 나타나고 있다. 이것은 한국어 교육용 완곡 표현에 대한 명확하고 일정한 기준이 없음을 보여주고 있다. 셋째, 각 교육기관 교재에서 제시하고 있는 완곡 표현의 수준이 무엇에 기준을 두었는지 역시 명확하지 않다. 넷째, 연구자의 완곡 표현에 대한 개념 및 범주가 모호하고 뚜렷해 보이지 않아서 주관적이고 임의적이라고 지적할 수 있다. 또한 같은 교재에서도 서로 다르게 제시하고 있다.

다시 정리하면 앞에 선행 연구 연구자들의 통계 결과로 보면 김진주(2011)와 김욱(2011) 등은 같은 교재를 조사하였음에도 완곡 표현의 개수가 서로 다르게 나타나고 있다. 이는 두 연구의 완곡 표현 기준이 다르기 때문이다. 더욱이 김욱(2011)의 연구에서는 단원, 페이지, 출처 등이 기록되어 있지 않다. 따라서 본고에서 앞에 선행 연구의 통계 자료를 다시 검토하여 본고의 기준에 따라 확인된 완곡 표현을 포함시킬 것이다. 그리고 조사한 교재의 수 또는 교재에 다루는 개수도 역시 많이 부족하다고 할 수 있겠다. 따라서 본고에서는 교재에서 다루는 완곡 표현뿐만 아니라 더 광범위한 자료들을 분석 대상으로 삼을 것이다. 그리고 이를 위해 한국어 교재, 한국어능력시험, 한국어 교육용 어휘 목록, 그리고 지금까지 관련된 주제에 대한 모든 선행연구를 분석 대상에 포함시킬 것이다.

4.2.2 한국어 완곡 표현 선정대상

앞에서 살펴봤던 각 한국어 대표 교재, 한국어 능력시험, 한국어 학습용 어휘목록에서 다루는 완곡 표현과 관련 선행연구에서 추출한 완곡 표현을 정리하였고, 그 결과 총 3,321개의 한국어 완곡 표현을 수집하였다. 수집된 3,321개의 표현을 재검토하였고 중복되는 표현들을 제외하여 총 1,134개의 표현을 선정하게 되었고 이들 표현을 본고의 선정 대상으로 정했다. 해당하는 완곡 표현들은 다음과 같다.

〈표 4-7〉 완곡 표현 선정을 위한 기초 어휘 목록 (가나다순)

순서	추출한 한국어 완곡 표현
가.	가격이 세다, 가다, 가랑이 사이, 몽둥이, 가방끈이 짧다, 가붕, 가사 도우미, 가스를 내뿜다, 가스를 배출하다, 가슴, 가슴 앓이, 가슴(을) 치다, 가슴이 작다, 가슴이 찢어지다, 가시, 가운데 다리, 가운데 뿌리, 가운뎃 물건, 가정주부, 가정 형편이 어렵다, 간호사, 갈라서다, 갈라지다, 감기에 걸리다, 감정투자, 감투를 벗다, 감화원, 갑과 을의 관계, 강남 별성, 개나리, 개발도상국, 개성있다, 개성있게 생기다, 개조하러 가다, 거기, 거시기, 거울이 깨지다, 건강하다, 건드리다, 건장하다, 걷기 불편한 사람, 걸림돌, 걸음걸이가 온전치 않다, 검버섯, 검은 돈, 검은 수입, 검토하겠다, 게이, 결혼 상담사, 결혼이민여성, 경매인, 경비원, 경사가 나다, 경산현(庆山县), 경오(景午), 경제가 빠듯하다, 경진(景辰), 경찰관, 곁길로 돌다, 곁길로 빠지다, 곁을 떠나다, 계운하다(繼隕), 고개가 수그러지다, 고개를 숙이다, 고구마, 고기밥(이) 되다, 고동을 멈추다, 고래, 고래 사냥, 고래 잡이, 고무신(을) 거꾸로 신다, 고무주사, 고배를 들다, 고배를 마시다, 고분(鼓盆), 고분지탄(鼓盆之歎), 고운 마님, 고이 잠들다, 고종명하다(考終命), 고추, 고치기 힘든 병, 고칠 수 없는 병, 고택골로 가다, 고환, (삶의) 고통을 멈추다, 골드 미스, 골칫덩어리, 곰탕, 공모, 공방(전), 과속하다, 관계, 관계를 가지다, 관능적이다, 관복을 벗다, 관심이 있다, 관심하다, 괴롭히다, 괴질, 교도소, 교접, 교정원, 교통, 교합, 구멍, 구몰하다, 구방, 구조조정(하다), 구천에 가다, 국물도 없다, 국부, 국수를

순서	추출한 한국어 완곡 표현
	먹다, 국자, 굶어죽다, 굶주리다, 궂기다, 귀가 얇다, 귀밖으로 들었다, 귀본하다(歸本), 귀엽다, 귀원(歸元)(하다), 귀적(歸寂)(하다), 귀천(歸泉), 귀천(歸天), 귀토(歸土), 귓가로 듣다, 그거하다, 그것/그거, 그날, 그날이다, 그놈, 그때, 그레이칼라, 그린칼라, 그일, 극과극을 달리다, 극형, 근로자, 글래머, 금덩이, 금슬이 좋지 않다, 금이가다, 급사(急死), 기구축소, 기러기 아빠(엄마), 기쁜 소식이 있다, 기사(님), 기사도우미, 기생충, 기세(棄世)(하다), 기업인, 기침하지 못하다, 긴양반, 긴짐승, 길거리표, 길게 눕다, 길지, 깡통(을) 차다, 꼬리(가) 길다, 꼬리를 치다, 꼬리표(가) 붙다, 꼴깍하다, 꽃, 꽃병, 꽃을 꺾다, 꿰다.
나.	나비와 벌을 부르다, 나병, 나쁜 소식, 나쁜 병, 나이 들어 보이다, 나이가 들다, 나이가 많다, 나이가 있다, 나체, 나홀로 다방, 낙하산을 타다, 난최옥절(蘭摧玉折), 날렵하다, 날로 먹다, 날씬하다, 남경, 남근, 남남이 되다, 남녀관계, 남대문이 열렸다, 낭만, 내리막길을 가다, 내시, 너무 알뜰하다, 넉넉해 보이다, 널, 넘어지다, 노는 여자, 노랑각시, 노련하다, 농업종사자, 놀다, 높은 담, 누덕, 누워 있다, 누워서 떡을 먹기, 눈 감아주다, 눈 살을 찌푸리다, 눈(숨)이 꺼지다, 눈독(을) 들이다 [쏘다/올리다], 눈밖에 나다, 눈에 불을 켜다, 눈에 흙이 들어가다, 눈엣가시, 눈을 감다, 눈이 높다, 눈이 안 보이다, 눕다, 능력이 안 되다.
다.	다리(를) 놓다, 다리가 불편한 사람, 다문화 가족, 단고기, 단란 주점, 단명(하다), 단절, 단두대에 오르다, 단현(斷弦)(하다), 달거리, 달동네, 닭 대가리, 대구(大邱), 대귀, 대규모 기업 집단, 대변, 대변을 보다, 대소변, 대소변을 보다, 대소피, 대출, 더듬더듬한 사람, 더치페이, 덜미(를) 잡히다, 도공, 도덕적 해이, 도마 위에 오르다, 도선생, 도우미, 도움이 필요한 사람이다, 도장을 찍다, 도중하차, 독특하다, 돈, 돌기둥, 돌다, 돌아가다, 돌연사(突然死), 동정을 잃다, 동침하다, 되나지, 두 몸이 되다, 두신(마마), 두 입이다, 두 쪽, 두창, 둑간, 뒤간에 가다, 뒤가 급하다, 뒤뜰, 뒤를 보다, 뒷맛이 쓰다, 뒷일, 뒷일을 보다, 들러리, 등(을) 돌리다, 등선(하다), 등하(登遐), 등이 굽었다, 디프레션, (영원히)떠나(가)다, 떡이 생기다, 뚜껑이 열리다.
라.	라자, 레즈비언, 룸나인.
마.	마각이 드러나다, 마담뚜, 마른 버짐, 마마, 마맛자국, 마술, 마법(술)

순서	추출한 한국어 완곡 표현
	에 걸리다, 마음이 있다, 마이너성장, 마진, 막마침, 만만하다, 만세(万岁), 만세천추(万岁千秋), 만세후(万岁后), 말 못하는 사람, 말솜씨가 좋다, 말아 먹다, 말재간이 좋다, 말짱 도루묵, 맑은 것, 맛이 가다, 망극지통(罔極之痛), 망나니, 매니, 매직, 매직하다, 맥주병, 머리(를) 숙이다, 머리가 세다, 머리를 깎다, 먹쟁이, 먼 길을 떠나다, 먼데, 먼데를 보다, 멀리 떠나다, 명멍이(같은), 멘스, 며느리, 멸도(滅度), 명목(瞑目), 명예 퇴직, 모난 사람, 모새, 모엇, 모처, 모처에 가다, 목숨을 바치다, 목숨을 잃다, 목숨이 다하다, 목을 매다, 몰(歿), 몰세하다, 몸 안 좋다, 몸(을) 바치다, 몸매가 안 되다, 몸매가 있다, 몹쓸병에 걸리다, 몸엣것, 몸을 기부하다, 몸을 돌리다, 몸을 망치다, 몸을 버리다, 몸을 잃다, 몸을 풀다, 몸이 무거워지다, 몸이 무겁다, 몸이 불편하다, 몸이 비지 않다, 몸이 상하다, 몸이 안 좋다, 몸이 이상하다, 무릎을 꿇다, 무복지상(无服之殇), 무역인, 무직업, 문(을) 닫다, 문둥병, 문둥이, 문명병, 문호왕(文虎王), 물 먹다, 물 버리다, 물(이) 좋다, 물거품이 되다, 물건 너가다, 물고(物故)(하다), 물고기의 밥이 되다, 물주를 찾다, 물총, 묻힌 곳, 미끈하다, 미스맘, 미역국을 먹다, 미용사, 미운 오리새끼, 미화원, 밑, 밑천.
바.	바가지 요금, 바가지를 긁다, 바가지를 쓰다, 바깥 사람, 바깥 양반, 바나나, 바람 나가다, 바람을 넣다, 바람을 맞다, 바람을 피우다, 바람이 나다, 바스트, 바지저고리, 발등을 찍다, 발목을 잡다, 발육이 좋다, 발음이 좀 뚜렷하지 못하다, 발전도상국, 발전도상나라, 밤손님, 밤에 다니는 사람, 밤일, 밤일하다, 밥술을 놓다, 밥줄이 끊기다, 밥통이 떨어지다, 방(문)을 닫다, 방사, 배 부르다, 배 아프다, 배가 맞다, 배가 불러오다, 배가 아프다, 배변하다, 배추잎, 배탈, 배탈나다, 백설이 내리다, 버섯, 베개를 마주하다(붙이다), 벽에 부딪히다, 변소, 변을 보다, 별가, 별로 예쁘지 않다, 별성 마마, 별세(別世), 별실, 별이 떨어지다, 별이 지다, 병이 도지다, 보건 휴가, 보금자리를 틀다, 보기 좋다, 보다, 보따리를 싸다, 보신탕, 보육원, 보통이다, 보험 들다, 복면객, 복스럽다, 복통, 볼 일, 볼일을 보다, 봉급생활자, 봉투, 봉투 받다, 부랑자제, 부리시리, 부모를 여의다, 부실, 부유한 자태, 부의, 부적절한 관계이다, 부천서 사건, 부부생활, 북망산에 가다, 북망산으로 가다, 북망산을 향해가고있다, 북스러운 모습, 분골쇄신하다, 분노, 분식결산, 분식회계, 불갱이, 불경기, 불귀의 객이 되다, 불기(하다), 불록(不祿), 불알 망태, 불예하다(不豫), 불치병, 불편하다, 불편한 날 왔다, 불황, 붓을 놓다, 붕(崩), 붕서(崩逝), 붕어(崩御)(하다),

순서	추출한 한국어 완곡 표현
	붕천지통(崩天之痛), 붙었다, 브레즈트, 블루칼라, 비국가행위자, 비즈니스맨, 비행 소년, 비행기를 태우다, 빈둥지 가구, 빈천(賓天), 빙인, 빛 좋은 개살구, 빨간 날이다, 빨간 영화, 빨간 집, 뺵, 뽕나인, 뿅뿅.
사.	사거, 사고치다, 사교병, 사또, (영원히)사라지다, 사람을 버리다, 사랑 앓이, 사랑을 나누다, 사랑을 하다, 사별하다, 사업가, 사오정, 사이코패스, 사철탕, 사화, 산군, 산뜻하다, 산손님, 산신령, 산중양반, 산중영웅, 산지킴이, 살신성인, 삼성 그룹 부당 내부 거래, 상관하다, 상납금, 상명(喪明)(하다), 상명지통(喪明之痛), 상부(喪夫)(하다), 상빈(上賓), 상상(上殤)하다, 상선(上仙)(하다), 상인, 상처(喪妻)(하다), 새, 새 대가리, 색사, 색안경을 끼다, 샐러리맨, 생각이 있다, 생리, 생명이 끝나다, 생산적 근로자, 생산직 근로자, 생을 마치다, 생활설계사, 서각, 서거(하다), 서리를 이다, 서리 맞다, 서리가 내리다, 서생원, 서세, 서정, 선서, 선수, 선어(仙馭), 선종(善終)(하다), 선화(仙化)(하다), 성격 있다, 성불하다, 성붕지통(城崩之痛), 성생활, 성소수자, 성숙하다, 성인질환, 성폭력, 성폭행, 성매매, 성매매 직업 여성, 세무공무원, (이)세상 사람이 아니다, 세상과 이별하다, 세상에 떠나다, 세상을 떠나다, 세상에 없다, 세상을 등지다, 세상을 뜨다, 세상을 버리다, 세상을 하직하다, 세컨드, 섹스, 섹시, 섹시하다, 소귀에 경읽기, 소년원, 소마, 소마간, 소마를 보다, 소문, 소방관, 소변, 소변 보다, 소설을 쓰다, 소수, 소실, 소아마비, 소역, 소용, 소잃고 외양간 고치기, 소천, 소피, 소피를 보다, 소피하다, 속광(屬纊), 속옷, 속도(를) 위반하다, 속이 비었다, 손 씻고 오다, 손 씻으러 가다, 손 좀 봐 주다, 손님, 손님 티, 손님을 끌다, 손님을 맞다, 손님이 오다, 손님 자국, 손발이 불편하다, 손을 끊다, 손을 벌리다, 손을 쓰다, 손을 씻다, 손이 거칠다, 손이 비다, 손이 작다, 손장난, 쇠고랑을 차다, 쇳가루, 쇼윈도 부부, 수, 수당, 수릉대, 수리대, 수의, 수총, 수혈, 순교(殉教), 순국(殉国)(하다), 순도(殉道), 순의(殉義)(하다), 순절(殉節)(하다), 순정(殉情), 순직(殉职)(하다), 순결을 잃다, (밥) 숟가락을 놓다, 술고래, 숨을 거두다(걷다), 숨을 끊다/숨이 끊기다(숨이 끊어지다), 숨을 넘기다, 숨을 멈추다, 숨이 가빠지다, 숨이 넘어가다, 숲, 쉐프, 쉬간다, 쉬쉬, 쉬하다, 스님, 스스로 목숨을 끊다, 스캔들, 슬림하다, 승려, 승천(昇天)(하다), 승하(昇遐)(하다), 시각장애인, 시두(손님), 시력을 잃는 사람, 시방, 시방세계, 시샘하다, 시역, 시장표, 시적(示

순서	추출한 한국어 완곡 표현
	寂), 시치미를 떼다, 시력을 잃다, 신군, 신선이 되다, 신의 부르심(부름)을 받다, 신중하다, 신진화멸, 신흥국가, 실려(失儷), 실시(失恃), 실우(失偶), 실하다, 실합(失合), 심, 심각한 것, 심마니, 심메, 심메, 심복, 심장(고동)이 멈추다, 십, 십방, 싱글, 싱글맘, 쓴잔을 들다, 쓴잔을마시다, 씁쓸하다, 씩씩하다 .
아.	아가씨, 아주머니, 아기네, 아기를 가지다, 아내를 여의다, 아내를 잃다, 아내와 사별하다, 아내의 상고를 당하다, 아래, 아래도리, 아랫동아리, 아랫배가 아파오다, 아버지를 여의다, 아사하다(餓死), 아이가 서다, 아이를 배다, 아표(餓莩), 아프다, 아프리카계 미국인, 안 좋은 것, 안가(晏駕), 안사람, 안색(이) 안 좋다, 안색이 좋지 않다, 안식하다, 안절부절못하다, 안주인, 알, 알뜰하다, 앞 못 보는 사람, 애를 먹다, 애인, 액씨님, 약간 주물러 주다, 양경, 양공주, 양근, 양다리를 걸치다, 양물, 양상군자, 양성평등, 어두운 길을 가다, 어르신, 어른스럽다, 어림쟁이, 어머님을 여의다, 억지 춘향이, 언니, 언변이좋다, 언어 장애우, 얼굴이 붉어지다, 엄색(掩色), 업구렁이, 없다, 여근, 여느 입이 아니다, 여드름, 여성 작가, 여유가 있다, 여음, 여의다, 여자가 있다, 역신, 역신마마, 역책하다(易簀), 연관(捐館)(하다), 연세 들다, 연예인, 연적(宴寂), 열, 열 여덟, (입)열반(入涅槃), 열반에 들다(入涅槃), 영감, 영결, 영면(하다), 영별, 영안실로 옮기다, 영양탕, 영원히 다시 돌아오지 않다, 예를 이루다, 예척(禮陟), 오래 걸리다, 오일쇼크, 오쟁이를 지다, 옥경, 옥근, 옥문, 옥쇄(玉碎)(하다), 옥절(玉折)(하다), 옥호, 올드 미스, 옷을 갈아입다, 옷을 벌다, 와석종신하다, 왜소증, 외도를 하다, 외부모 가정, 요, 요개, 죠개, 요단강(을) 건너(가)다, 요리사, 요사, 요서, 요설가, 요절(하다), 요찰, 요촉, 요함, 용, 용님, 용대, 용대 가리, 용변 (하다), 용변 보다, 용어(龍馭), 우물 안에 개구리/고기, 우자하다(耦刺), 우편 배달원, 우화(羽化)(하다), 운명(하다), 운우, 운전사, 운하다, 웃음을 팔다, 원서하다, 원적(圓寂), 원종공신(原從功臣), 월하노인, 웨딩매니저, 웨이스트, 웨터터, 위국연구, 위생실, 위킹푸어, 워킹푸어, 유류 파동, 유명을 달리하다, 유방, 유서대필사건, 유흥가, 유리멘탈, 육교, 은 서리, 은밀한 곳, 은밀한 부위, 은발, 은퇴자, 음경, 음낭, 음독(飮毒), 음모, 음문, 음부, 음주가, 음호, 응가, 응가하다, 이발사, 이별하다, 이불적시다, 이슬, 이승을 떠나다, 이주 노동자, 이효상효하다(以孝傷孝), 이모, 이혼 도장을 찍다, 인간이별, 인금구망(人琴俱亡), 인력감축, 인력감축 되다, 인플레이션, 일, 일 보러가다, 일명불시, 일어나지 못하다, 일을 저지르다,

순서	추출한 한국어 완곡 표현
	임명, 임종(하다), 입담이 좋다, 입맛이 쓰다, 입멸(入滅), 입몰(入沒), 입에 거미 줄치다, 입에 풀칠하다, 입이 가볍다, 입이 짧다, 입적(入寂)(하다), 잉태하다.
자.	자결(自決), 자다, 자문하다(自刎), 자분하다(自焚), 자수하다(自水), 자신, 자액하다(自縊), 자연이 부르다, 자자하다(自刺), 자재(自裁), 자진(自盡), 자처(自處), 자폐(自廢), 자해(自害), 작고(하다), 작대기, 작별하다, 작업, 작은 거, 작은 것하다, 작은 손님, 작은 일보다, 작은 집, 잔디찰방, 잘못 되다(不測), 잠깐 실례하겠습니다, 잠깐 화장실에 갔다 오겠습니다, (영원히)잠들다/잠이 들다, 잠자리, 잠자리 가지다(하다), 잠자리 시중들다, 잠지, 장례 지도사, 장면(하다), 장미전쟁, 장서(하다), 장성운(將星隕), 장애우, 장애인, 장애자, 장옥매향(葬玉埋香), 장화, 재미를 보다, 재테크, 저세상에 가다, 저개발국, 저버리다, 저승에 가다, 저승으로 보내다, 적로병고하다(積勞病故), 적멸(寂滅), 적자, 적화(寂化), 전몰하다(戰歿), 절사(하다), 정랑, 정방, 정신 박약자, 정신 장애인, 정신 지체인(자), 정신노동자, 정신이 이상한 사람, 정신이 잘못되다, 정신장애, 정신질환, 정양간, 정인, 제 눈에 안경이다, 조갑지, 조개, 조기퇴직, 조난(遭難), 조락(殂落), 조령, 조서(하다), 조세, 조천(朝天), 졸, 종매인, 종양, 좆, 좋아보인다, 좋은 소식을 갖다, 좌천, 좌화(坐化)(하다), 주륙되다(誅戮), 주머니 사정이 좋지 않다, 주머니가 가볍다, 주머니가 넉넉하지 않다, 주머니가 비다, 주먹 쓰다, 주방장, 주장군, 주희(朱ᄴ), 죽을 병, 줄을 타다, 줌오, 중상(中殤)(하다), 중신애비, 중요하다, 중매인, 쥐통, 즉세하다, 지능장애인, 지다, 지도를 그리다, 지도충, 지도충인사, 지옥에 가다, 지우개, 지우다, 지적 장애우, 지체 부자유자, 지체 장애인, 지킴, 지킴이, 직업 여성, 직장인, 진년하다(盡年), 진대, 진땀(을) 빼다 [뽑다/흘리다], 진몰하다(陣歿), 짐을 싸다, 집 아줌마, 집배원, 집사람, 집지킴, 짬밥, 쪽박을 차다, 쪽배기.
차.	착하다, 참몰하다(慘歿), 참하다, 창오지망(蒼梧之望), 책벌레, 책임질일을 하다, 척방(陟方), 척추 장애인(자,우), 천국에 가다, 천당에 가다, 천당으로 가다, 천명을 다하다, 천붕(天崩), 천붕지탁(天崩地坼), 천수를 다하고 죽다, 천수를 다하다, 천한일, 천형병, 천화(遷化)(하다), 천연두, 철창, 철창행, 청가 장애인, 청순하다, 청신호등가 켜지다, 청의, 체중조절하다, 초목동부하다(草木同腐), 초상을 치르다, 촌사람, 총알, 추태를 부리다, 축하금, 취의(取義)(하다), 측간, 측실,

순서	추출한 한국어 완곡 표현
	치부, 치우다, 친구따라 [친해] 강남 간다, 침대로 향하다, 침대를 같이 쓰다.
카.	커플 매니저, 컨닝하다, 컨디션이 좋지 않다, 켄서, 코가 납작해지다, 큰일/작은 일을 하다/보다, 콧대가 높다, 콩밥 신세를 지다, 콩밥을 먹다, 콩알을 먹다, 쿠데타적 사건(부적절함), 쿡스, 큰 마마, 큰 손님, 큰 일 보다, 큰 집에 가다, 큰거하다, 큰것, 큰일, 큰집, 키스, 키스하다.
타.	타계(他界)(하다), 타투, 탈모된머리, 태을도, 터줏대감, 통시, 투강(投江), 투신 자살하다(投身自殺), 투신(投身), 튼튼하다, 틈새를 노리다.
파.	파김치(가) 되다, 파리 날리다, 파이어에그, 파트타이머, 파티쉐, 판자촌, 팔소매를 걷어 붙이다, 팔이 불편하다, 팔이 불편한 사람, 팔짱(을) 끼고 보다, 팬티, 페니스, 페스트, 편부모 가정, 편찮다, (몸이)편치 않다/편하지 않다, 편히 쉬다, 폭사(暴死), (성)폭행당하다, 풍류, 프라이버시, 프리랜서, 플래이보이, 피폐하다(疲斃), 필름이 끊어지다, 핍살하다(逼殺), 핑크칼라.
하.	하는 중이다, 하늘 나라로 떠나다/올라가다, 하늘/하늘 나라을(에) 가다, 하늘로 돌아가다, 하늘로 가다, 하다, 하룻밤을 보내다, 하문, 하반신 장애인, 하상(下殤)(하다), 하세(下世)(하다), 하얀 가루, 하직(하다), 하체, 학습부진아, 학을 떼다, 한 부모 가정, 한강에 뛰어들다, 한센병, 한자리에 들다, 한잔하다, 할반지통(割半之痛), 함께 자다, 함흥차사, 합궁, 합환, 항문, 해산하다, 해우소, 행사, 향년, 향랑각시, 향불이 끊기다, 향전, 허리띠를 졸라매다, 헌신(獻身)(하다), 헛물 켜다, 헤어디자이너, 헤어스타일리스트, 헤어아티스트, 헤어지다, 혀를 내두르다[두르다], 형편이 어렵다, 호구별성, 호귀별성, 호두, 호두 두 개, 호리호리하다, 호모, 호박, 호상(好喪), 호색가, 호스피스에 입원하다, 호역, 호찌, 호환마마, 호흡이 멈추다, 호흡이 멎다, 혼외정사, 혼자가 되다, 홀몸이 아니다, 홀어미, 홍등가, 홍합, 화거하다, 화류병, 화이트칼라, 화장 고치고 오다, 화장실, 화장실 가고싶다, 화장실에 가다, 환경관리원, 환경미화원, 황천객이 되다, 황천길로 가다, 황천에 가다, 회사원, 후실, 후진국, 훔치다, 훙(薨), 훙거(薨去)(하다), 훙서(薨逝)(하다), 훙어(薨御), 흉종하다(凶終), 흑인, 흙으로 돌아가다, 홍례문(弘礼门), 홍호대왕(兴虎大王), 희망퇴직, 희생(牺牲)(하다), 희생양, 획린(獲麟), 흰 가루, 흰 서리, 히프, 힙.
기타	AA, W.C, xx사, x경, x문, x합.

4.3 한국어 교육용 완곡 표현 선정의 절차

앞 절에서 한국어 교육용 완곡 표현의 선정기준 및 선정의 대상을 살펴
본 데 이어 여기에서는 한국어 교육용 완곡 표현을 선정하는 작업을 진행
하고자 한다. 이를 위해 한국어 완곡 표현의 빈도를 고찰하여 빈도에 따른
완곡 표현을 우선적으로 선정하는 방식으로 진행할 것이다. 아울러 선정
된 한국어 완곡 표현과 그에 대응하는 중국어의 완곡 표현과의 대조 분석
을 통해서 한·중 완곡 표현 간의 유사성을 도출할 것이다. 또한, 한국어
완곡 표현의 투명도, 어휘의 난이도를 분석을 하여 난이도에 따른 등급화
를 하고, 빈도와 난이도를 함께 고려하여 초, 중, 고(상, 중, 하)3단계로
나누고자 한다. 이러한 목적에 따라 본 절에서는 먼저 한국어 교육용 완곡
표현을 선정할 것이다.

어휘 차원에서의 교육용 완곡 표현 선정에 있어서 대부분 표현의 직설
표현에는 비교적 고정적으로 사용되는 완곡 표현이 있기 때문에 의사소통
중에 자주 사용되는 완곡 표현을 중심으로 선정할 필요가 있다. 따라서
본고에서 재검토하고 추출한 완곡 표현들의 사용 빈도수나 상용성에 대한
조사를 위해 앞의 선행 작업을 통해서 추출한 표현들의 목록을 정하고,
설문지를 작성해서 한국어 모어 화자들을 대상으로 설문 조사를 실시한
다. 목록에서 노출되어 있는 표현들이 완곡 표현인지 아닌지 또는 일상생
활의 의사소통에서 자주 사용되는지의 여부에 대한 결과를 얻어내기 위함
이다.

어휘 선정하는 방법은 객관적, 주관적, 절충적 방법으로 나눌 수 있
다.[38] 이충우(1994: 35)는 객관적 방법을 어휘의 빈도와 분포를 통계적으

로 처리하여 어휘의 순위를 결정하는 방법이라고 정의하면서 중요한 어휘
는 사용 빈도가 높고 사용 범위 넓다는 전제 아래 어휘를 선정한다고 하였
다. 하지만 어휘 선정에서 객관적인 방법만을 사용한다면 학습에 꼭 필요
하지만 저빈도로 나온 어휘가 누락될 수 있는 단점이 있다고 하였다. 주관
적 방법은 전문가나 연구자의 주관적 판단을 기준으로 어휘를 선정하는
것이며 객관적 방법을 보완할 수 있다. 다음으로는 절충적 방법이 있는데
김광해(1993: 60-63)에 따르면 아무리 객관적으로 이루어진 계량 작업이라
고 하더라도 결과물로 나온 빈도순 목록을 보면 항상 적절하지 않은 단어
들이 들어있다고 지적한다. 그런 까닭에 대부분의 어휘 선정 작업에서는
객관적인 방법과 주관적인 방법을 함께 사용하는 절충적인 방법을 사용한
다. 따라서 본고에서도 객관적인 방법과 전문가 설문과 모어화자 대상으
로 실시한 설문조사의 주관적 방법을 합한 절충적인 방법을 사용할 것
이다.

그리고 다른 한 편으로는 실제 의사소통 대화 테스트를 통해서 사용
빈도수를 측정하는 방법과, 한국어 모어화자를 대상으로 설문을 통해 해
당어휘 또는 표현의 사용여부나 사용빈도 등의 데이터를 얻어 내는 방법
이 있다. 첫째 방법은 완전한 객관적인 자료를 얻어낼 수 있으며 가능하다
면 최상의 방법이지만 현실적으로 실시하기가 매우 어렵다. 그리고 두 번
째 방법은 다소 주관성이 있고 한국어 화자의 직관에 의존하지만 연구자
가 비모어화자이기 때문에 객관적인 데이터를 내기 위해 설문의 주관성을

---

38) 이충우(1994:35), 김광해(1993: 60-63)는 학습자 교육 과정 등에 따라 적합하고 합리적
인 방법으로 각각의 목적에 부응하는 어휘를 선정할 필요가 있다고 주장하면서, 어휘
선정의 방법으로 객관적 방법, 주관적 방법, 절충적 방법(경험적 방법)을 제시하였다.

감안하더라도 그 가치와 의미가 있다고 본다. 따라서 본고에서는 두 번째 방법을 택할 것이다. 즉, 설문조사의 방법을 활용하여 일상대화의 의사소통에서 가장 많이 사용하는 한국어 완곡 표현을 추출하고 분석하고 선정할 것 이다. 또한, 설문조사 결과의 정확성 및 신뢰성을 측정하기 위해 본 설문지 내용의 타당성과 설문조사의 신뢰성에 대해서 우선적으로 검토할 것이다.

앞에 설명한 방법에 따른 본고의 완곡 표현 선정 절차는 다음과 같은 원칙에 의해 진행하고자 한다.

첫째, 교육용 한국어 완곡 표현을 선정하기 위해서는 한국어 완곡 어휘, 완곡 표현에 대한 기초 어휘 데이터베이스가 구축되어 있어야 한다. 따라서 본고의 첫 단계에서는 한국어 완곡 표현을 수집하는 작업이 먼저 이뤄져야 한다. 일반적으로 세종말뭉치, 기존 한국어 교재, 완곡 표현 사전, 기존의 한국어 완곡 표현 선행연구 등 자료를 통해 선정용 표현 자료를 모을 수 있다.[39]

둘째, 수집된 기초 완곡 표현자료에 대해 중복 표현 삭제와 함께 주제별 분류 작업이 필요하다. 수집된 완곡 표현들은 여러 자료에서 수집된 내용이기 때문에 서로 중복된 것도 있고, 유형 분류 기준도 다양하다. 다양한

---

39) 세종말뭉치 및 코퍼스를 사용하려고 시도했지만 양이 너무 적고 부족한 관계로 진행하기에 어려움이 있었다. 따라서 본고에서는 연구의 기초어휘를 직접 수집하기로 한다. 세종말뭉치, 기존 한국어 교재, 완곡 표현 사전, 또한 현재까지 온라인상 기존에 나와 있는 모든 한국어 완곡 표현에 대한 선행 연구에서 등 문헌자료에서 기초 어휘를 추출하고 교육용 완곡 어휘를 다방면으로 광범위로 수집 작업을 진행할 것이다. 또한 코퍼스의 어휘는 완곡어에 대한 판단을 주관적으로 해야 하므로, 본고에서는 연구자가 한국어 비모어화자로서 현재 나와 있는 객관적인 자료를 먼저 연구하는 것으로 범위를 한정지었다.

자료에서 수집된 이 어휘들을 1차 작업을 통해서 중복된 표현을 삭제하고 주제별로 분류·정리하여 본고의 기초 어휘 데이터베이스를 구축할 것이다.

셋째, 어휘범주의 완곡 표현을 선정하는데 있어서 완곡 표현의 명확한 판단 기준을 다시 한 번 확인하고 제시할 필요가 있다. 본고에서 완곡 표현으로 추출한 선행 연구들을 살펴보면 연구자의 시각에 따라 각자 제시한 기준과 정의가 다르고, 완곡 표현 인지의 판단 기준도 역시 다르다. 뿐만 아니라 서로 간에 통일된 기준이 없는 관계로 많이 애매한 표현들도 많이 존재한다. 따라서 완곡 표현의 판단 기준을 재검토하고 논의하여 제시할 필요가 있다. 이를 위해 동일한 기준을 세워 추출한 모든 표현들을 재확인할 것이다. 그리고 이 같은 작업을 통해 다시 추출한 완곡 표현들을 선정 후보로 하고 본격적으로 최종 교육용 완곡 표현 선정 작업을 시작할 것이다.

넷째, 먼저 한국어 교육용 완곡 표현 목록을 선정할 기준을 제시하여야 한다. 따라서 본고에서는 일상생활에서 가장 많이 사용하는 한국어 완곡 표현을 최우선적으로 선정할 것이다.

다섯째, 설문조사의 결과를 제시하고 분석할 것이다. 본 단계에서 앞에 전 단계에서 설문조사를 통해 얻어낸 결과를 제시하며 유형별로 선정된 결과를 분석을 할 것이다.

여섯째, 교육용 한국어 완곡 표현 목록을 선정한 결과의 타당성에 대해서 재검토한다. 본고에서는 한국모어화자들이 가장 많이 사용하는 완곡 표현을 추출하여 교육용 한국어 완곡 표현으로 선정할 것이다. 또한, 선정된 결과를 제시한 다음에 그 결과의 타당성에 대해서도 재검토 할 것이다.

본고 선정의 모든 절차 및 방법을 그림으로 표시한다면 다음 〈그림 4-1〉
과 같다.

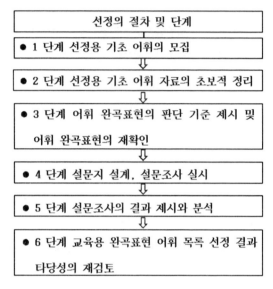

선정의 절차 및 단계
● 1 단계 선정용 기초 어휘의 모집
● 2 단계 선정용 기초 어휘 자료의 초보적 정리
● 3 단계 어휘 완곡표현의 판단 기준 제시 및 어휘 완곡표현의 재확인
● 4 단계 설문지 설계, 설문조사 실시
● 5 단계 설문조사의 결과 제시와 분석
● 6 단계 교육용 완곡표현 어휘 목록 선정 결과 타당성의 재검토

〈그림 4-1〉 한국어 교육용 완곡 표현 목록 선정의 절차

다음으로는 위에서 제시한 절차 및 방법에 따라 6단계로 나눠서 선정
작업을 진행하고자 한다.

4.3.1 선정용 기초 어휘의 수집

1단계에서 본고는 한·중 양국의 대표적인 한국어 완곡 표현에 대한
선행연구들에서 제시된 모든 한국어 완곡 표현의 사례를 수집하여 추출하
였다. 그리고 그 결과 총 3,321개 완곡 어휘를 포함한 선정용 기초 어휘
자료를 모을 수 있었으며, 이들을 교육용 완곡 표현 목록 선정 대상으로

하였다.

한편 완곡 표현 선정을 위해서는 먼저 선정 대상이 될 기초 자료를 갖춰야 한다. 기초 언어 데이터가 부족한 관계로 본고에서는 한국어 교재, 한국어토픽시험 기출문제, 한국어교육용어휘목록, 한·중 양국의 관련 학위논문이나 학술저널 등에서 연구자들이 제시한 어휘, 표현, 예문들을 통해 데이터를 추출하고 이를 설문지를 작성하기 위한 기초 자료로 활용하기로 한다.

위와 같은 자료를 선정하는 이유는 다음과 같다.

첫째, 세종말뭉치, 한국어 교재 등 자료를 통해 완곡 표현을 수집하면 양이 적은 관계로 한계가 있다. 현행 교재들에서는 완곡 어휘나 완곡 표현이 많이 다뤄지지 않고 있기 때문이다. 일반적으로 보면 교육용 어휘를 선정할 때 세종말뭉치, 코퍼스, 한국어 교재, 해당 표현의 전문교재, 사전 등의 자료를 통해 선정용 기초 자료를 수집하는 것이 가장 이상적인 방법일 것이다. 그러나 현재 한국에서는 아직까지 한국어 완곡 어휘 및 표현에 대한 사전이나 전문교재가 나와 있지 않다. 그리고 세종말뭉치, 코퍼스나 한국어 교재에서 추출할 수 있는 자료는 한계가 있다. 따라서 세종 말뭉치를 넣으면 범위가 너무 넓어지고 선택한 말뭉치 자료에 따라 완곡어 표현이 제한되게 된다. 하지만 한국어 교재만으로는 자료가 부족하다.

둘째, 선행연구를 통해 대표성을 지니고 있는 어휘, 표현, 사례들을 모을 수 있다. 선행연구 중의 사례들은 한국어 완곡 표현의 전문적 연구자들이 완곡 표현 연구를 위해서 제시한 사례이기 때문에 일정한 대표성을 지니고 있다고 판단할 수 있다. 특히, 이 사례들은 세종말뭉치, 한국어 교재 등의 자료에서 나타난 한국어 완곡 어휘나 완곡 표현들이 이미 포함되어 있을 것으로 판단된다.

또한, 본 단계에서 수집한 3,321개의 완곡 표현은 한국과 중국의 주요 선행 연구들을 참고해서 추출했다.[40]

본고는 이렇게 수집된 3,321개의 완곡 표현을 1차 작업을 통해 재검토하였고 중복되는 표현들을 제외하여 2단계에서는 모두 1,134개의 완곡 표현을 선정하게 되었다. 그리고 앞의 작업을 통해 정리된 표현들을 각각 사망, 질병, 장애, 성(性), 연애와 혼인 및 임신과 가정, 생리 및 배설, 직업 및 신분, 동식물, 사람에 대한 평가, 범죄, 금전 및 경제 등과 관련된 유형별로 구분하여 나누어 진행하였다.

4.3.2 완곡 표현의 판단 기준 제시

현재까지 어휘범주의 완곡 표현선정에 대한 전문적인 연구가 진행되지 않았기 때문에 완곡 표현 선정에 따른 완곡 표현 판단기준은 나와 있지 않다. 다만 김욱(2011)에서는 한·중 완곡어 대조연구 선정의 내용이 언급되어 있다. 여기에서는 각 교재에서 다루고 있는 완곡 표현이 정리되어 있으나 명확한 완곡 표현의 판단 기준, 선정 기준, 선정과정 없이 목록이 제시되었다. 따라서, 본고에서는 앞에서도 언급했지만 주요 선행연구의 완곡 표현에 대한 정의, 개념을 재검토함으로써 완곡 표현의 판단 기준을 추출하고 명확하게 제시하고자 한다. 대표적인 선행연구들은 다음과 같다.

---

40) 본 단계에서 수집한 3,321개의 완곡 어휘, 표현은 다음과 같은 논문들에서 추출하였다. 구체적인 논문은 樸嬼이(2009), 용요요(2010), 田英(2011), 趙美恩(2011), 김욱(2011), 왕소단(2011), 姚秋林(2012), 이선희(2012), 마풍빈(2012), 蘇雨(2012), 야오옌쥔(2013), 조굉산(2013), 繕希(2002), 金莉娜(2006), 곽단양(2006), 翟錄(2006),南桂仙(2006), 췌이 펑 李寶曄(2013), 李丹(2014), 蔡春玉(2014), 권길호(2015)등 이다.

문금현(1999)은 두려움이나 공포의 대상이 되는 것을 돌려서 표현한 경우, 상대방에게 불쾌감을 주는 내용을 돌려서 표현한 경우, 추하고 더러운 것을 돌려서 표현한 경우를 완곡 표현으로 보았다.

김미형(2000)은 완곡 표현이란, 말을 하거나 글을 쓸 때에 완곡하게 표현하는 언어 표현을 말한다고 하였다.

조미경(2005)은 의사소통 당사자가 느끼는 부담, 불쾌, 긴장감 등을 줄이기 위해 직접적으로 말하지 않고 간접적으로 돌려서 말하는 표현이라고 하였다.

김미라(2006)는 완곡 표현이란 언어 자체가 주는 부정적인 뉘앙스에 의해 기피되는 말 대신에 쓰이는 것, 또는 인간관계를 원활하게 유지하기 위하여 언어행동으로써 직접적인 표현 대신에 에둘러서 표현하는 것을 의미하며, 간접적이고 다의적이며 또한 긍정적 평가의 의미를 갖는 것으로 보았다.

곽단양(2006)은 말을 하거나 글을 쓸 때에 상대의 감정을 상하지 않게 하고 부드럽게 돌려서 표현하는 것이라고 하였다.

용요요(2010)는 일상생활에서 완곡 표현은 문자 그대로, 말을 하거나 글을 쓸 때에 상대의 감정을 상하지 않게 하고 부드럽게 돌려서 표현하는 것으로 규정하였다.

왕소단(2011)은 '완곡 표현'이란 말을 하거나 글을 쓸 때에 완곡하게 표현하는 언어표현이라고 보았다.

석진주(2011)는 완곡 표현이란 사회·문화적으로 직접 표출하기 어려운 말을 대신하는 표현이라고 하였다.

왕효효(2011)는 완곡 표현이란 화자가 의사소통 중에 청자의 감정을 상하지 않게 하기 위한 목적으로 금기어나 딱딱하거나 직접적인 표현들이 아니고 기분 좋게 들리도록 부드럽게 표현하는 것으로 보았다.

배성영(2012)은 완곡 표현이란 그대로 표현하면 감정을 너무 해칠 수 있는 사실 또는 생각 등을 완곡하게 완화해서 표현하는 것을 말한다고 하였다. 또한 어떤 말을 할 때에 받아들이는 사람 쪽에서의 부정적인 반응을 미리 없애기 위해 의도적으로 선택하여 표현하는 것으로, 공개적인 자리에서 드러내어 말하기가 꺼려 지는 말들을 말하는 것을 완곡 표현으로 정의하였다.

학사경(2012)은 상대방에게 불쾌감을 주는 느낌이나 감정 등 부정적인 것을 완화시켜 상대방 체면의 손상을 최소화하는 표현으로 보았다.

채춘옥(2013a)은 완곡 표현은 듣는 사람의 감정이 상하지 않도록 모나지 않고 부드러운 말을 쓰는 표현인데 같은 의미를 지녔더라도 직접적인, 또는 공격적인 언어를 사용하는 대신 듣기 좋은 단어로 표현하여 상대에게 불쾌함을 주지 않는 표현이라고 주장한다.

이상의 견해들을 종합해보면 선행연구들에서 구체적인 정의가 일치하지는 않지만 완곡 표현의 특징을 몇 가지로 정리할 수 있다. 첫째, 완곡 표현은 일종의 표현방식이다. 둘째, 완곡 표현의 가장 큰 특징은 간접적이고 부드러우며, 우회적이고 함축적이라는 것이다. 셋째, 의사소통에서 대화를 적극적이고 긍정적인 방향으로 이끌어내기 위함이다. 다섯째, 완곡 표현은 날로 새로워지고 있다.

이상으로 선행연구를 살펴보았으며 본 절에서는 한국어교육 현장에서 일하고 있는 한국어교사 다섯 명에게 본고의 앞에서 제시한 한국어 완곡 표현의 정의를 참고하여 한국어 완곡 표현 구사상황과, 교육 경험에 따라 완곡 표현인지 아닌지 해당 표현의 완곡성 판단 기준을 다시 논의하였다. 이를 통해 본고에서는 최종적으로 다음과 같은 기준을 수립하였다.

첫째, 해당 완곡 표현은 그에 대응하는 직설 표현이나 직설표현의 의미가 존재해야 한다.

둘째, 해당 완곡 표현은 직설 표현과 비해 우회적이고, 간접적이며, 함축적으로 부드럽게 표현하는 것이어야 한다.

셋째, 해당 완곡 표현을 사용하는 직접적인 목적이 의사소통을 원활하고 긍정적인 방향으로 이끌어나가게 하기 위한 것이어야 한다.

넷째, 해당 완곡 표현은 현대사회에서 일상대화의 의사소통 과정에서 완곡 어휘와 완곡 표현으로 사용되고 있어야 한다.

그 다음으로 5명의 한국어 교사에게 위에 제시된 완곡 표현 판단 기준에 따라서 2단계에서 재정리된 1,134개 표현들을 대상으로 완곡 어휘, 완곡 표현이 되는 이유에 대해 재검토를 부탁하였다. 판단 기준 제시와 완곡 표현 재검토에 참여한 다섯 명 한국어 교사의 인적 사항은 다음 〈표 4-8〉의 기록과 같다.

교사	국적	성별	학력	소속	경력
1	한국	남	박사수료	중국 대학교 한국어과	6년
2	한국	여	석사졸업	한국 대학교 한국어교육원	10년
3	한국	여	학사졸업	중국 대학교 한국어과	3년
4	한국	여	석사졸업	중국 대학교 한국어과	5년
5	한국	남	석사졸업	중국 대학교 한국어과	4년

이들 한국어 교사들에 의한 재검토를 통해 2단계에서 선정된 1,134개 표현 가운데 403개의 완곡 표현을 최종적으로 추출하였고 이를 바탕으로 본고에서 인정된 완곡 표현으로 최종 설문지에 다룰 표현을 추려내었다. 이렇게 추려진 403개의 완곡 표현은 본고에서 선정할 교육용 완곡 표현의 후보군이 된다.

---

41) 조사에 응한 한국어 교사 나이는 20대 후반부터 30반 중반으로 한정하였다. 교사1. 중국 산동지역에 있는 A 대학교 한국어과 외국인 교수로 재직 중. 성균관대학교 외국 어로서의 한국어교육 전공 박사 수료. 중국인 대학생 대상으로 교육 경력이 6년이 되었다. 교사2. 현재 한국에 있는 B 대학교에서 한국어교육원 대우 전임강사. 한국외 국어대학교 국어국문학과 외국어로서의 한국어교육 전공 석사졸업. 중국 상해사범대 학교 관광대학 관광한국어과 외국인 강사로 1년 가르친 경력이 있다. 현재까지 한국 어 교육 경력이 10년이다. 교사3. 현재 베트남에 하노이 교육청에 소속된 대학교에서 가르치고 있다. (국립국제교육원 해외 파견교사) 중국 산동 제남에 있는 C 대학교에 서 중국인 대학생 대상으로 1년 가르친 경력이 있다. 현재까지 경력이 3년이다. 교사 4. 현재 산동지역에 있는 대학교에서 외국어로서의 중국어교육(대외한어)전공으로 재학 중이며 D 대학교에서 원어민교수로 한국어를 가르치고 있다. 교육경력 5년이다. 교사5는 원 중앙대학교 한국어교육원 전임강사. 현재 중국 산동지역에 있는 E 대학교 에서 원어민 교수로 재직 중. 중앙대학교 외국어로서의 한국어교육 전공 석사졸업, 교육경력이 4년이다. 그 외에도 현재 고려대학교 한국어교육원의 전임강사 한 분의 도움 많이 받았다.

4.3.3 설문 설계 및 설문조사

다음으로 본고의 교육용 완곡 표현을 선정하고 완곡 표현 목록을 도출하고자 한다. 그 기준은 앞에 제시된 것과 동일하게 자주 사용하고 있는 완곡 표현으로 선정할 것이다. 앞의 선행 분석에 따라 본고에서는 다음과 같이 설문조사를 위한 준비 작업을 진행한다.

첫째, 설문 조사의 목적은 한국어 교육용 완곡 표현을 선정하기 위해 403개 후보 표현 중 일상대화나 의사소통 과정에 상용성을 기준으로 빈도 수가 가장 높은 표현을 추출하는 데에 있다.

둘째, 설문 조사의 내용은 403개 표현이 설문문항으로 구성되어 있다. 즉, 403개 표현을 403개의 설문 문항으로 삼아 설문지에 작성하였다. 이는 가장 많이 사용하는 표현을 추출하기 위해서이다.

셋째, 403개 후보 표현에 대한 빈도나, 상용성에 대해서 설문조사를 실시할 때 그 상용성을 평가하는 기준은 5점 기준의 리커트 척도(Likert Scale)를 활용하며, 다음 〈표 4-9〉와 같이 설문지를 작성한다. 리커트 척도는 설문조사를 할 때 응답자들이 주어진 문항에 얼마나 동의하는지를 척도에 표시하도록 하여 특정 주제에 대한 응답자의 태도를 알아보는 평정 척도이다.

5점 기준 리커트 척도를 이용하면 평가 받을 문항들(추려낸 403개 후보 표현)이 자주 사용하는 완곡 표현인지 아닌지에 대해서 '매우 그렇다', '그렇다', '보통이다', '그렇지 않다', '전혀 그렇지 않다' 5가지로 분류되며, 평정 척도로 설문 조사 받은 자는 이를 판단해서 'o'로 표시하기로 한다. 그리고 일반적으로 '매우 그렇다'로 응답하면 '5'점의 평가를 받을 수 있고, '그렇다', '보통이다', '그렇지 않다', '전혀 그렇지 않다'로 응답하면 각각 '4'점,

'3'점, '2'점, '1'점의 평가 점수를 얻을 수 있다.

설문의 목적과 내용, 리커트 척도에 의한 본 설문 조사의 설문지는 〈부록1〉과 같이 작성되어 있고 설문지 설문문항 예시 및 5점 리커트 척도로 평가한 예시는 다음 〈표 4-9〉에서 참조할 수 있다.

〈표 4-9〉 설문지 설문 문항 예시

직설 표현	완곡 표현	매우 그렇다	그렇다	보통 이다	그렇지 않다	전혀 그렇지 않다
죽다	돌아가다	o				
	(영원히) 떠나(가)다		o			
	눈을 감다			o		
	작고(하다)				o	
	몰세하다					o

넷째, 설문조사의 대상은 한국어 모어화자이며 서울 표준말을 구사하는 20대, 30대 한국 젊은 층들을 중심으로 한정하여 진행한다. 그 이유는 중국어권 한국어 학습자들 대부분 20, 30대 대학생이기 때문이다.

설문 조사 실시 방식 및 설문 조사 대상자의 인적 구성 등과 관련하여 본 설문 조사는 2015년 8월부터 2016년 9월까지 본고는 서울에서 223명의 한국인에 대해서 설문조사를 실시하였다. 구체적으로 설문조사의 방식은 109명(223명 중의 48.88%)은 일대일 면접 조사를 시행하였고 114명(223명 중의 51.12%)은 메일을 통해 설문지를 발송하고 회수하였다. 그리고 223명에 대한 설문 조사 중 총 162부의 설문지를 응답 받았고 회수한 설문지 162부의 검토를 통해 미완성 설문지 및 꼼꼼하게 대답하지 못한 무효 설문지 46부를 제외시켜서 최종적으로 116부(223부 중의 52.02%)가 남았다.

이 116부 회수된 설문지의 조사대상의 인적사항을 살펴보면 〈그림 4-2〉와 같이 총 116명 대상자 중에 남자가 55명(116명 중의 47.41%), 여자가 61명(52.59%)이고 10대, 20대, 30대, 40대, 50대 대상자 수가 각각 7명(6.03%), 53명(45.69%), 46명(39.66%), 7명(6.03%) 그리고 3명(2.59%)이다. 그리고 그 중에 고졸 및 이하 응답자 13명(11.21%), 대학생 및 학사학위 소지자 77명(66.38%)이 있고, 석사과정 재학자 및 학위 소지자 17명(14.66%), 박사과정 재학자 및 학위 소지자가 9명(7.76%)이다.

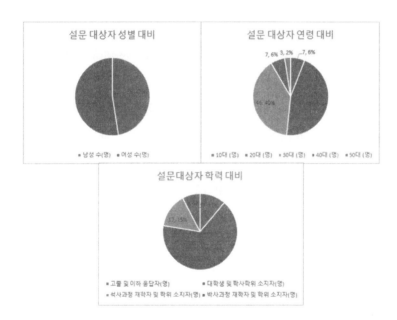

〈그림 4-2〉 설문 대상자 인적 사항 대비

설문 조사 결과 분석에 앞서 본 설문조사의 타당성(validity)과 신뢰성(reliability)에 대한 분석을 진행하였다. 타당성은 측정하고자 하는 연구자가 원래 의도한 개념을 얼마나 정확하고 충실하게 측정하는 가를 나타낸다. 타당성의 분석 유형은 내용 타당성(content validity), 준거 타당성(criterion validity), 구성 타당성(construct validity) 등이 있다. 본 설문조사의 목적은 가장 많이 사용되고 있는 한국어 완곡 어휘, 표현을 선정해서 중국어권 학습자들을 위해 교육용 한국어 완곡 어휘, 표현 목록을 제시하는 데에 있다. 따라서 설문 조사의 타당성을 분석할 때 내용 타당성 분석이 가장 중요할 것으로 판단된다.

본 설문 조사의 설문 문항들은 한국어 교재, 세종말뭉치, 선행연구에서 나타난 완곡 어휘, 표현, 사례 등 추출된 어휘들을 포함하며 외국어로서의 한국어 교사의 검토를 통해 선정하게 된 것이다.

또한, 타당성을 분석한 다음에는 본 설문조사의 신뢰성에 대한 분석도 이어져야 한다. 신뢰성은 측정된 결과치의 안정성, 일관성, 예측가능성, 정확성 등이 내포된 개념 측정도구가 측정하고자 하는 현상을 일관성 있게 측정하는 능력 또는 동일한 개념에 대해 측정을 반복했을 때 동일한 측정값을 얻을 가능성을 의미한다. 신뢰도에 대한 분석 기법은 재조사법(test-retest method), 복수 양식법(multiple forms techniques), 반분법(split-half method), 내적 일관성 분석법(internal consistency analysis) 등이 있다. 이 기법들 중에 내적 일관성 분석이 가장 많이 활용되고 있으며, 동시에 여러 연구 분야에서 인정을 받고 있는 방법이라고 볼 수 있겠다. 내적 일관성 분석은 개별문항을 하나하나의 검사점수로 하여 상관관계를 구하고 이들의 평균상호상관관계를 신뢰도의 추정치로 삼는 방법으로 평균상호상관은 모든 가능한 반분법을 사용하여 구한 신뢰도 계수의 평균을 의미한다. 그리고 신뢰계수 추정법 중 가장 알려진 방법은 코로바흐 (Cronbach)의 알파계수(α)[42]인데 그 값은 적어도 0.60은 넘어야 신뢰도가 만족할 수준이라고 볼 수 있다. 그래서 본고도 내적 일관성 분석의 차원에서 회수된 설문지에 대해서 IBM SPSS Statistics 20 소프트웨어를 이용해서 코로바흐의 알파계수를 계산해서 그 값을 참조하며 본 설문조사의 신뢰도를 분석할 것이다.

그러므로, 우선, 본고는 회수된 설문지의 응답 데이터를 IBM SPSS Statistics 20 소프트웨어에 입력해서 기본 통계를 실시하였다.[43]

그 다음에, IBM SPSS Statistics 20 소프트웨어를 이용해서 설문지 응답 데이터에 대한 코로바흐의 알파계수(Cronbach's Alpha)를 계산하였다. 총 116개의 유효 설문지 응답을 분석하면 〈표 4-10〉에 보는 바와 같이 코로바흐의 알파계수가 0.990로 나타난다. 코로바흐의 알파계수의 값 0.990는 0.60보다 크게 높아서 각 설문지의 응답은 내적 일관성이 있다는 것을 알 수 있다. 즉, 본 설문조사가 높은 신뢰성이 있고 믿을 수 있는 설문조사라는 것을 의미한다.

---

42) 신뢰계수 추정법 중 가장 알려진 방법은 코로바흐(Cronbach)의 알파계수(α)인데, 코로바흐 알파계수는 시험 문제의 일관성을 나타내는 계수로 시험 문항의 신뢰성을 평가하는 척도이다. 계수는 0~1의 값을 갖는데, 값이 높을수록 신뢰도가 높다. 보통 0.8~0.9의 값이면 신뢰도가 매우 높은 것으로 보며, 0.7 이상이면 바람직한 것으로 본다. 보통 그 값이 적어도 0.60은 넘어야 만족할 수준의 신뢰도라고 볼 수 있다. 그래서 본고도 내적 일관성 분석의 차원에서 회수된 설문지에 대해서 IBM SPSS Statistics 20 소프트웨어를 이용해서 코로바흐의 알파계수를 계산해서 그 값을 참조하며 본 설문조사의 신뢰도를 분석할 것이다. 코로바흐 알파계수 ＝항목 개수÷(항목 개수-1)×{1-(항목변량들의 합÷전체측정 변량).
43) 통계 결과는 부록 참조.

〈표 4-10〉 Cronbach's Alpha 계수의 값

Reliability Statistics	
Cronbach's Alpha	N of Items
.990	403

4.3.4 설문 조사의 결과 제시 및 분석

타당성 분석과 신뢰성 분석을 통해 본 설문조사 설문지 내용의 설계가 타당하며 설문조사를 받은 설문지 응답에 신뢰성이 있는 것으로 확인되었다. 따라서 다음으로 본고에서는 IBM SPSS Statistics 20 소프트웨어를 활용해서 회수된 116부의 설문지에서 403개 문항의 응답자 빈도를 통계 분석하였다. 빈도 분석의 결과는 〈표 4-11〉에 기록되어 있다.

〈표 4-11〉에는 완곡 표현 403개의 유형 구분, 대응한 직설 표현 등의 내용이 포함되어 있다. 그리고 각 표현의 사용빈도가 높은지 아닌지에 대해서 '매우 그렇다', '그렇다', '보통이다', '그렇지 않다', '전혀 그렇지 않다'는 응답의 응답자 빈도수도 포함되어 있다. 예를 들어서 〈표 4-11〉 중에 '목숨이 다하다'의 직설표현은 '죽다'란 어휘이고 '죽음'과 관련된 완곡 표현이다. 그리고 '목숨이 다하다'란 표현이 자주 사용하는 완곡 표현인지 아닌지에 대해서 28명의 응답자가 '매우 그렇다'로 응답하였고 35명의 응답자가 '그렇다'로 응답하였으며 45명, 5명, 3명의 응답자가 각각 '보통이다', '그렇지 않다'와 '전혀 그렇지 않다'로 응답하였다.

<표 4-11> 설문조사의 결과

유형	직설 표현	완곡 표현	매우 그렇다	그렇다	보통 이다	그렇지 않다	전혀 그렇지 않다
죽음	죽다	목숨이 다하다	28	35	45	5	3
		생명이 끝나다	13	23	39	23	18
		생을 마치다	24	30	31	20	11
		지다	9	11	40	36	20
		목숨을 잃다	25	23	41	20	7
		운명(하다)	24	23	27	27	15
		심장(고동)이 멈추다	17	28	41	19	11
		숨을 거두다	30	32	37	11	6
		숨을 끊다	17	26	33	23	17
		숨을 멈추다	10	25	49	14	18
		눈을 감다	24	47	28	13	4
		하늘로 가다	61	28	17	5	5
		저세상에 가다	44	43	22	5	2
		저승에 가다	26	23	40	15	12
		유명을 달리하다	32	44	21	13	6
		(흙으로) 돌아가다	54	29	23	10	0
		(영원히) 다시 돌아오지 않다	14	18	48	27	9
		먼 길을 떠나다	16	30	44	15	11
		곁을 떠나다	17	27	49	19	4
		멀리 떠나다	15	25	46	22	8
		(영원히)떠나(가)다	22	35	32	19	8
		세상을 뜨다	48	32	26	9	1
		이별하다	10	23	37	33	13

유형	직설 표현	완곡 표현	매우 그렇다	그렇다	보통 이다	그렇지 않다	전혀 그렇지 않다
		세상과 이별하다	15	26	37	32	6
		세상을 등지다	13	23	30	39	11
		세상을 하직하다	15	22	49	19	11
		이승을 떠나다	15	21	49	24	7
		세상을 떠나다	33	32	34	12	5
		영결	12	22	29	39	14
		서거(하다)	18	23	54	12	9
		세상에 없다	14	22	52	16	12
		(영원히)사라지다	11	12	55	29	9
		세상을 버리다	7	13	24	50	22
		세상 사람이 아니다	17	18	49	25	7
		사별하다	12	26	36	35	7
		안식하다	15	23	36	35	7
		(고이/영원히) 잠들다	25	36	47	7	1
		눈에 흙이 들어가다	12	13	54	15	22
		작고(하다)	13	26	37	32	8
		구천에 가다	11	13	34	39	19
		귀천(歸泉)	8	12	30	40	26
		귀토(歸土)	4	9	30	38	35
		황천객이 되다	6	11	29	37	33
		황천길로 가다	13	18	24	34	27
		황천에 가다	11	16	26	35	28
		하늘나라(에) 가다	64	33	15	2	2
		하늘나라로 떠나다	24	40	38	8	6

유형	직설 표현	완곡 표현	매우 그렇다	그렇다	보통 이다	그렇지 않다	전혀 그렇지 않다
		하늘나라로 올라가다	24	28	43	11	10
		하늘로 돌아가다	19	29	43	14	11
		향년	7	26	34	36	13
		천명을 다하다	9	31	41	24	11
		천수를 다하다	9	32	36	30	9
		붕어(崩御)(하다)	25	28	28	15	19
		승하(昇遐)(하다)	30	31	30	11	14
		별이 떨어지다	14	15	39	37	11
		별이 지다	15	25	20	45	11
		별세(別世)(하다)	43	42	23	5	3
		타계(他界)(하다)	25	46	26	13	6
		성불하다	9	17	32	40	18
		열반에 들다(入涅槃)	4	20	29	42	21
		천국(당)에 가다	48	27	25	13	3
		하느님 곁으로 가다	15	35	50	13	3
		(부모를) 여의다	45	39	21	9	2
		상처(喪妻)(하다)	7	17	33	47	12
		(아내를) 잃다	22	26	33	32	3
		(아내와) 사별하다	36	33	27	17	3
		상부(喪夫)(하다)	8	13	39	39	17
		혼자가 되다	36	33	24	12	11
		아사하다(餓死)	11	17	32	39	17
		전몰하다(戰歿)	3	11	35	40	27
		잘못되다(不測)	5	15	57	21	18

유형	직설 표현	완곡 표현	매우 그렇다	그렇다	보통 이다	그렇지 않다	전혀 그렇지 않다
		(삶의)고통을 멈추다	6	27	46	22	15
		일어나지 못하다	7	26	39	26	18
		몸(을) 바치다	7	19	43	29	18
		목숨을 바치다	17	20	49	26	4
		순교(殉教)	52	26	25	13	0
		희생(犧牲)(하다)	18	16	60	21	1
		순국(殉國)(하다)	24	15	55	19	3
		순직(殉職)(하다)	25	18	52	15	6
		살신성인	19	13	22	44	18
		자결(自決)	17	19	31	38	11
		스스로 목숨을 끊다	34	46	20	9	7
		투강(投江)	7	9	38	31	31
		한강에 뛰어들다	10	16	45	33	12
		투신(投身)	16	2/0	44	28	8
		음독(飮毒)	29	35	21	22	9
		목을 매다	33	45	18	11	9
		돌연사(突然死)	31	41	23	12	9
		급사(急死)	26	40	28	13	9
	장사를 지내다, 장례	초상을 치르다	56	30	24	5	1
	무덤, 장지	묻힌 곳	44	35	24	9	4
		길지	5	19	30	36	26
	죽은 이가 입는 옷	수의	46	43	21	5	1

유형	직설 표현	완곡 표현	매우 그렇다	그렇다	보통 이다	그렇지 않다	전혀 그렇지 않다
질병과 상해	병나다 (병에 걸리다, 병을 앓다)	몸이 안 좋다	76	28	12	0	0
		아프다	78	23	13	2	0
		안색(이) 안 좋다	61	39	13	2	1
		편찮다	58	44	11	2	1
		누워 있다	15	20	42	32	7
		불편하다	23	34	43	10	6
		몸이 이상하다	16	28	41	25	6
		컨디션이 좋지 않다	25	31	42	14	4
	중병에 걸리다	일어나지 못하다	20	37	40	8	11
		몹쓸 병에 걸리다	28	55	14	12	7
	암(이나 다른 중병)	나쁜 병	22	33	35	15	11
		나쁜 소식	21	20	45	27	3
		많이 안 좋다	64	40	10	2	0
		고치기 힘든 병	26	31	48	10	1
		죽을 병	20	14	28	41	13
	암	종양	32	29	45	5	5
		캔서	11	32	38	21	14
	흑사병	페스트	15	21	28	35	17
	문둥병	나병	22	29	38	18	9
		한센병	25	35	32	12	12
	마마	천연두	25	31	42	9	9
	설사 하다	복통	33	25	25	29	4
		배 아프다	30	36	41	6	3
		배탈 나다	62	30	17	4	3

유형	직설 표현	완곡 표현	매우 그렇다	그렇다	보통 이다	그렇지 않다	전혀 그렇지 않다
장애	병신, 폐인, 불구자	장애인/장애자/장애우	76	27	10	3	0
		도움이 필요한 사람	21	38	35	18	4
		몸이 불편한 사람	42	54	14	6	0
		손발이 불편한 사람	18	32	49	12	5
		팔이 불편한 사람	14	28	54	15	5
	앉은뱅이	하반신 장애인	19	28	32	32	5
	절름발이	다리가 불편한 사람	24	37	44	6	5
		걷기 불편한 사람	19	39	48	5	5
	꼽추, 곱사등이	척추 장애인	15	20	42	31	8
		등이 굽었다	23	21	38	30	4
	봉사, 소경, 장님	시각 장애인	41	22	41	11	1
		앞 못 보는 사람	29	41	31	13	2
		시력을 잃은 사람	25	29	41	17	4
		맹인	33	21	16	26	20
	실명하다	눈이 안 보이다	51	38	24	1	2
		시력을 잃다	46	21	27	21	1
	귀머거리	청각 장애인	45	50	13	8	0
	말더듬이, 벙어리, 농아	언어 장애우	39	48	21	8	0
		말 못하는 사람	18	43	40	9	6
	머저리, 바보, 천치, 백치	지적 장애우	26	21	31	32	6
	난쟁이	왜소증	15	20	34	26	21

유형	직설 표현	완곡 표현	매우 그렇다	그렇다	보통 이다	그렇지 않다	전혀 그렇지 않다
	미치광이, 미친이	정신 장애인	28	16	47	14	11
		정신이 이상한 사람	23	42	35	12	4
		정신 지체인	22	19	36	30	9
	정신 박약자	유리멘탈	11	15	49	26	15
	정신병, 정신지체	정신장애	22	28	39	23	4
		정신질환	27	42	34	11	2
	미치다	정신이 잘못되다	12	20	49	21	14
성 (신체 부위 포함)	십(씹)방 세계	시방세계	7	4	25	48	32
	성관계, 성, 성행위	밤일	14	25	41	30	6
		섹스	32	43	34	5	2
		성생활	50	38	11	9	8
		부부생활	42	46	22	5	1
	성교, 성관계를 발생하다	침대를 같이 쓰다	10	12	38	33	23
		관계를 가지다/ 맺다/갖다	61	39	15	0	1
		동침하다	20	27	45	22	2
		사랑을 나누다	28	28	22	35	3
		사랑을 하다	13	31	26	42	4
		잠자리 가지다(하다)	62	29	22	3	0
		책임질 일을 하다	12	19	19	47	19
		하다	24	29	39	9	15
		함께 자다	18	35	39	17	7
		합궁	7	9	31	44	25

유형	직설 표현	완곡 표현	매우 그렇다	그렇다	보통 이다	그렇지 않다	전혀 그렇지 않다
		하룻밤을 보내다	21	19	42	30	4
		한자리에 들다	11	15	50	23	17
	결혼 전 관계를 갖다	속도(를)위반(하다)	62	29	18	6	1
		과속하다	16	33	33	25	9
	성기, 성 기관, 생식기	거기	48	33	28	7	0
		그것	24	33	40	12	7
		밑	14	26	53	11	12
		아래	12	26	54	17	7
	남자 성기, 자지	거시기	43	54	16	1	2
		남근	10	19	38	39	10
		잠지	4	9	23	38	42
	불알	음낭	18	19	38	33	8
		고환	25	34	45	10	2
		붕알	13	13	27	45	18
	여자의 생식기, 보지	음부	52	33	24	5	2
		은밀한 곳(부위)	14	22	33	39	8
	알몸	나체	48	40	19	8	1
	똥구멍	항문(학문)	46	46	18	5	1
	궁둥이, 엉덩이	히프/힙	37	25	41	13	0
	젖, 젖가슴	가슴	67	31	16	2	0
		유방	30	20	44	19	3
		바스트	19	20	24	34	19
	거웃	음모	21	22	40	25	8
	포경	고래잡이	43	42	23	5	3

유형	직설 표현	완곡 표현	매우 그렇다	그렇다	보통 이다	그렇지 않다	전혀 그렇지 않다
	수술	고래사냥	19	18	31	44	4
	성적 매력	섹시(하다)	47	33	36	0	0
		관능적이다	22	27	40	23	4
	강간	성폭행(력)	57	37	15	5	2
	사창가, 윤락가	유흥가	42	49	18	5	2
		홍등가	20	45	32	16	3
	몸을 팔다	성매매	45	29	28	11	3
	정조를 더럽히다	순결을 잃다	29	34	18	28	7
	바지 지퍼가 열려 있다	남대문이 열려 있다	42	39	28	7	0
	브라자	라자	9	10	29	42	26
	18(씹할)	열여덟	26	17	38	24	11
	4층	F층	20	23	42	17	14
연 애 · 가 정 · 혼 인 과 임 신	독신, 독신남, 독신녀	싱글	78	21	14	3	0
	비혼모, 미혼모	싱글 맘	70	26	15	4	1
	노처녀	골드 미스	34	37	39	5	1
		올드미스	19	29	45	14	9

유형	직설 표현	완곡 표현	매우 그렇다	그렇다	보통 이다	그렇지 않다	전혀 그렇지 않다
	좋아 하다	마음이 있다	31	30	40	12	3
		생각이 있다	17	32	48	14	5
		관심이 있다	25	48	40	3	0
	바람둥이, 풍각쟁이	플레이보이	35	26	40	12	3
		호색가	14	8	40	44	10
	결혼 하다	보금자리를 틀다	9	24	38	39	6
		국수를 먹다	24	31	47	10	4
	이혼 하다	남남이 되다	49	35	30	1	1
		헤어지다	56	34	22	2	2
		이혼 도장을 찍다	30	19	28	36	3
		갈라서다	36	19	49	10	2
	남편	바깥사람	16	22	30	36	12
		바깥양반	19	16	33	37	11
	부인, 처	집사람	30	24	36	24	2
		안사람	25	23	34	31	3
		안주인	17	13	41	37	8
	불화 부부	쇼윈도 부부	50	36	20	6	4
	과부	홀어미	16	13	43	33	11
	외국인 며느리	결혼이민여성	17	19	36	35	9
	혼인 외 사랑하는 사람, 정부, 첩	세컨드	35	28	43	8	2
		애인	20	27	43	20	6
	간통,	외도를 하다	37	35	37	6	1

유형	직설 표현	완곡 표현	매우 그렇다	그렇다	보통 이다	그렇지 않다	전혀 그렇지 않다
	불륜	바람을 피우다	43	39	31	3	0
		바람이 나다	42	39	32	3	0
		부적절한 관계이다	25	19	29	34	9
		여자가 있다	22	38	46	8	2
		혼외정사	15	20	31	41	9
	임신 하다	경사가 나다	9	27	48	23	9
		홀몸이 아니다	27	20	38	30	1
		아이를 배다	28	18	52	15	3
		배부르다	18	16	37	36	9
		배가 불러오다	21	18	39	35	3
		좋은 소식을 갖다	16	22	44	29	5
		아기를 가지다	68	30	13	5	0
		아이가 서다	18	26	54	13	5
		기쁜 소식이 있다	16	16	48	33	3
	콘돔	그거	12	28	34	23	19
	낙태	지우다	21	36	40	12	7
	피임약	지우개	5	12	38	34	27
	결손 가정	한 부모 가정	39	14	34	28	1
		외부모 가정	14	13	41	42	6
		편부모 가정	16	18	37	37	8
	국제결혼 가정	다문화 가족	35	17	28	32	4

유형	직설 표현	완곡 표현	매우 그렇다	그렇다	보통 이다	그렇지 않다	전혀 그렇지 않다
생리 · 배설이나 분비	월경 (하다), 생리	그 날	68	31	15	1	1
		마법에 걸리다	48	35	27	6	0
		멘스	20	34	37	11	14
	흰 머리	흰 서리	8	17	42	32	17
	오줌	줌오	3	5	18	35	55
	똥과 오줌	대소변	56	34	20	3	3
	똥이나 오줌을 누는 일	볼 일	40	49	19	1	7
	똥을 누는 일	응가	32	43	24	15	2
		큰것	23	28	28	32	5
	오줌을 누는 일	작은것	22	28	24	32	10
	똥이나 오줌을 누다	대소변을 보다	32	34	38	8	4
		(볼)일을 보다	56	36	22	2	0
		용변(하다/보다)	19	26	55	13	3
		배변하다	19	23	45	23	6
		큰일/작은 일을 하다/보다	49	46	15	4	2
	오줌을 누다	소피하다	20	18	32	41	5
		쉬하다	29	37	26	18	6
	똥/오줌 누러 가다	화장실에 가다	61	45	8	1	1
		일 보러 가다	34	43	30	7	2
		잠깐 실례 하겠다	26	29	44	14	3

유형	직설 표현	완곡 표현	매우 그렇다	그렇다	보통 이다	그렇지 않다	전혀 그렇지 않다
		잠깐 화장실에 갔다 오겠다	34	32	38	11	1
	똥 마렵다	화장실 가고 싶다	56	31	23	5	1
		뒤가 급하다	9	15	36	43	13
		아랫배가 아파오다	14	19	33	41	9
	야뇨	지도를 그리다	19	16	32	38	11
	뒷간, 변방	해우소	40	52	15	3	6
		변소	5	15	28	47	21
		정랑	3	7	25	44	37
	방구	가스를 배출하다	26	22	51	16	1
		구방	1	7	19	44	45
	팬티	속옷	34	27	44	8	3
직업과 신분	식모, 가정 청소부, 파출부	아주머니	62	26	23	2	3
		가사도우미	35	21	34	26	0
		이모	62	24	18	6	6
	쓰레기 청소부, 청소부	환경미화원	40	38	25	7	6
	경품꾼, 경매꾼	경매인	29	22	31	27	7
	월급 쟁이	화이트칼라	15	21	46	26	8
		직장인	61	34	15	4	2
		봉급생활자	15	21	36	38	6
		샐러리맨	43	42	22	8	1
		회사원	67	26	15	5	3

유형	직설 표현	완곡 표현	매우 그렇다	그렇다	보통 이다	그렇지 않다	전혀 그렇지 않다
농민	근로자	농업종사자	24	22	48	19	3
동자, 밥 짓는 사람		요리사	69	24	16	5	2
		쉐프	49	36	23	7	1
매춘부, 창녀		성매매 직업 여성	22	28	39	25	2
		아가씨	16	38	40	13	9
매파, 중매 쟁이		중매인	16	23	49	25	3
		커플매니저	30	16	47	20	3
머리를 깎는 사람		미용사	56	36	19	5	0
		이발사	29	24	31	29	3
		헤어디자이너	45	47	15	8	1
		헤어스타일리스트	29	44	23	15	5
		헤어아티스트	22	16	48	23	7
백수		무직업	22	19	54	17	4
운전수		기사님	58	31	21	4	2
장사꾼		상인	31	49	18	14	4
		사업가	34	43	27	7	5
		비즈니스맨	26	33	42	10	5
		무역인	16	19	49	26	6
		기업인	28	45	25	12	6
비전 속인		프리랜서	47	51	11	6	1
지배 계급		지도층(인사)	27	24	19	31	15

유형	직설 표현	완곡 표현	매우 그렇다	그렇다	보통 이다	그렇지 않다	전혀 그렇지 않다
	중	승려	31	42	28	12	3
		스님	53	30	25	5	3
	염장이	장례 지도사	28	44	20	16	8
	내시	환관	18	27	27	39	5
	해고, 실업, 퇴직, 면직	구조조정(되다)	57	36	19	4	0
		조기퇴직	16	23	36	36	5
		밥줄이 끊기다	16	17	46	30	7
		인력 감축되다	11	21	47	30	7
		옷을 벗다	40	44	24	8	0
		짐을 싸다	10	30	50	19	7
	흑인, 검둥이	아프리카계 미국인	13	17	33	35	18
동 식 물	개고기 요리, 개장국	보신탕	47	22	28	15	4
		사철탕	18	19	32	38	9
		영양탕	21	21	48	18	8
	개(같은)	멍멍이(같은)	13	14	36	39	14
	뱀	집주인	1	7	24	45	39
	쥐	서생원	6	7	24	43	36
평 가	못생기다	별로 예쁘지 않다	29	46	33	4	4
		보통이다	19	30	53	9	5
		귀엽다	14	25	49	17	11
		독특하다	14	25	54	15	8
		개성 있게 생기다	21	27	52	11	5
		개성 있다	16	22	53	17	8

유형	직설 표현	완곡 표현	매우 그렇다	그렇다	보통 이다	그렇지 않다	전혀 그렇지 않다
	뚱뚱하다, 통통하다, 살이 찌다	건장하다	20	21	43	27	5
		넉넉해 보이다	15	23	51	21	6
		보기 좋다	10	26	53	16	11
		복스럽다	22	39	44	10	1
		실하다	17	13	36	35	14
	마르다	날씬하다	62	29	22	3	0
		슬림(하다)	24	38	43	10	1
		호리호리하다	22	26	33	30	5
	몸매가 좋지 않다	몸매가 안 되다	22	38	41	12	3
	늙다, 노화	나이가 들다	60	35	17	3	1
		성숙하다	17	27	51	16	5
		나이가 있다	25	37	39	10	5
	늙은 이, 노인	어르신	67	35	8	6	0
	노인 반점	버섯	9	8	32	47	20
		검버섯	29	18	26	37	6
	대머리, 민머리	탈모된 머리	12	14	37	42	11
	인색 하다	알뜰하다	17	15	49	23	12
	담이 작다	신중하다	19	34	36	17	10
	능력이 부족하다	능력이 안 되다	25	39	37	13	2
	무식 하다	속이 비었다	13	27	51	18	7

유형	직설 표현	완곡 표현	매우 그렇다	그렇다	보통 이다	그렇지 않다	전혀 그렇지 않다
	수다 쟁이	언변이 좋다	13	33	44	18	8
		입담이 좋다	21	28	43	17	7
		말솜씨가 좋다	21	39	39	12	5
		말재간이 좋다	19	25	49	15	8
	열등생	학습부진아	12	13	48	35	8
	불쾌 하다, 언짢다	씁쓸하다	15	28	44	20	9
	고통 스럽게 하다	괴롭히다	25	34	42	15	0
	초조 하다	안절부절못하다	27	30	48	10	1
	질투 하다	시샘하다	23	27	51	15	0
	후진국	개발도상국	57	38	10	10	1
		저개발국	14	21	48	25	8
부 정 적 행 위	범죄를 짓다	일을 저지르다	21	23	53	16	3
	사형	단두대에 오르다	15	22	45	30	4
	감옥	교도소	53	40	20	2	1
		높은 담	10	14	29	45	18
	감옥에 들어가다, 감옥살이 (하다)	쇠고랑을 차다	27	28	44	11	6
		콩밥을 먹다	43	32	40	1	0
		콩밥 신세를 지다	21	29	54	9	3
		철창행	16	25	22	42	11

유형	직설 표현	완곡 표현	매우 그렇다	그렇다	보통 이다	그렇지 않다	전혀 그렇지 않다
	도박, 노름	손장난	12	13	45	32	14
	뇌물, 뒷돈	봉투	22	34	43	13	4
		상납금	15	27	40	29	5
	돈을 받다	봉투 받다	48	32	30	5	1
	불법 수입	검은돈	50	37	23	3	3
		검은 수입	19	25	45	15	12
	도둑, 밤도둑	밤손님	19	17	24	29	27
		양상군자	6	13	20	34	43
	범죄 소년	비행 소년	43	41	23	7	2
	마약	흰 가루/하얀 가루	43	47	18	4	4
	백 그라운드 (뒷배경)	빽	46	40	25	5	0
	때리다	손 좀 봐 주다	24	18	35	25	14
		주먹 쓰다	13	34	47	19	3
경제	만원	배춧잎	19	19	38	33	7
	돈놀이	재테크	23	17	33	31	12
	빈곤하다, 돈 없다	주머니 사정이 좋지 않다	44	32	37	3	0
		주머니가 가볍다	13	32	50	13	8
		주머니가 넉넉하지 않다	17	34	44	16	5
		주머니가 비다	14	22	51	22	7
		허리띠를 졸라매다	17	23	58	18	0
		가정 형편이 어렵다	28	41	41	5	1
		가정 경제가 빠듯하다	15	31	47	15	8

유형	직설 표현	완곡 표현	매우 그렇다	그렇다	보통 이다	그렇지 않다	전혀 그렇지 않다
빈민가		판자촌	22	24	46	21	3
		달동네	35	50	29	2	0
빚		적자	29	26	48	8	5
		대출	34	51	27	2	2
성장 하락세		마이너스성장	24	30	49	13	0
경제위기, 경제침체		불경기	44	45	23	4	0
		불황	41	39	33	3	0
		내리막길을 가다	13	19	47	28	9
통화 팽창		인플레이션	32	20	45	16	3
근로 빈곤		워킹푸어	19	17	48	29	3
싸구려		길거리표	16	15	48	28	9
		시장표	14	18	53	28	3
가격이 비싸다		가격이 세다	27	31	43	14	1
거지가 되다		쪽박을 차다	21	19	35	32	9

〈표 4-11〉의 결과를 바탕으로 리커트 척도(Likert Scale)의 5점 평가 방법에 의해 본고는 403개 어휘가 완곡 표현으로 활용되는 빈도수를 정리할 것이다. 빈도수 평가 과정 중에 '매우 그렇다', '그렇다', '보통이다', '그렇지 않다', '전혀 그렇지 않다' 5개 응답은 각각 '5'점, '4'점, '3'점, '2'잠, '1'점의 평가 점수를 받게 된다. 〈표 4-11〉 중 응답 결과에 의해 403어휘가 116명

응답자에서 얻어낸 빈도수 평가 점수의 평균값은 부록⟨2⟩에 모두 기록되고 있다. 그 중 평균값 '4'점 이상(4점 포함)의 어휘를 한국에서 가장 많이 사용하는 완곡 어휘로 인정하며, 이를 선정해서 한국어 교육용 완곡 어휘, 표현 목록에 포함시킬 것이다. 따라서 ⟨표 4-11⟩의 분석 결과에 의해 본고에서 제시한 기준을 만족하는 어휘 총81개를 추려내었다. 다음 ⟨표 4-12⟩에 제시하는 바와 같이 교육용 한국어 완곡 어휘, 표현 목록을 제시한다.

⟨표 4-12⟩ 한국어 교육용 완곡 표현 목록

유형	직설표현	완곡 표현	평균 값
1. 죽음	죽다	하늘로 가다	4.16
		저 세상에 가다	4.05
		돌아가다	4.09
		세상을 뜨다	4.01
		하늘나라(로)가다	4.34
		별세(別世)(하다)	4.01
		(부모를) 여의다	4.00
		순교(殉敎)	4.01
	장례, 장사를 지내다	초상을 치르다	4.16
	죽은 이가 입는 옷	수의	4.10
2. 질병과 상해	병나다(병에 걸리다, 병을 앓다)	몸이 안 좋다	4.55
		아프다	4.53
		안색이 안 좋다	4.35
		편찮다	4.34
	암(이나 다른 중병)	많이 안 좋다	4.43
	설사하다	배탈(이) 나다	4.24
3. 장애	병신, 폐인, 불구자	장애인	4.52
		몸이 불편한 사람	4.14
	실명하다	눈이 안 보이다	4.16

유형	직설표현	완곡 표현	평균 값
	귀머거리	청각 장애인	4.14
	말더듬이, 벙어리, 농아	언어 장애인	4.02
4. 성 (신체 부위 포함)	성관계, 성, 성행위	잠자리 가지다	4.29
		부부생활	4.06
	성교, 성관계를 발생하다	관계를 가지다/ 맺다/갖다	4.37
		속도(를)위반(하다)	4.26
	남자의 생식기	거시기	4.16
	성기, 성기관, 생식기	거기	4.05
	여자의 생식기, 보지	음부	4.10
	알몸	나체	4.09
	똥구멍	항문	4.13
	포경수술	고래잡이	4.01
	젖, 젖가슴	가슴	4.41
	성적매력	섹시하다	4.09
	강간	성폭행(력)	4.22
	사창가, 윤락가	유흥가	4.07
	바지 지퍼가 열려 있다	남대문이 열려 있다	4.00
5. 연애, 가정, 혼인과 임신	독신, 독신남, 독신녀	싱글	4.50
	비혼모, 미혼모	싱글 맘	4.38
	이혼하다	남남이 되다	4.12
		헤어지다	4.21
	불화 부부	쇼윈도 부부	4.05
	간통, 불륜	바람을 피우다	4.05
		바람이 나다	4.03
	임신하다	아기를 가지다	4.39
6. 생리, 배설 이나	월경(하다),생리	그날	4.41
		마법에 걸리다	4.08
	똥과 오줌	대소변	4.18
	똥이나 오줌을 누다	(볼)일을 보다	4.26

유형	직설표현	완곡 표현	평균 값
분비	똥/오줌 누러가다	화장실에 가다	4.41
	변방, 뒷간, 화장실	해우소	4.01
	똥이나 오줌을 누다	큰일/작은 일을 보다	4.17
7. 직업과 신분	식모, 가정청소부, 파출부	이모	4.12
		아주머니	4.22
	쓰레기 청소부, 청소부	환경미화원	4.23
	월급쟁이	직장인	4.28
		회사원	4.28
		샐러리맨	4.02
	동자, 밥 짓는 사람	요리사	4.32
		셰프/쉐프	4.08
	머리를 깎는 사람	미용사	4.23
		헤어디자이너	4.09
	운전수	기사님	4.20
	비전속인	프리랜서	4.18
	중	스님	4.08
	해고, 실업, 퇴직, 면직	구조조정(되다)	4.26
		옷을 벗다	4.00
8. 사람에 대한 평가	마르다	날씬하다	4.29
	늙다, 노화	나이가 들다	4.29
	늙은 사람	어르신	4.41
	후진국	개발도상국	4.21
9. 부정적 행위	감옥	교도소	4.22
	감옥에 들어가다, 감옥살이 (하다)	콩밥을 먹다	4.01
	돈을 받다	봉투를 받다	4.04
	불법 수입	검은 돈	4.10
	마약	흰가루/하얀 가루	4.04
	백 그라운드(뒷배경)	빽	4.09
	범죄 소년	비행소년	4.00

유형	직설표현	완곡 표현	평균 값
10. 경제	빈곤하다, 돈 없다	주머니 사정이 좋지 않다	4.01
	빈민가	달동네	4.02
	경제 위기, 경제 침체	불경기	4.11
		불황	4.02

위 〈표 4-12 〉의 교육용 완곡 표현 목록은 총 58개의 직설 표현과 81개의 완곡 표현이 포함되어 있으며 설문 조사를 실시할 때 유형별로 분류했던 11개 주제 중에서 죽음, 질병, 장애, 성(性), 연애와 혼인 및 임신과 가정, 생리 및 배설, 직업 및 신분, 평가 등 10개의 유형을 포괄하고 있다.

〈그림 4-3〉를 보면 '성', '직업과 신분'에 관한 완곡 표현이 각각 15개 선정되고 81개 표현 중 18.52%를 차지하며, 선정된 표현 수가 모든 유형 중 1위이다. 그 다음으로는 '죽음', '연애, 가정, 혼인과 임신'과 관련된 완곡 표현이 각각 10개, 8개의 표현이 선정되었고 총 선정 표현의 12.35%, 9.88% 를 차지한다. 그리고 '생리, 배설이나 분비', '부정적 행위'와 관련된 완곡 표현은 모두 7개 표현이 선정되었고 전체 표현의 8.64%를 차지하며 '사람 에 대한 평가', '경제'에 관한 완곡 표현은 모두 4개가 선정되었고 전체 표 현의 4.94%를 차지한다. 또한, '병과 상해', '장애', '동식물'에 관한 완곡 표 현이 각각 6개, 5개, 0개의 표현이 선정되었고 81개 표현의 각각 7.41%, 6.17%, 0%로 분포되어 있다. 그래프로 제시한다면 다음과 같다.

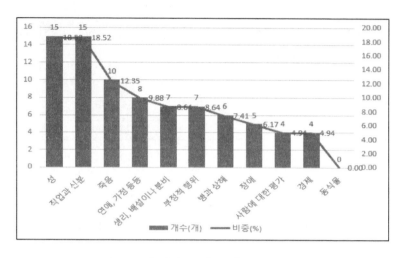

〈그림 4-3〉 유형별 고빈도 완곡 표현 통계[44]

　구체적으로 살펴보면 선정된 죽음에 관한 10개의 완곡 표현 중에 〈그림 4-4〉과 〈표 4-13〉에 제시하는 바와 같이 직설 표현인 '죽다'를 표현한 완곡 표현이 8개 있고 죽음에 관한 10개가 선정된 표현의 80%를 차지한다. 사망의 원인, 죽은 자의 신분, 지위 및 나이, 종교 등의 요소에 따라 '죽다'에 대해서 완곡 표현을 사용할 때 사용하는 구체적인 완곡 표현이 다르다.

　또한 죽음과 관련된 직설 표현인 '장례(장사를 지내다)', '죽은 이 입은 옷'에 대한 완곡 표현이 각각 하나씩 선정되었고 10개 완곡 표현 분류의 10%를 차지한다. 금기 대상을 살펴보면 선정된 죽음에 관한 10개의 완곡 표현 중에 8개 어휘의 금기 대상은 곧 '죽다'란 직설표현이며 2개 어휘의

---

44) 이 그래프에서 왼쪽의 수치는 선정된 완곡 표현의 개수를 가리키는 것이고, 오른쪽에 있는 수치는 유형별로 선정된 완곡 표현이 전체 81개의 완곡 표현 중에서 차지하는 비중을 나타내는 것이다. 아래 〈그림 4-4〉부터 〈그림 4-13〉까지에 나타난 수치가 이 그래프와 같다.

금기 대상은 죽음과 관련된 '무덤', '죽은 이 입은 옷'이란 직설표현이다.

11개 유형의 선정용 후보군 중에 죽음에 관한 완곡 어휘, 표현이 많이 선정되어 있는데 이는 한국 사회 중에 죽음과 관련된 것이 인간에게 여전히 아주 큰 공포감, 고통을 주기 때문에 담화 중에 사람들이 죽음과 관련된 직설 표현들을 극히 기피하며 죽은 자의 사망 원인, 나이 등의 요소에 따라 빈번하게 관련된 많은 완곡 표현을 사용하고 있는 것으로 설명할 수 있다. 그런 까닭에 본 설문의 많은 응답자들은 죽음에 관한 많은 완곡 표현이 의사소통 중에 매우 자주 사용하는 완곡 표현 여부에 대한 답을 '매우 그렇다' 와 '그렇다'로 응답하였다. 따라서 많은 수의 죽음에 관한 완곡 표현이 본고에서 한국어 교육용 완곡 표현으로 선정되었다.

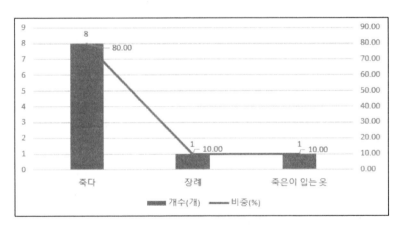

〈그림 4-4〉 죽음에 관한 완곡 표현의 선정상황

<표 4-13> 죽음에 관한 완곡 표현

직설표현	완곡 표현
죽다	하늘로 가다
	저 세상에 가다
	(흙으로) 돌아가다
	세상을 뜨다
	하늘나라(에) 가다
	별세(別世)(하다)
	(부모를) 여의다
	순교(殉敎)
장례(장사를 지내다)	초상을 치르다
죽은 이가 입는 옷	수의

'질병과 상해'에 관한 완곡 표현이 6개의 교육용 완곡 표현으로 선정되었고 각 유형별 후보군 중의 7위이다. 사망과 같이, 질병과 상해도 한국 사람이 아주 기피하는 대상이라 사람들은 심지어 '병나다'란 표현도 직설적으로 표현하기가 꺼려질 것이다. 그래서 〈그림 4-5〉, 〈표 4-14〉에 나타난 것과 같이 선정된 6개 표현 중에 4개 표현(6개 표현 중의 66.67%로 차지)이 '병나다'에 대한 완곡 표현이다. 그리고 암이나 심각하고 무서운 질병에 대해서도 완곡 표현을 사용하였다. 예를 들어서 '암'이란 병은 현대 사회의 대표적인 불치병이라 '암'이라는 질병에 걸려 위독하거나 하는 경우에 꼭 말로 표현해야 할 때 '많이 안 좋다'로 표현한다. 또한, '설사하다'를 말하면 청자로 하여금 '똥'과 같은 지저분 배설물을 연상하게 되기 쉬우므로 '배탈 나다'라는 완곡 표현을 사용해야 한다.

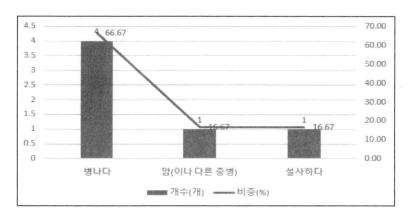

〈그림 4-5〉 병과 상해에 관한 완곡 표현의 선정 상황

〈표 4-14〉 병과 상해에 관한 완곡 표현

직설표현	완곡 표현
병나다(병에 걸리다, 병을 앓다)	몸이 안 좋다
	아프다
	안색(이) 안 좋다
	편찮다
암(이나 다른 중병)	많이 안 좋다
설사하다	배탈(이) 나다

'장애'에 관한 완곡 표현은 5개가 선정되었다. 〈그림 4-6〉, 〈표 4-15〉를 살펴보면 선정된 5개의 표현 중에서 직설표현 '병신, 폐인, 불구자'의 2개 완곡 표현(5개 중의 40%)이 있고, 직설표현 '귀머거리', '실명하다', '말더듬이'의 완곡 표현은 각각 1개씩만(5개 중의 20%) 포함된다. 의사소통 중 청자인 장애자에게 심리적 상처나 불쾌감을 주는 것을 방지하기 위해 담화

중에 '귀머거리', '실명하다', '말더듬이'나 기타 직설적 표현을 쓰지 않고 그에 해당하는 완곡 표현을 사용해야 한다.

본 설문조사에서 선정한 5개의 표현을 자주 발생하는 장애의 완곡 표현 4가지 유형에 포함시키면, 모든 유형의 후보군 중에 '장애'와 관련된 표현의 수량이 8위가 된다.

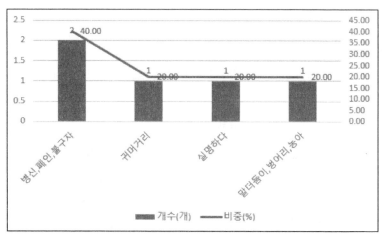

〈그림 4-6〉 장애에 관한 완곡 표현의 선정 상황

〈표 4-15〉 장애에 관한 완곡 표현

직설표현	완곡 표현
병신, 폐인, 불구자	장애인/장애자/장애우
	몸이 불편한 사람
실명하다, 장님, 봉사,	눈이 안 보이다
귀머거리	청각 장애인
말더듬이, 벙어리, 농아	언어 장애인

'성(신체 부위 포함)'과 관련된 완곡 표현 중에 15개 표현이 선정되었다. 〈그림 4-7〉와 〈표 4-16〉를 살펴보면 직설표현인 '성교, 성관계가 발생하다'의 2개 완곡 표현이 선정되었고 이는 15개 선정된 표현의 13.33%를 차지한다. 직설표현인 '성관계, 성, 성행위', '강간', '결혼 전 관계를 갖다'등에 해당하는 완곡 표현은 각각 1개 표현이 선정되었고 전체에서 차지하는 비중이 각각 6.67%이다.

이는 성, 성과 관련된 신체부위 등이 한국 사회 문화 속에서 금기 대상으로 여겨져 담화 중에 완곡하게 표현되고 있는 것으로 설명할 수 있다. 그리고 성과 관련한 것이 포함하는 범위가 너무 넓어서 자주 사용되는 완곡 표현 역시 다양하고 많을 수밖에 없다. 그렇기 때문에 15개 표현이 교육용 완곡 표현으로 선정되었고 모든 유형의 완곡 표현 중에서 가장 큰 비중을 차지고 있다.

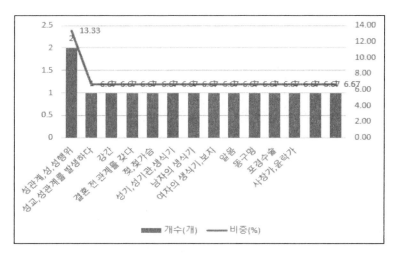

〈그림 4-7〉 성과 신체 부위에 관한 완곡 표현의 선정 상황

〈표 4-16〉 성과 신체 부위에 관한 완곡 표현

직설표현	완곡 표현
성관계, 성, 성행위	잠자리(를) 가지다
	부부생활
성교, 성관계를 발생하다	관계를 가지다 (맺다/갖다)
결혼 전 관계를 갖다	속도(를)위반(하다)
성기, 성 기관, 생식기	거기
남자의 생식기	거시기
여자의 생식기, 보지	음부
알몸	나체
똥구멍	학문(항문)
포경수술	고래잡이
젖, 젖가슴	가슴
성적매력	섹시(하다)
강간	성폭행(력)
사창가, 윤락가	유흥가
바지 지퍼가 열려 있다	남대문이 열려 있다

'연애, 가정, 혼인과 임신'에 관한 완곡 표현은 총 8개의 표현이 선정되었다. 〈그림 4-8〉, 〈표 4-17〉에 따르면 8개 표현 중에 '이혼하다', '간통'등에 대한 완곡 표현이 총 2개 선정되었고 '독신', '미혼모', '임신하다', '불화부부'의 완곡 표현은 각각 1개만의 어휘가 선정되어 각각 12.50%의 비중을 차지한다. 전통 관념의 영향으로 인해 연애, 가정, 혼인, 임신 등 화제가 한국인들에게 현대까지도 매우 신중한 화제로서 금기시 되어 있다고 볼 수 있을 것이다. 사람들은 '독신', '미혼모', '임신하다', '이혼하다'등 관련된 표현을

어쩔 수 없이 언급해야 할 때 부끄러움, 수치감, 프라이버시 등의 문제 때문에 해당 표현을 대신해서 완곡 표현을 사용한다.

역사적으로 보면 유교사상을 통치 이념으로 하였던 조선시대 500년 동안 유교사상이 매우 깊게 뿌리 내리고 있었고 남존여비의 가부장적인 유교사상이 오늘까지 내려와 한국인의 삶에 깊숙이 자리를 잡고 있다. 그래서 이러한 완곡 표현은 연애, 가정, 혼인, 임신 등 다방면에 걸쳐 사용되고 있다. 이 유형에 관련된 교육용 완곡 표현은 총 8개로 선정되었고 선정된 표현이 차지하는 비중 보면 모든 후보군 중에서 4위를 위치한다.

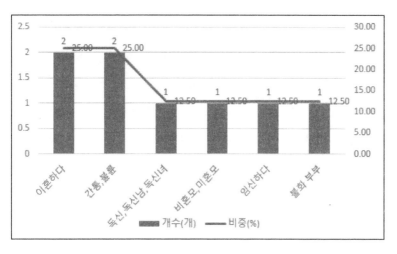

〈그림 4-8〉 연애, 가정, 혼인과 임신에 관한 완곡 표현의 선정 상황

〈표 4-17〉 연애, 가정, 혼인과 임신에 관한 완곡 표현

직설표현	완곡 표현
독신, 독신 남, 독신녀	싱글
미혼모	싱글 맘
이혼하다	남남이 되다
	헤어지다
불화부부	쇼윈도 부부
간통, 불륜	바람을 피우다
	바람이 나다
임신하다	아기를 가지다

〈그림 4-9〉, 〈표 4-18〉에 의해 선정된 생리, 배설이나 분비와 관련된 7개 완곡 표현 중에 직설 표현인 '월경(하다), 생리'에 대응한 완곡 표현은 2개 완곡 표현(7개 중의 28.57%)이 선정되었고, 직설 표현 '뒷간', '똥과 오줌', '똥/오줌 누러가다', '똥이나 오줌을 누다'에 해당되는 완곡 표현은 각각 1개씩만(7개 중의 14.29%) 선정되었다. 이는 청결과 프라이버시를 중요시하는 한국인들에게 생리, 배설이나 분비와 관련된 것을 직설적으로 말하는 것이 너무 꺼려지거나 무례한 행동이라고 생각하고 그것들을 완곡하게 표현하는 것을 중요시하고 있는 것으로 설명할 수 있겠다. 따라서 본 설문 조사 중에 해당 유형 총 7개 표현이 교육용 완곡 표현으로 선정되었고 모든 유형에서 5순위로 꼽을 수 있었다.

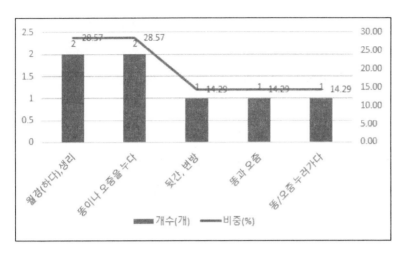

<그림 4-9> 생리, 배설이나 분비에 관한 완곡 표현의 선정 상황

<표 4-18> 생리, 배설이나 분비에 관한 완곡 표현

직설표현	완곡 표현
월경(하다), 생리	그날
	마법에 걸리다
똥과 오줌	대소변
똥이나 오줌을 누다	(볼)일을 보다
	큰 일/작은 일을 보다
똥/오줌 누러가다	화장실에 가다
변방, 뒷간	해우소

<그림 4-10>, <표 4-19>에 나타난 것처럼, '직업과 신분'에 관한 선정된 15개의 완곡 표현 중에 '월급쟁이'를 완곡하게 표현한 3개 표현이 선정되었고 선정된 표현 총 15개의 20% 비중을 차지한다. 그리고 '식모', '동자', '머

리를 깎는 사람', '해고'를 완곡하게 표현한 각각 2개 어휘(15개 선정된 표현의 13.33%)가 선정되었고 '쓰레기 청소부', '중', '운전수', '비전속인'에 해당하는 완곡 표현은 각각 1개 표현이(15개 선정된 어휘의 6.67%) 선정되었다.

이는 회사에 다니는 사람, 쓰레기를 청소하는 사람, 요리하는 사람, 머리를 깎는 사람 등 직업이나 신분에 대해서 한국 현대 사회에서의 직업에 대한 관념이나 태도를 나타나고 있다고 설명할 수 있다. 따라서 한국어 중에 '월급쟁이', '식모', '동자', '머리를 깎는 사람'과 같이 사람을 무시하는 직설 표현도 존재하고, 이를 완곡하게 표현해야 한다.

그리고 오늘날의 한국에서는 청년실업이 너무 심각한 사회문제이기 때문에 이를 언급할 때 상대방에게 불쾌한 감정을 불러일으킬 수 있으며, 따라서 해당 직업과 관련된 '해고'에 대해서도 '구조조정(되다)', '옷을 벗다' 등의 완곡 표현으로 사용하려고 하는 경향이 있다. '직업과 신분'에 관한 직설 표현은 너무 광범위한데다 수량도 매우 많기 때문에 그에 해당하는 완곡 표현도 많이 사용되고 있다. 따라서 이 유형이 비교적 많은 표현들이 교육용 완곡 표현으로 선정되었다. 선정된 81개 완곡 표현에서 18.52%를 차지하며 모든 유형에서 비중 1위를 차지한다.

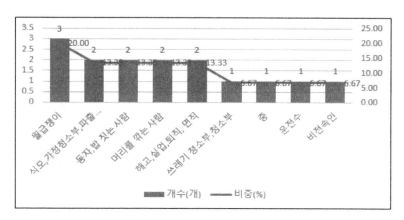

〈그림 4-10〉 직업과 신분에 관한 교육용 완곡 표현의 선정 상황

〈표 4-19〉 직업과 신분에 관한 완곡 표현

직설표현	완곡 표현
식모, 가정청소부, 파출부	아주머니
	이모
쓰레기 청소부, 청소부	환경미화원
월급쟁이	직장인
	샐러리맨
	회사원
동자, 밥 짓는 사람	요리사
	셰프
머리를 깎는 사람	미용사
	헤어디자이너
운전수	기사님
비전속인	프리랜서
중	스님
해고, 실업, 퇴직, 면직	구조조정(되다)
	옷을 벗다

'사람에 대한 평가'와 관련된 완곡 표현 가운데 4개가 교육용 완곡 표현으로 선정되었으며 모든 후보군 중 9위에 해당된다. 〈그림 4-11〉, 〈표 4-20〉를 보면 4개 표현 중에 '늙다', '늙은 이', '마르다', '후진국'에 대응한 완곡 표현들은 각각 1개씩의 표현만 있고 각각 25%를 차지하다. 사람에 대해서 평가할 때 관련된 사람의 체면이나 감정을 상하게 하기 쉽기 때문에 이를 피하기 위해 '늙다', '늙은 이', '마르다', '후진국'과 같은 직설적 표현으로 말하지 않고 완곡하게 표현해야 한다.

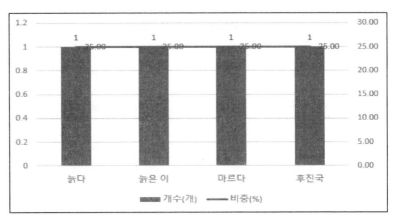

〈그림 4-11〉 사람에 대한 평가에 관한 완곡 표현의 선정 상황

〈표 4-20〉 사람에 대한 평가에 관한 완곡 표현

직설표현	완곡 표현
마르다	날씬하다
늙다, 노화	나이가 들다
늙은이, 노인	어르신
후진국	개발도상국

'부정적 행위'에 관한 완곡 표현 후보 어휘 중에 7개 표현이 교육용 완곡 표현으로 선정되었다. 〈그림 4-12〉, 〈표 4-21〉와 같이, 그 중에 직설표현인 '돈을 받다', '불법 수입'등 완곡 표현은 각각 1개의 표현이 선정되었다(7개 표현이 각각 14.29%이다). 한국에서는 다른 많은 나라들과 마찬가지로 '돈을 받다'와 같은 행위가 부정적인 행위라고 인식하기 때문에 이 부정적인 행위를 표현하고자 할 때 사람들이 돌려서 완곡 표현을 자주 쓴다.

그리고 '감옥', '감옥에 들어가다', '불법 수입', '백 그라운드(뒷배경)', '마약', '범죄 소년'이라 용어들은 부정적 행위와 관련성이 밀접한 표현들이라 이들을 언급할 때에도 완곡 표현을 사용해야 한다. 또한, 부정적인 행위가 관련된 직설 표현도 다양하고 많을 수밖에 없다. 그래서 다양한 완곡 표현이 빈번하게 활용되고 있다. 때문에 본 설문 조사 중에 5개의 완곡 표현이 선정되었고 각 종류 후보군 중에 5위이다.

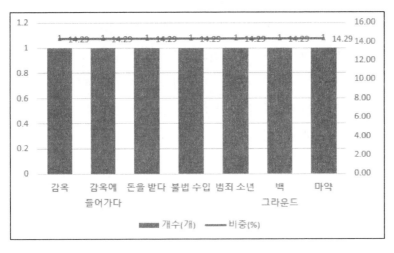

〈그림 4-12〉 부정적 행위에 관한 완곡 표현의 선정 상황

〈표 4-21〉 부정적 행위에 관한 완곡 표현

직설표현	완곡 표현
감옥	교도소
감옥에 들어가다, 감옥살이 (하다)	콩밥을 먹다
돈을 받다	봉투 받다
불법 수입	검은 돈
백 그라운드(뒷배경)	빽
마약	흰 가루/하얀 가루
범죄 소년	비행 소년

'경제'에 관한 완곡 표현 중 4개 표현이 교육용 완곡 표현으로 선정되었고 모든 후보군 중에 9위에 처한다. 〈그림 4-13〉, 〈표 4-22〉에 의해 4개 표현 중에 '빈곤하다', '빈민가'에 대응한 완곡 표현들은 각각 1개씩의 표현만 있고 각각 25%를 차지한다. '경제위기'에 관한 완곡 표현으로 2개를 선정하게 되었고 이는 50%를 차지한다. 경제에 관한 주제를 이야기할 때 상대방에게 불쾌한 감정을 쉽게 일으킬 수 있고 청화자간의 체면이나 자존심을 상하게 할 수 있기 때문에 이를 피하기 위해 '빈곤하다', '돈 없다', '경제위기'와 같은 직설적 표현을 되도록이면 자제하거나 피하거나 돌려서 완곡하게 표현하려고 한다.

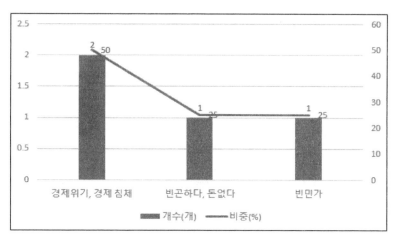

〈그림 4-13〉 경제에 관한 완곡 표현의 선정 상황

〈표 4-22〉 경제에 관한 완곡 표현

직설표현	완곡 표현
빈곤하다, 돈 없다	주머니 사정이 좋지 않다
빈민가	달동네
경제위기, 경제 침체	불경기
	불황

　　한편 역사적으로 보면 동물과 관련된 완곡 표현도 자주 사용되고 있음을 볼 수 있다. 그러나 현대 한국사회에서 동물에 의한 위협이 거의 사라지게 됨에 따라 동물에 대한 인간의 두려움도 없어져서 동물에 관한 완곡 표현이 자연히 자주 쓰이지 않게 되었다. 그러므로 설문조사 할 때 많은 응답자들은 동물에 관한 완곡 표현 후보들을 자주 사용하는 표현이라고 간주하지 않았기 때문에 동물에 관한 해당 후보 표현들이 교육용 완곡 표현으로 선정되지 못하였다.

4.4 한국어 교육용 완곡 표현 선정의 결과

이상 각 단계를 거치며 본고는 설문조사를 통해 〈표 4-23〉와 같이, 81개의 사용 빈도 높고, 현재 한국 사회 일상생활에서 보다 자주 사용되는 완곡 표현을 선정하였고 이 81개 표현을 교육용 완곡 표현으로 선정하여 외국어로서의 한국어 교육용 완곡 표현 목록으로 명명한다. 본고는 이 81개 표현을 한국어 교육용 완곡 표현 목록으로 삼은 타당성에 대해서 긍정적인 관점을 갖고 있다. 그 이유는 다음과 같다.

첫째, 자주 사용하는 완곡 표현을 교육용 완곡 표현으로 선정하는 것은 비교적 타당한 방법이다. 한국어에는 무수한 완곡 표현이 있어서 한국어 교육 과정에서 이를 일일이 설명하는 것은 불가능한 일이다. 이 때문에 일상생활 각 분야에서 가장 자주 사용하는 완곡 표현에 대한 교육을 통해 학습자가 한국 사람과 의사소통 중에 만나는 여러 분야의 완곡 표현 문제를 더욱 빠르게 해결할 수 있도록 하는데 도움을 줄 필요가 있다. 이러한 점에서 보면 본고의 교육용 완곡 표현 선정 기준은 타당성이 있다고 할 수 있겠다.

둘째, 교육용 완곡 표현의 선정 절차가 보다 합리적이며 객관적이다. 본고는 조금 더 넓은 범위에서 기초 표현자료를 구축하였고 가능한 한 많은 설문 대상자를 대상으로 설문을 실시하였다. 또한, 현재까지 한국 사회 일상생활에서 실제로 매우 자주 사용하고 있는 완곡 표현의 선정했다고 할 수 있겠다. 〈그림 4-1〉(교육용 완곡 표현 목록 선정의 절차와 방법)에 제시하는 바와 같이, 완곡 표현 전문 사전, 교재, 세종 말뭉치 등 각종의 완곡 표현 자료를 활용하기 어려운 여건 속에서 본고는 선행연구를 통해 제시되었던 모든 완곡 표현을 수집하고 기초 목록을 구축한 후 설문을 통해서 선정 시도를 하였으며, 이 점에서 본고는 동 분야 연구에 일정한 기여를 할 수 있을 것으로 본다.

그리고 이러한 방법은 선정용 완곡 표현 후보 표현 자료가 대표성을 지니는지, 문헌 근거가 있는지, 그리고 관련된 분야가 충분한지 등의 문제를 해결하기에 도움이 될 것이다.

이어서, 본고는 여러 문헌에서 수집한 완곡 표현 자료를 1차적으로 정리해서 중복된 표현들을 삭제하였다. 그 다음으로 중국어권 학습자를 대상으로 한국어를 교육한 경험이 있는 한국어 교사에게 요청하고 전문가 설문을 실시하여 본인의 경험과 본고에서 제시한 완곡 표현 판단 기준에 따라 1차적으로 정리된 모든 표현 자료에 대해서 각 표현이 완곡 표현인지 아닌지를 재검토를 하였다. 이를 통해 완곡 표현의 특성을 갖고 있는 403개의 표현이 교육용 완곡 표현 선정의 후보가 되었다. 그리고 선정 후보표현을 바탕으로 설문지를 만들어서 223명의 한국어 모어화자에게 실시한 설문 조사를 통해 더욱 빈도수 높은 81개의 완곡 표현을 추려냈고 이를 교육용 완곡 표현 목록으로 선정하였다. 선정될 완곡 표현의 성격, 각 분야에 대한 대표성, 상용성(자주 사용 하는지의 여부)을 평가하는 것이 설문의 주된 내용이었고, 설문의 성격상 설문 응답자들의 주관성을 완전히 배제할 수는 없지만 그럼에도 불구하고 비교적 합리적이고 객관적인 선정 결과로 볼 수 있겠다.

셋째, 교육용 완곡 표현의 선정 수량이 비교적 타당하다. 교육용 완곡 표현 목록은 주로 한국어 교재를 편찬하는데 참고자료용으로 제공하는 것이거나 그것으로 교재부록을 만들어서 학습자에게 학습 자료로 쓰는 것이다. 교재 편찬용 자료로서 본고에서 제시한 81개 완곡 표현들은 한국어 초, 중, 고급 교재 급수별로 30개정도를 제공할 수 있고 이 같은 규모가 비교적 적당한 것이라 판단된다. 동시에 완곡 표현에 관련된 교재부록을 편찬할 때 역시 적합하다고 생각된다. 따라서 이 논문에서 선정된 81개의 완곡 표현 수가 교육용 완곡 표현 목록으로서 타당한 표현수라고 볼 수 있다.

넷째, 본 목록은 의사소통 과정에서 일어나는 많은 유형의 화제 중에 필요한 완곡 표현을 포함해서 학습자 의사소통 과정에서 접하게 된 완곡 표현 문제를 해결하는데 유리하다. 선행 연구에 의해 완곡 표현이 필요한 유형은 주로 사망, 질병, 장애 등의 주제이다. 본고에서 선정한 교육용 완곡 표현 목록은 이러한 화제 중 자주 사용하는 표현들을 이미 포함했기 때문에 학습자에게 보다 편리하고 포괄된 주제의 차원에서 보면 타당한 것이다.

다섯째, 선정된 구체적인 표현을 고찰하면 각 표현들 역시 교육 과정에 필요한 표현들이라 판단된다. 이 81개의 표현들을 현행 한국어교재에 보이는 완곡 표현과 대조하면 그 중에 일부 표현들은 이미 교재에서 다루고 있는 표현과 동일하다. 특히 한국어 교재에서 나타난 빈도 수 높은 표현들은 본 목록에도 포함되어 있음을 볼 때 이는 본 목록에서 선정된 표현들이 합리적 타당성을 지니고 있음을 간접적으로 증명하는 것이라 할 수 있다.

<표 4-23> 한국어 교육용 완곡 표현 목록

유형분류	한국어 완곡 표현	중국어 완곡 표현
죽음	하늘로 가다	升天了
	저세상에 가다	去了另一个世界
	돌아가다	去了, 归土, 归天
	세상을 뜨다	离开人世
	하늘나라(로)가다	去天国了
	별세(別世)(하다)	辞世
	(부모를) 여의다	见背,失怙,失恃
	순교(殉教)	殉教
	초상을 치르다	办白事
	수의	寿衣
병과 상해	몸이 안 좋다	身体不好
	아프다	不舒服
	안색이 안 좋다	脸色不好
	편찮다	不舒服
	많이 안 좋다	情况不太好
	배탈(이) 나다	闹肚子
장애	장애인	残疾人
	몸이 불편한 사람	身体不方便的人
	눈이 안 보이다	眼睛看不见
	청각 장애인	听力/耳朵不好的人
	언어 장애인	不能说话的人
성	잠자리를 가지다	共寝
	부부생활	夫妻生活
	관계를 가지다/맺다/갖다	发生关系
	속도(를)위반(하다)	先上车后补票
	거기	那个, 那里
	거시기	那个

유형분류	한국어 완곡 표현	중국어 완곡 표현
	음부	阴部, 会阴部, 下体
	나체	裸体
	학문(항문)	痔瘘(肛门)
	고래잡이	包皮手术
	가슴	胸部
	섹시하다	丰满
	성폭행(력)	强暴
	유흥가	红灯区
	남대문이 열려 있다	前开门开了
가정 혼인 임신	싱글	单身
	싱글 맘	单身妈妈
	남남이 되다	成了陌路人
	헤어지다	分手
	쇼윈도 부부	琴瑟不合
	바람을 피우다	胡/乱来 / 外面有人 / 外遇
	바람이 나다	胡/乱来 / 外面有人 / 外遇
	아기를 가지다	有了
생리 배설 분비	그날	来事了
	마법에 걸리다	大姨妈来了
	대소변	大小便
	(볼)일을 보다	去洗手间
	화장실에 가다	去洗手间
	해우소	洗手间
	큰일/작은 일을 보다	大解/小解
직업 신분	이모	阿姨
	아주머니	阿姨

유형분류	한국어 완곡 표현	중국어 완곡 표현
	환경미화원	清洁工
	직장인	上班族
	회사원	公司职员
	샐러리맨	工薪阶层
	요리사	厨师
	셰프	厨师
	미용사	美发师
	헤어디자이너	发型师
	기사님	司机师傅
	프리랜서	自由职业者
	스님	师傅
	구조조정(되다)	人事变动
	옷을 벗다	炒鱿鱼
평가	날씬하다	苗条
	나이가 들다	成熟
	어르신	老人家
	개발도상국	发展中国家
부정적 행위	교도소	劳教所
	콩밥을 먹다	进去了
	봉투를 받다	收红包
	검은 돈	灰色收入
	흰가루/하얀가루	白粉
경제	빽	背景
	비행 소년	问题少年, 失足少年
	주머니 사정이 좋지 않다	手头很紧
	달동네	老城区, 贫民区
	불경기	不景气
	불황	不景气

제 5 장
|
한국어 교육용 완곡 표현의 등급화

5. 한국어 교육용 완곡 표현의 등급화

제4장에서는 한국어 교육에 필요한 어휘범주의 완곡 표현을 선정하고 그 목록을 제시하였다. 완곡 표현 선정을 위해서 먼저 완곡 표현의 선정기준, 선정 대상, 선정 절차 및 방법 등에 대해서 간단히 소개하였고, 이와 관련해서는 본고에서 설정한 절차에 따라 총 6단계로 구분하여 진행하였다. 그 결과 상용성 평가 점수가 가장 높은 81개의 한국어 완곡 표현을 선정하여 이를 교육용 완곡 표현 목록으로 제시하였다. 그리고 앞에 선정한 완곡 표현의 결과를 바탕으로 해당 목록의 타당성에 대해서도 논의를 하였다. 이 장에서는 선정된 완곡 표현의 빈도와 난이도를 분석할 것이다. 한·중 완곡 표현 대조 분석을 통해 선정된 교육용 완곡 표현의 투명도, 중국어 완곡 표현과의 유사성, 어휘의 난이도를 분석을 하고 빈도와 난이도를 복합적으로 고려한 등급화 설정 작업을 진행하여 이를 초급·중급·고급으로 나눠서 분류하고자 한다.

5.1 한국어 교육용 완곡 표현 등급화의 기준

교육용 어휘의 등급화의 기준은 보통 빈도, 어휘의 범위, 포괄성, 학습 용이성, 활용성 등을 고려할 수 있다.[45] 한국어 교육용 완곡 표현의 등급화 기준으로 본 장에서는 선행 연구를 참고해서 크게 빈도와 난이도의 두 가지 기준을 적용하고자 한다.

첫 번째 기준은 빈도이다. 빈도는 4장에서 한국어 교육용 완곡 표현을 선정할 때의 설문조사를 통해 얻은 완곡 표현 81개의 상용성에 대한 평가 점수를 사용할 것이다. 즉, 81개 선정된 완곡 표현의 상용성 평가 점수가 높을수록 해당 완곡 표현이 일상생활 중에 활용 빈도가 더욱 높다고 볼 수 있겠다. 그래서 완곡 표현의 상용성 평가 점수를 해당 표현의 활용 빈도수로 삼아서 그 빈도수를 바탕으로 한국어 교육용 완곡 표현을 등급화할 것이다.

두 번째 기준은 난이도이다. 난이도는 여러 가지 측면에서 평가해 볼 수 있다. 선행연구를 살펴보면 김정아(2002), 김선정·김성수(2006), 감나영(2008), 주수정(2010) 등은 의미투명도의 측면에서 난이도를 분석하였다. 또한 진홍화(2010), 헤마(2010) 등은 양 언어의 대응 정도(유사 정도)를 통해 난이도를 분석하였다. 그리고 김나영(2008), 주수정(2010) 등은 속담 난이도를 분석할 때 구성 어휘와 구성 문법의 난이도도 함께 분석 하였다.

---

45) 빈도는 한국어 사용의 빈도이며 우선적으로 고려해야 한다. 어휘의 범위는 사용 영역을 포함하기 때문에 중요한 요소로 작용한다. 일반적으로 장르나 사용영역을 대상으로 한다. 포괄성은 다른 어휘를 확장할 수 있는 어휘에 대한 개념이다. 학습용이성은 학습이 쉽게 이루어지는 어휘 순으로 어휘를 고르는 방법이다. 활용성은 정해진 상황에 가장 적절하고 필요한 어휘를 사용할 수 있는 어휘의 '활용성'의 기준이 될 수 있다.

즉, 의미 투명도, 양 언어의 대응 정도(유사 정도), 구성 어휘의 난이도, 문법적 난이도 등은 난이도 분석의 주요 요소라고 생각할 수 있다. 그러므로 본고는 81개의 한국어 교육용 완곡 표현을 중심으로 중국어 대응 완곡 표현의 유사성, 의미 투명도, 구성 어휘 난이도를 분석해서 각 분석 결과에 따라 81개의 완곡 표현을 등급화 할 것이다.

다음으로 빈도에 의한 등급과 각 난이도 분석에 의한 등급 간의 상관분석을 하고, 빈도와 난이도를 복합적으로 평가하는 것의 의미를 논의한 다음, 마지막으로 빈도와 각 난이도를 복합적으로 고려하여 한국어 교육용 완곡 표현을 등급화 함으로써 완곡 표현 목록을 제시하고자 한다.

이상 한국어 교육용 완곡 표현의 등급화 기준을 더욱 명확히 다시 정리하면 다음과 같다.

첫째, 선정된 교육용 완곡 표현 81개의 활용 빈도 평가 점수를 고려한다. 즉, 81개로 선정된 교육용 완곡 표현에 대한 상용성 평가 점수를 해당 표현의 활용 빈도수로 삼을 것이다.

둘째, 중국어 대응 완곡 표현과의 유사성, 의미 투명도, 구성 어휘 난이도를 고려하고 완곡 표현의 난이도를 분석할 것이다.

셋째, 선정된 교육용 완곡 표현의 빈도와 난이도의 상호관계를 분석하고 빈도와 난이도를 복합적으로 고려하여 등급화 할 것이다.

5.2 빈도에 따른 등급화

본 절에서는 제4장에서 선정된 완곡 표현 81개의 상용성에 대한 설문조사 결과를 바탕으로 활용 빈도에 의한 한국어 교육용 완곡 표현의 분포를 고찰하고 이를 등급화 하고자 한다.

4장에서 언급했던 바와 같이 본고 관련 설문 조사 결과에 따라 상용성 평가 4점 이상(4점 포함)의 81개 완곡 표현을 교육용 완곡 표현으로 선정하였다. 즉, 81개 완곡 표현의 활용 빈도 평가 점수가 모두 4점(4점 포함)과 5점 사이에 기록되어 있다고 간주할 수 있다. 이러한 활용 빈도 점수에 따라 한국어 교육용 완곡 표현의 분포를 그래프로 제시하면 다음과 같다.

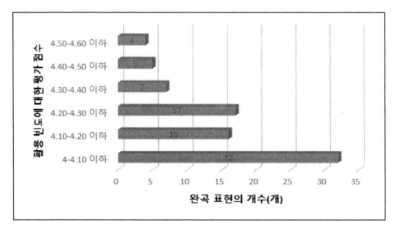

〈그림 5-1〉 빈도 평가 점수에 따른 완곡 표현 분포

〈그림 5-1〉에서 활용 빈도에 대한 평가 점수와 그 평가 점수에 해당하는 표현 개체의 수는 반비례 관계에 있게 된다. 구체적으로 설명하면 가장 높은 활용 빈도 평가 점수로부터 시작하여 활용 빈도 점수가 낮아짐에 따라 표현 개체의 수가 점차 늘어나게 되는 것이 일반적이다. 활용 빈도 점수가 높은 것에서부터 고찰하면 평가 점수 4.60부터 평가 점수 4.30까지

는 선정된 완곡 표현의 수가 4개, 5개, 7개로 점점 늘어나고 있으며, 평가 점수 4.30부터 4.10까지는 완곡 표현의 수가 17개, 16개로 2배 이상 증가하고 있으며, 평가 점수 4.10부터 4.00까지는 완곡 표현의 수가 32개로 약 4배 이상 증가하고 있다.

앞의 선행 연구에서도 언급했지만 어휘 교육 단계의 구분이 해당 어휘의 활용 빈도와 일정한 관계를 갖고 있으며 활용 빈도가 높은 어휘를 먼저 교육 시켜야 하고 보다 더 낮은 교육 단계에 제시하여야 한다. 환언하면 상대적으로 쉬운 단계의 어휘 교육 목록에 들어가야 한다.

그러므로 〈표 5-1〉에 제시하는 바와 같이 다음에는 본고에서는 완곡 표현의 활용 빈도 평가 점수를 기준으로 삼을 것이다. 4.00부터 4.60까지의 활용 평가 점수를 평균적으로 4.00-4.20(이하), 4.20-4.40(이하), 4.40-4.60(이하) 3단계로 구분한다. 그리고 구분한 3개 단계에 속한 한국어 교육용 완곡 표현을 각각 초급, 중급, 고급 단계로 등급화 하고자 한다.

〈표 5-1〉 활용 빈도에 따른 등급화 기준

구분 기준	빈도 구분	교육 단계	완곡 표현의 예
4.50-4.60 이하	높은 빈도	초급	몸이 안 좋다
4.40-4.50 이하			싱글
4.30-4.40 이하	중간 빈도	중급	아기를 가지다
4.20-4.30 이하			나이가 들다
4.10-4.20 이하	낮은 빈도	고급	프리랜서
4-4.10 이하			빽

위와 같은 등급화 기준에 의해 〈그림 5-2〉에서 보는 바와 같이 한국어 교육용 완곡 표현을 초급, 중급, 고급 3개 교육 등급으로 구분한 결과, 총

81개의 완곡 표현 중 9개 표현은 초급, 24개 표현은 중급, 48개 표현은 고급이다.

그리고 위에서 분석한 결과에 의해 한국어 교육용 완곡 표현 등급화 목록을 제시하면 다음⟨표 5-2⟩과 같다.

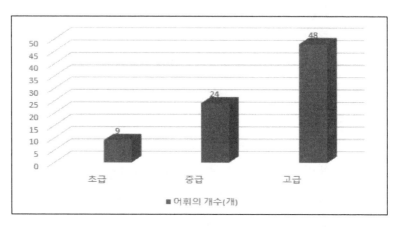

⟨그림 5-2⟩ 활용 빈도 등급화에 따른 완곡 표현 분포

⟨표 5-2⟩ 활용 빈도에 따른 완곡 표현 등급화 목록

완곡 표현	사용 빈도 평가 점수	빈도 구분	교육 단계
몸이 안 좋다	4.55	높은 빈도	초급
아프다	4.53	높은 빈도	초급
장애인	4.52	높은 빈도	초급
싱글	4.5	높은 빈도	초급
많이 안 좋다	4.43	높은 빈도	초급
가슴	4.41	높은 빈도	초급
그날	4.41	높은 빈도	초급

완곡 표현	사용 빈도 평가 점수	빈도 구분	교육 단계
화장실에 가다	4.41	높은 빈도	초급
어르신	4.41	높은 빈도	초급
아기를 가지다	4.39	중간 빈도	중급
싱글 맘	4.38	중간 빈도	중급
관계를 가지다/ 맺다/갖다	4.37	중간 빈도	중급
안색(이) 안 좋다	4.35	중간 빈도	중급
편찮다	4.34	중간 빈도	중급
하늘나라(에)가다	4.34	중간 빈도	중급
요리사	4.32	중간 빈도	중급
잠자리 (를 가지다)	4.29	중간 빈도	중급
날씬하다	4.29	중간 빈도	중급
나이가 들다	4.29	중간 빈도	중급
직장인	4.28	중간 빈도	중급
회사원	4.28	중간 빈도	중급
(볼)일을 보다	4.26	중간 빈도	중급
구조조정(되다)	4.26	중간 빈도	중급
속도(를)위반(하다)	4.25	중간 빈도	중급
배탈 나다	4.24	중간 빈도	중급
환경미화원	4.23	중간 빈도	중급
미용사	4.23	중간 빈도	중급
성폭행(력)	4.22	중간 빈도	중급
아주머니	4.22	중간 빈도	중급
교도소	4.22	중간 빈도	중급
헤어지다	4.21	중간 빈도	중급

완곡 표현	사용 빈도 평가 점수	빈도 구분	교육 단계
개발도상국	4.21	중간 빈도	중급
기사님	4.2	중간 빈도	중급
대소변	4.18	낮은 빈도	고급
프리랜서	4.18	낮은 빈도	고급
큰 일/작은 일을 보다	4.17	낮은 빈도	고급
하늘로 가다	4.16	낮은 빈도	고급
초상을 치르다	4.16	낮은 빈도	고급
눈이 안 보이다	4.16	낮은 빈도	고급
거시기	4.16	낮은 빈도	고급
몸이 불편한 사람	4.14	낮은 빈도	고급
청각 장애인	4.14	낮은 빈도	고급
항문(학문)	4.13	낮은 빈도	고급
남남이 되다	4.12	낮은 빈도	고급
이모	4.12	낮은 빈도	고급
불경기	4.11	낮은 빈도	고급
수의	4.1	낮은 빈도	고급
음부	4.1	낮은 빈도	고급
검은 돈	4.1	낮은 빈도	고급
(흙으로) 돌아가다	4.09	낮은 빈도	고급
나체	4.09	낮은 빈도	고급
섹시(하다)	4.09	낮은 빈도	고급
헤어디자이너	4.09	낮은 빈도	고급
빽	4.09	낮은 빈도	고급
마법에 걸리다	4.08	낮은 빈도	고급
쉐프/셰프	4.08	낮은 빈도	고급

완곡 표현	사용 빈도 평가 점수	빈도 구분	교육 단계
스님	4.08	낮은 빈도	고급
유흥가	4.07	낮은 빈도	고급
부부생활	4.06	낮은 빈도	고급
저 세상에 가다	4.05	낮은 빈도	고급
거기	4.05	낮은 빈도	고급
쇼윈도 부부	4.05	낮은 빈도	고급
바람을 피우다	4.05	낮은 빈도	고급
봉투 받다	4.04	낮은 빈도	고급
흰 가루/하얀 가루	4.04	낮은 빈도	고급
바람이 나다	4.03	낮은 빈도	고급
언어 장애인	4.02	낮은 빈도	고급
샐러리맨	4.02	낮은 빈도	고급
달동네	4.02	낮은 빈도	고급
불황	4.02	낮은 빈도	고급
세상을 뜨다	4.01	낮은 빈도	고급
별세(別世)(하다)	4.01	낮은 빈도	고급
순교(殉教)	4.01	낮은 빈도	고급
고래잡이	4.01	낮은 빈도	고급
해우소	4.01	낮은 빈도	고급
콩밥을 먹다	4.01	낮은 빈도	고급
주머니 사정이 좋지 않다	4.01	낮은 빈도	고급
(부모를) 여의다	4	낮은 빈도	고급
남대문이 열려 있다	4	낮은 빈도	고급
옷을 벗다	4	낮은 빈도	고급
비행 소년	4	낮은 빈도	고급

5.3 난이도에 따른 등급화

5.3.1 중국어 대응 완곡 표현과의 유사성

난이도 분석을 위해 가장 우선적으로 고찰할 내용은 대응 완곡 표현의 유사성이다. 유사성을 분석하기 위해 여러 선행연구에서는 어휘, 관용어, 속담선정 등 분야에서 어휘, 관용어, 속담의 형태, 의미 두 가지 측면에서 제1언어와 목표어간의 유사성에 대해 많은 대조 분석을 진행해온 바 있다. 대조분석 가설의 역사는 강경론기와 유연론기, 중간론기 등의 세 시기로 나누어질 수가 있다. 대조분석 가설 난이도의 위계성에 따르면 두 언어 간의 유사성이 높은 항목일수록 학습하기 쉬우며 낮을수록 학습하기가 어렵다. 「난이도의 위계성의 이론」46)은 신학풍의 응용언어학자로 자처하던 Stockwell이나 Prator 등에 의해서 만들어졌다. Prator가 UCLA의 한 강의실에서 「난이도의 위계성의 이론」이란 강의를 함으로써 대조분석에 관한 하나의 핵심 이론으로서의 자리가 보다 확실하게 굳어지게 되었다(김진우 2002: 215). 하지만 Whitman과 Jackson을 비롯한 반 대조분석자들이 이 가설은 분명히 하나의 순수이론으로서도 일정한 한계성이나 허구성을 지니고 있었고, 하나의 응용이론으로서도 분명히 일정한 한계성이나 허구성을 지니고 있었다고 비판을 했다.47) 따라서 본고에서는 위계화가설을 절대

---

46) 수준 0: 전이의 범주 두 언어 간에 아무런 상이성을 드러내고 있지 않는 언어 항목.
　　수준 1: 합동의 범주 모국어 두 개의 서로 다른 항목 존재. 목표어 한 항목으로 합쳐짐.
　　수준 2: 과소 세분화의 범주: 모국어에 있으나 목표어에 없음.
　　수준 3: 재해석의 범주: 모국어에 목표어의 언어항목이 있기는 있되 분포가 다름.
　　수준 4: 과잉 세분화의 범주: 모국어에 없는 항목이 목표어에 있음.
　　수준 5: 분할의 범주: 모국어 항목 하나가 있는데 목표어 항목 둘 이상으로 나뉘어져 있음.
47) 그 이유는 다음의 두 가지 문제를 해결하기 위해서이다. 첫 번째 것은, 구조언어학적

적인 기준으로 하거나 기계적인 대입만 하지 않고 유의한 부분만을 참고
하여 선행연구들을 재검토한 다음에 한국어와 중국어 완곡 표현 간 유의
미한 관계를 밝히고자 한다.

선행연구를 구체적으로 살펴보면 한·중 어휘 대조에 관한 선행연구
중 배재석·윤창준(2004: 98)은 한국 한자어와 중국어 어휘를 형태와 어의
를 기준으로, 크게 동형동의(同形同意)와 동형이의(同形異意), 그리고 이
형동의(異形同意) 등 3가지로 구분하여 살펴보았다. 동형동의란 '대사관'
과 '大使館', '수리하다'와 '修理'처럼 한·중 한자어의 형태소와 형태소의
배열 위치가 동일하면서 의미 역시 같은 것을 말하고, 동형이의는 '기차'와
'汽車'처럼 한·중 한자어의 형태소와 형태소의 배열 위치가 동일하지만
의미가 다른 것을 말하며, 이형동의는 '출근하다'와 '上班'처럼 의미는 같지
만 한국 한자어와 중국어 어휘의 형태소와 그 배열위치가 다른 것을 말한다.

박지영(2005: 477-491)은 동형동의어(同形同意詞), 동형국부이의어(同
形局部異意詞), 동형이의어(同形異意詞), 이형동의어(異形同意詞), 무대
응한자어(無對應漢字詞)로 한자어와 중국어 어휘의 대조 유형을 구분하
였다.

노금송(2010: 94)은 한국어를 중국어 어휘와 구조 의미적으로 대조해보
고 그 분석을 토대로 동형동의어(同形同義詞), 동형이의어(同形異義詞),
근형이의어(近形異義詞), 동소반어(同素反序詞)로 분류하였다. 동형동의
어는 형태도 같고 의미가 같은 경우를 말하고 동형이의어는 형태는 같고

인 기술방법만 사용한다면 두 언어 간의 차이점은 언제나 완전무결하게 발견 될 수
있다는 것이었고, 그중 두 번째 것은 행동주의 심리학의 원리대로 외국어 학습자에게
는 언제나 간섭의 현상을 일으키는 것이 배우기에 제일 어렵고 용이화의 현상을 일으
키는 것이 배우기에 제일 쉽다는 것이었다.

의미가 다르다는 뜻인데 또 동형근의어와 동형이의어로 나뉜다. 근형이의어는 형태가 비슷하지만 의미가 다른 경우를 말하고, 동소반어는 중국어의 어휘와 한국어의 한자어가 순서가 바뀌어 나타나지만 의미는 같은 경우를 말한 것이다.

두위(2011: 125)는 한국어, 한자어, 합성어와 중국어 이합사의 용법에 따른 대조부분에 대해 동형동의, 동형이의, 이형동의 대조 유형으로 분류하였다.

김희경(2011: 63-64)은 한중일 한자어의 일반적인 분류 방식으로 이형이의어, 이형동의어, 동형이의어, 동형동의어를 제시하며 대조언어학적 고찰을 위한 분류로 이형완전이의어, 이형부분이의어, 이형부분동의어, 이형완전동의어, 동형완전이의어, 동형부분이의어, 동형부분동의어, 동형완전동의어를 제시하였다.

侯捷 · 이은화(2014: 341)는 한국 한자어와 중국어 어휘의 대조 분류에 대한 선행 연구를 살펴보고 양자 간 대조 분류의 유형을 형태와 의미가 동일한 '동형동의어', 형태는 일치하지만 의미가 다른 '동형이의어', 의미는 유사하지만 형태가 다른 '이형동의어', 한 · 중 양국에서 사용되는 어휘의 형태와 의미가 전혀 일치하지 않는 '이형이의어'로 분류할 수 있다고 주장하였다.

이상의 대조 분류는 한 · 중 어휘의 대조에 대해 적용할 수 있을 뿐만 아니라 한 · 중 언어 대조 분석의 다른 분야에도 작용할 수 있다. 예를 들어서 한 · 중 속담 대조에 관한 연구에서 육흔(2003: 145-158)은 의미와 형태가 동일한 동의동형 속담, 뜻이 같고 표현형식이 다른 동의부동형(同意不同形)[48] 속담, 고유의 속담[49]으로 한중일 삼국 속담의 의미와 형태를 비교하였다. 그리고 배재홍(2001: 23-49)은 표현 형식은 동일하고 의미도 유사한 것(表現形式同一, 意味同一(類似)), 표현 형식은 동일하지만 의미가 다른 것(表現形式同一, 意味不同一), 표현 형식은 다르지만 의미는 같은 것(表現形式不同一, 意味同一) 등으로 한·중 속담을 구분하였다.

이진선(2006: 29-41) 역시 이와 유사하게 형식도 같고 의미도 같은 것(同形同意), 형식은 다르지만 의미는 같은 것(異形同意), 형식은 같지만 의미는 다른 것(同形異意) 등으로, 그리고 장지정(2008: 54-55)은 여기에 추가하여 형식과 의미가 같은 것(同形同意), 형식은 다르지만 의미는 같은 것(異形同意), 형식은 같지만 의미는 다른 것(同形異意), 형식도 다르고 의미도 다른 것(異形異意) 등으로 한·중 속담을 나누었다. 그리고 왕몽각(2007: 21-35)은 동일 표현의 동일 의미 유형, 부동일 표현의 동일 의미유형, 동일 표현의 부동일 의미 유형, 부동일 표현의 부동일 의미 유형으로 분류하였다.

본고는 이 선행 연구들을 참고하여 〈표 5-3〉과 〈표 5-4〉와 같이 한중 완곡 표현 대조를 통해 한국어 완곡 표현과 대응한 중국어 완곡 표현의 유사성을 동형동의(同形同意), 이형동의(異形同意), 이형이의(異形異意) 3가지 종류로 나누고 이 3가지 종류로 '쉬움', '보통임', '어려움'3가지 난이도 및 초급, 중급, 고급의 3개 교육단계로 구분 기준을 설정하였다.

---

48) 즉, 외형에 있어서 아무런 유사점이 없음에도 불구하고 그 정신이 부합하거나 일치된다는 것이다.

49) 육흔(2003:155)에서는 고유의 속담은 그 나라 특유의 소재로 만들고, 그 뜻도 다른 나라의 속담에서 찾기 힘들거나 비슷한 뜻을 표현하더라도 특유의 소재로 만들었기 때문에 설명을 들어야 겨우 이해할 수 있는 속담을 말한다. 그리고 그 표현형식도 다를 수 있다.

<표 5-3> 유사성 구분 기준의 설정

구분 기준	정의
동형동의(同形同意)	표현형식(형태)50)과 의미(양자의 직역51)과 의역 의미 포함)가 동일하거나 유사한 완곡 표현을 말한다.
이형동의(異形同意)	표현형식은 다르나 의미(양자의 직역과 의역 의미 포함)는 같은 완곡 표현을 말하는 것이다.
이형이의(異形異意)	서로 간 의역 의미가 같지만 표현형식과 직역의 의미가 서로 유사점을 찾기가 어려운 완곡 표현을 말하는 것이다. 그리고, 한국어 완곡 표현과 대응한 중국어 완곡 표현이 없는 경우도 이형이의로 간주한다.

<표 5-4> 유사성 구분에 따른 난이도와 교육단계 구분 기준의 설정

구분 기준	난이도 구분	교육 단계
동형동의(同形同意)	쉬움	초급
이형동의(異形同意)	보통임	중급
이형이의(異形異意)	어려움	고급

〈표 5-3〉, 〈표 5-4〉에 제시하는 난이도와 교육단계 설정 기준에 따라 구체적인 분류 과정은 예시를 통해 다음과 같이 설명하고자 한다.

(1) 동형동의(同形同意)

동형동의는 표현형식과 의미가 동일하거나 유사한 완곡 표현을 말한다. 〈예 5-1〉에서 한국어 직설표현 '죽다'에 대응하는 중국어 직설표현은 한자 '죽을 死'자이다. 그리고 한국어 '죽다'의 완곡 표현인 '별세(別世)'의 중국 한자어 '辞世'는 중국어 '死'자의 완곡 표현으로 쓸 수 있다. 즉, '辞世'는

---

50) 해당 표현의 형태소의 배열 위치.
51) 즉, 글자 의미.

한국어 '죽다'의 완곡 표현으로 쓸 수도 있고 중국어 '死'자의 완곡 표현으로도 쓸 수 있다. 다시 말해 한국어 '죽다'의 완곡 표현 '別世'와 중국어 '死'의 완곡 표현 '辞世'는 서로가 형식도 동일하고 의미도 동일한 동형동의의 완곡 표현이다.

동형동의의 경우에 중국어권 학습자들은 한국어 완곡 표현을 아주 쉽게 익힐 수 있다. 그 이유는 대조분석을 통해서 전이의 범주에서 한국어 중국어 두 완곡 표현 간에 아무런 상이성을 드러내고 있는 항목이 없기 때문이다. 따라서 중국어권 학습자들은 중국어로 대응하는 단어나 문장을 그대로 쉽게 찾아낼 수 있을 것이다. 한국 국내에 거주하지 않는 중국어권 학습자들은 한국어를 학습할 때 머릿속에서 자연스럽게 한국어를 중국어로 번역하는 과정을 거침으로써 한국어를 이해하고 기억하게 마련이다. 그래서 한국어 완곡 표현을 학습할 때 한 · 중 동형동의의 완곡 표현을 접하게 되면 중국 학습자들이 전혀 상이성이 드러나지 않는 한국어 완곡 표현을 쉽게 이해하고 기억하게 될 것이다. 이런 유형의 완곡 표현의 난이도는 중국어권 학습자에게는 쉬운 단계에 해당하기 때문에 한국어 교육의 초급 단계에 넣어 학습하도록 할 수 있다.

〈예 5-1〉
한국어 직설표현: 죽다(死)
중국어 직설표현: 死(죽다)
한국어 완곡 표현: 별세(別世)
중국어 완곡 표현: 辞世(별세)

(2) 이형동의(異形同意)

이형동의는 표현형식은 다르나 의미(양자의 직역과 의역 의미 모두 포함)가 같은 완곡 표현을 말하는 것이다. 형태로 볼 때는 유사점이 많지 않지만 실제 내포된 직역과 의역간의 의미가 서로 유사한 것이다. 즉, 중국어에서 이에 대응하는 완곡 표현의 의미는 같지만 형식이 다른 경우다. 이 같은 경우는 대조분석에서 수준 3에 재해석의 범주에 속한다. 즉, 모국어에 목표어의 언어항목이 있기는 있되 분포가 다른 경우다. 〈예 5-2〉에서 한국어 직설표현 '설사하다'에 대응하는 중국어 표현은 '拉肚子'이다. '설사하다'과 '拉肚子'의 완곡 표현은 각각 '배탈(이) 나다'와 '閙肚子(배탈(이) 나다)'이다. 그리고 '배탈(이) 나다'를 중국어로 직역하면 바로 '閙肚子'이다. 즉 한·중 직설표현 '설사하다'과 '拉肚子'의 완곡 표현인 '배탈(이) 나다'와 '閙肚子'는 서로의 형식은 같지 않지만 동일한 글자의 의미를 포함하고 있다. 이는 곧 한·중 완곡 표현 대조 이형동의의 대표적 사례이다.

〈예 5-2〉
한국어 직설표현: 설사하다(拉肚子)
중국어 직설표현: 拉肚子(설사하다)

한국어 완곡 표현: 배탈(이) 나다(閙肚子)
중국어 완곡 표현: 閙[52]肚子(배탈(이) 나다)

---

52) 閙는 직역하면 '엉망이 되다. 어지럽히다'의 의미이다.

중국어권 학습자들은 한·중 이형동의의 한국어 완곡 표현의 의미를 쉽게 이해 할 수 있지만 그 표현의 형식에 유의하여 기억해야 한다. 따라서 이러한 완곡 표현 학습의 난이도는 중국어권 학습자에게 보통 수준에 위치하고 있고 한국어 교육의 초급 단계에 교육을 시키는 것은 좋을 것 같다고 판단한다.

(3) 이형이의(異形異意)

이형이의는 서로 간 의역 의미가 같지만 표현 형식과 직역의 의미가 서로 유사점을 찾기가 어려운 완곡 표현을 말하는 것이다. 예를 들어 다음의 〈예 5-3〉에서 한국어 직설 표현인 '월경'의 중국어 대응 표현은 '来月经了'란 표현이다. '월경'과 '来月经了'를 한·중 완곡 표현으로 표현하면 '마법에 걸리다'와 '来例假了' 와 '大姨妈来了'로 표현할 수 있다. 그런데 '마법에 걸리다'는 중국어 '中了魔法'로 번역할 수 있지만 중국어로서의 '월경'이라는 의미는 없다. 그리고 '来例假了', '大姨妈来了'는 각각 한국어 '정기 휴가의 날이 온다', '큰 이모가 온다'로 표현 될 수 있지만 정작 '월경'이라는 뜻은 없다. 즉, '마법에 걸리다'와'来例假了', '大姨妈来了'는 의역의 차원에서는 '월경'와 '来月经了'를 완곡 표현으로 할 수 있지만 직역의 차원에서는 서로의 의미가 다르며 표현형식도 같지 않아서 양자가 이형이의의 관계이다.

〈예 5-3〉
한국어 직설표현: 월경
중국어 직설표현: 来月经了

한국어 완곡 표현: 마법에 걸리다

중국어 완곡 표현: 来例假了/来大姨妈了.

중국어권 학습자에게는 한국어 완곡 표현을 학습할 때 중국어 완곡 표현과 이형이의의 한국어 완곡 표현이 가장 어렵다고 판단한다. 그 이유는 대응되는 완곡 표현의 공통성이 없기 때문이다. 그리고 심지어 한국어에서는 완곡 표현을 써야 되는데 중국어에서는 완곡 표현을 할 필요가 없는 상황도 있다. 이런 상황에서는 학습자가 한국어 완곡 표현에 대해 이해하고 기억하기가 비교적 어렵다. 따라서 중국어와 이형이의의 완곡 표현은 중국어권 학습자에게 가장 어렵고 한국어 교수 학습의 고급 단계에서 전개하는 것이 적합하다.

이상은 유사성 구분 기준, 유사성에 의한 난이도와 교육 단계의 설정 기준에 대한 설명이다. 다음으로는 이 기준에 따라 4장에서 선정된 81개 교육용 완곡 표현에 대해서 유사성 분석, 난이도 분석과 교육 단계 구분을 진행하기로 한다.

〈그림 5-3〉에 보는 바와 같이, 위에 제시한 기준에 따라 한국어 교육용 완곡 표현의 중국어 대응 완곡 표현의 유사성을 분석한 결과, 총 81개의 선정된 완곡 표현 중 동형동의 표현은 27개 , 이형동의 표현은 23개, 이형이의 표현은 31개였다. 따라서 초급(쉬움), 중급(보통임), 고급(어려움) 교육 단계에 속한 완곡 표현은 각각 27개, 23개, 31개였다.

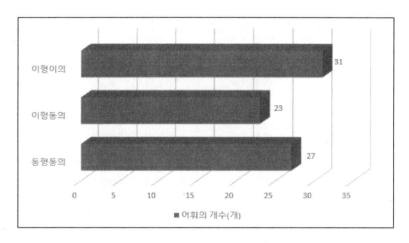

<그림 5-3> 유사성에 따른 완곡 표현 분포

그리고 위와 같은 유사성 등급화 결과에 의해 한국어 교육용 완곡 표현 등급화 목록을 중국어 대응한 완곡 표현과 같이 제시하면 다음 <표 5-5>와 같다.

<표 5-5> 유사성에 따른 완곡 표현 등급화 목록[53]

한국어 완곡 표현	중국어 완곡 표현	대조구분	난이도	교육 단계
가슴	胸部	이형동의	보통	중급
개발도상국	发展中国家	이형동의	보통	중급
거기	那个, 那里	동형동의	쉬움	초급
거시기	那个	이형이의	어려움	고급
검은 돈	灰色收入	이형동의	보통	중급

---

53) 목록에서 제시되어 있는 대응 중국어 완곡 표현은 张拱贵(1996), 『汉语委婉语词典』 (『중국어완곡어사전』)를 참고하였으나, 중국어완곡어사전에서 해당 완곡 표현이 제시되어 있지 않거나 없는 경우에는 연구자가 직접 번역하고 제시하였다.

한국어 완곡 표현	중국어 완곡 표현	대조구분	난이도	교육 단계
고래잡이	包皮手术	이형이의	어려움	고급
관계를 가지다/ 맺다/갖다	发生关系	이형동의	보통	중급
교도소	劳教所	이형동의	보통	중급
구조조정(되다)	人事变动	이형이의	어렵다	고급
그날	来事了	이형이의	어려움	고급
기사님	司机师傅	이형이의	어렵다	고급
나이가 들다	成熟	이형동의	보통	중급
나체	裸体	동형동의	쉬움	초급
날씬하다	苗条	동형동의	쉽다	초급
남남이 되다	成了陌路人	동형동의	쉬움	초급
남대문이 열려 있다	前开门开了	이형이의	어려움	고급
눈이 안 보이다	眼睛看不見	동형동의	쉬움	초급
달동네	老城区, 贫民区	이형이의	어려움	고급
대소변	大小便	동형동의	쉽다	초급
돌아가다	去了, 归土, 归天	이형이의	어려움	고급
마법에 걸리다	大姨妈来了	이형이의	어려움	고급
많이 안 좋다	情况不太好	동형동의	쉽다	초급
몸이 불편한 사람	身体不方便的人	동형동의	쉬움	초급
몸이 안 좋다	身体不好	동형동의	쉬움	초급
미용사	美发师	이형이의	어렵다	고급
바람을 피우다	乱来,外面有人,外遇	이형이의	어려움	고급
바람이 나다	乱来,外面有人,外遇	이형이의	어려움	고급
배탈(이)나다	闹肚子	이형동의	보통	중급
별세(別世)(하다)	辞世	동형동의	쉬움	초급

한국어 완곡 표현	중국어 완곡 표현	대조구분	난이도	교육 단계
봉투를 받다	收红包	이형동의	보통	중급
부부생활	夫妻生活	동형동의	쉬움	초급
불경기	不景气	동형동의	쉽다	초급
불황	不景气	이형이의	어렵다	고급
비행 소년	问题少年, 失足少年	이형이의	어렵다	고급
빽	背景	이형동의	보통	중급
샐러리맨	工薪阶层	이형동의	보통	중급
성폭행(력)	强暴	이형동의	보통	중급
세상을 뜨다	离开人世	동형동의	쉬움	초급
섹시하다	丰满	이형동의	보통	중급
셰프	厨师	이형동의	보통	중급
속도(를)위반(하다)	先上车, 后补票	이형이의	어려움	고급
쇼윈도 부부	琴瑟不和	무 대응	어려움	고급
수의	寿衣	동형동의	쉬움	초급
순교(殉教)	殉教	동형동의	쉬움	초급
스님	师傅	이형동의	보통	중급
싱글	单身	이형동의	보통	중급
싱글 맘	单身妈妈	이형동의	보통	중급
아기를 가지다	有了	이형이의	어려움	고급
아주머니	阿姨	동형동의	쉬움	초급
아프다	不舒服	이형이의	어려움	고급
안색이 안 좋다	脸色不好	동형동의	쉬움	초급
어르신	老人家	동형동의	쉽다	초급
언어 장애인	不能说话的人	이형이의	어렵다	고급
(부모를) 여의다	见背,失怙,失恃	이형이의	어려움	고급

한국어 완곡 표현	중국어 완곡 표현	대조구분	난이도	교육 단계
옷을 벗다	炒鱿鱼	이형이의	어려움	고급
요리사	厨师	이형동의	보통	중급
유흥가	红灯区	이형이의	어려움	고급
음부	阴部, 会阴部	동형동의	쉬움	초급
이모	阿姨	이형동의	보통	중급
(볼)일을 보다	去洗手间	이형이의	어려움	고급
잠자리 가지다	共寝	이형이의	어렵다	고급
장애인	残疾人	이형이의	어렵다	고급
저세상에 가다	去了另一个世界	동형동의	쉬움	초급
주머니 사정이 좋지 않다	手头很紧	이형이의	어려움	고급
직장인	上班族	이형동의	보통	중급
청각 장애인	听力/耳朵不好的人	이형이의	어렵다	고급
초상을 치르다	办白事	이형이의	어려움	고급
콩밥을 먹다	进去了	이형이의	어렵다	고급
큰일/작은 일을 보다	大解/小解	이형이의	어려움	고급
편찮다	不舒服	동형동의	쉬움	초급
프리랜서	自由职业者	이형동의	보통	중급
하늘나라(로)가다	去天国了	동형동의	쉬움	초급
하늘로 가다	升天了	동형동의	쉬움	초급
학문(항문)	痔瘘(肛门)	동형동의	쉬움	초급
해우소	洗手间	이형이의	어려움	고급
헤어디자이너	发型师	이형동의	보통	중급
헤어지다	分手	동형동의	쉬움	초급
화장실에 가다	去洗手间	동형동의	쉽다	초급
환경미화원	清洁工	이형동의	보통	중급
회사원	公司职员	이형동의	보통	중급
흰가루/하얀 가루	白粉	동형동의	쉽다	초급

5.3.2 의미 투명도에 의한 난이도 분석

다음으로는 의미 투명도 분석을 통해 선정된 완곡 표현의 난이도를 분석해서 등급화 하고자 한다.

Kellerman(1977)은 단일 어휘의 전이를 분석하고 의미 투명도를 정의하였으며 의미 투명도는 보편적인 형태-의미 관계를 전제로 하였다. 다시 말하면 어휘의 문자적 의미와 주변적 의미, 비유적 의미의 관계가 명료할 경우 투명도는 높다고 볼 수 있다. 그리고 의미 투명도가 높을수록 전이가 잘 일어난다고 이해할 수 있다.

의미 투명도에 관한 선행 연구 중에 김선정·김성수(2006)는 의미 투명성의 정도에 의해, 즉 직설적 의미로 함축적 의미를 이해할 수 있는가에 의해 반투명한 유형(초급), 반 불투명한 유형(중급), 불투명한 유형(고급)으로 구분하였다. 김나영(2008)은 한국어 교육용 속담을 구성 문법과 어휘의 난이도, 의미 투명도, 영어로의 직역 가능 여부에 의해 초급, 중급, 고급으로 나누어 제시하였다. 그리고 대응 속담의 측면에서 고찰했을 때, 같은 영어 속담이 있으면 초급, 직역 또는 의역이 가능하면 중급, 의역을 통해서만 이해가 가능하면 고급으로 분류하였다.

본고에서는 완곡 표현의 의미 투명도, 즉 완곡 표현의 문자적 의미와 해당 표현의 함축적 의미의 관계가 명료한 정도에 의해 김선정·김성수(2006) 등이 제시한 의미 투명도 기준을 참고해서 다음 〈표 5-6〉, 〈표5-7〉과 같이 의미 투명도, 난이도, 교육 단계 구분 기준을 설정하여 선정된 완곡 표현에 대한 등급화 하고자 한다.

〈표 5-6〉 의미 투명도 구분 기준의 설정

구분 기준	정의
반투명	문자적 의미로 그의 함축적 의미를 비교적 쉽게 예측할 수 있는 완곡 표현
반불투명	문자적 의미로 그의 함축적 의미를 어느 정도 예측할 수 있으나 문화적 설명을 필요로 하는 완곡 표현
불투명	문자적 의미로 그의 함축적 의미를 예측하기 어려우며, 표현과 관련된 유래담이나 한국 문화에 대한 배경 설명을 필요로 하는 완곡 표현

〈표 5-7〉 의미 투명도 구분에 따른 난이도와 등급화 기준의 설정

구분 기준	난이도 구분	교육 단계
반투명	쉬움	초급
반불투명	보통임	중급
불투명	어려움	고급

위와 같은 기준에 의해 〈그림 5-4〉와 같이 한국어 교육용 완곡 표현의 의미 투명도를 분석한 결과, 총 81개의 완곡 표현 중 27개의 표현은 의미 투명도 반투명, 33개의 표현은 반불투명, 21개의 표현은 불투명이다.

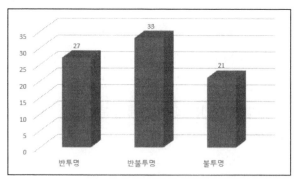

〈그림 5-4〉 의미 투명도에 따른 완곡 표현 분포

그리고 위에 있는 의미 투명도 분석 결과에 의해 한국어 교육용 완곡 표현 의미 투명도, 난이도, 교육 단계 등급화 목록을 제시하면 다음 〈표 5-8〉와 같다.

〈표 5-8〉 의미 투명도에 따른 완곡 표현 등급화 목록

한국어 완곡 표현	의미 투명도	난이도	교육 단계
가슴	반불투명	보통	중급
개발도상국	반불투명	보통	중급
거기	반불투명	보통	중급
거시기	불투명	어려움	고급
검은 돈	반불투명	보통	중급
고래잡이	불투명	어려움	고급
관계를 가지다/맺다/갖다	반불투명	보통	중급
교도소	반불투명	보통	중급
구조조정(되다)	불투명	어려움	고급
그날	반불투명	보통	중급
기사님	반투명	쉬움	초급
나이가 들다	반투명	쉬움	초급
나체	반투명	쉬움	초급
날씬하다	반투명	쉬움	초급
남남이 되다	반불투명	보통	중급
남대문이 열려 있다	불투명	어려움	고급
눈이 안 보이다	반투명	쉬움	초급
달동네	불투명	어려움	고급
대소변	반투명	쉬움	초급
돌아가다	불투명	어려움	고급
마법에 걸리다	불투명	어려움	고급
많이 안 좋다	반불투명	보통	중급
몸이 불편한 사람	반투명	쉬움	초급

한국어 완곡 표현	의미 투명도	난이도	교육 단계
몸이 안 좋다	반불투명	보통	중급
미용사	반투명	쉬움	초급
바람을 피우다	불투명	어려움	고급
바람이 나다	불투명	어려움	고급
배탈(이) 나다	반불투명	보통	중급
별세(別世)(하다)	반투명	쉬움	초급
봉투를 받다	반불투명	보통	중급
부부생활	반불투명	보통	중급
불경기	반투명	쉬움	초급
불황	불투명	어려움	고급
비행 소년	반불투명	보통	중급
빽(뒷배경)	반불투명	보통	중급
샐러리맨	반불투명	보통	중급
성폭행(력)	반불투명	보통	중급
세상을 뜨다	반투명	쉬움	초급
섹시하다	반불투명	보통	중급
셰프	반불투명	보통	중급
속도(를)위반(하다)	반불투명	보통	중급
쇼윈도 부부	불투명	어려움	고급
수의	불투명	어려움	고급
순교(殉教)	반투명	쉬움	초급
스님	반불투명	보통	중급
싱글	반불투명	보통	중급
싱글 맘	반불투명	보통	중급
아기를 가지다	반투명	쉬움	초급
아주머니	반불투명	보통	중급
아프다	불투명	어려움	고급
안색이 안 좋다	반불투명	보통	중급
어르신	반투명	쉬움	초급

한국어 완곡 표현	의미 투명도	난이도	교육 단계
언어 장애인	반투명	쉬움	초급
(부모를) 여의다	불투명	어려움	고급
옷을 벗다	불투명	어려움	고급
요리사	반투명	쉬움	초급
유흥가	불투명	어려움	고급
음부	반불투명	보통	중급
이모	반불투명	보통	중급
(볼)일을 보다	불투명	어려움	고급
잠자리 가지다	불투명	어려움	고급
장애인	반투명	쉬움	초급
저 세상에 가다	반투명	쉬움	초급
주머니 사정이 좋지 않다	반투명	쉬움	초급
직장인	반투명	쉬움	초급
청각 장애인	반투명	쉬움	초급
초상을 치르다	반불투명	보통	중급
콩밥을 먹다	불투명	어려움	고급
큰 일/작은 일을 보다	불투명	어려움	고급
편찮다	반투명	쉬움	초급
프리랜서	반불투명	보통	중급
하늘나라(로)가다	반투명	쉬움	초급
하늘로 가다	반투명	쉬움	초급
학문(항문)	반투명	쉬움	초급
해우소	불투명	어려움	고급
헤어디자이너	반불투명	보통	중급
헤어지다	반불투명	보통	중급
화장실에 가다	반투명	쉬움	초급
환경미화원	반불투명	보통	중급
회사원	반투명	쉬움	초급
흰 가루/하얀 가루	반불투명	보통	중급

5.3.3 어휘 난이도에 의한 난이도 분석

다음으로 완곡 표현을 구성하는 어휘의 난이도에 의한 난이도와 등급화를 하고자 한다. 비록 어떤 완곡 표현이 자신의 형태나 의미와 비슷한 대응 완곡 표현이 존재하며, 의미적으로 투명하다 할지라도 완곡 표현에 포함된 구성 어휘 자체가 어렵다면 그 완곡 표현은 한국어 학습자에게 어려울 수 있기 때문이다.

국립국어원에서 발행한『국제 통용 한국어교육 표준 모형 개발 2단계』[54])에서는 수많은 어휘, 문법에 대해서 이를 초급, 중급, 고급으로 등급화 판정을 진행하였다. 그래서 본고에서는『국제 통용 한국어교육 표준 모형 개발 2단계』의 등급화 판정 결과를 완곡 표현의 구성 어휘에 대한 난이도 및 등급화의 판단 기준[55])으로 하며 해당 완곡 표현의 구성 어휘 중 등급에서 제일 높은 어휘의 등급을 해당 완곡 표현의 등급 판단 기준으로 하였다. 예를 들면 '초상을 치르다'는 초상(고급), 을(초급), 치르다(중

---

54) 2010년도에 개발된 '국제 통용 한국어교육 표준 모형 1단계' 연구를 구체화하여 표준 교수요목과 표준 교육과정의 변이형을 개발함으로써 표준 교육과정의 범용화, 범세계화를 도모하는 것을 목적으로 한 연구이다. 1단계 연구에서는 한국어 교육 표준 등급을 7등급화 하였으며, 각 등급의 목표 및 내용 기술범주를 화제, 언어지식, 언어기술, 문화로 나누어 설정하였다. 또한 표준 교육과정 적용의 변이형을 세종학당 모형, 결혼 이민자 모형, 사회통합 프로그램 모형으로 제시하였다. 2단계에서는 이와 같은 1단계 연구의 내용이 실제 한국어 교육 현장에서 실효를 거두기 위해서는 교육 내용의 핵심 사항을 정리한 표준 교수요목을 개발하였다. 현재 국내 및 국외 교육 기관에서의 비체계적이고 상호 독립적인 모습을 보이고 있는 교육과정의 등급, 등급 내용, 등급 범주의 체계성 및 통일성을 확보하고, 향후 신설되고 및 개편되는 교육 기관에서 표준적인 역할을 할 수 있게 하고 또한 표준적인 한국어 교재 및 한국어 평가 방안을 마련의 기반이 되어 줄 모형이고 따라서 본고에서『국제 통용 한국어교육 표준 모형 개발 2단계』에서 제시한 표준 '어휘 목록'을 적용하여 체계적으로 등급화 하고자 한다.
55)『국제 통용 한국어교육 표준 모형 개발 2단계』어휘 목록에서 수록 되지 않은 표현은 본고에서 고급으로 분류하겠다.

급)로 구성되므로 난이도와 교육 단계는 각각 '어려움'이어서, 고급이
된다.

따라서 구성 어휘 난이도에 의해 한국어 교육용 완곡 표현 분포는 다음
〈그림 5-5〉과 같이 정리할 수 있다.

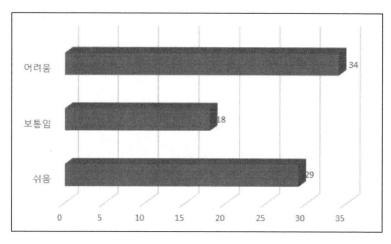

〈그림 5-5〉 구성 어휘 난이도에 따른 완곡 표현의 분포

그리고 위에 있는 어휘 난이도 분석 결과에 의해 한국어 교육용 완곡
표현 의 난이도, 교육 단계 등급화 목록을 제시하면 다음 〈표 5-9〉와 같다.

〈표 5-9〉 어휘 난이도에 따른 완곡 표현 등급화 목록

한국어 완곡 표현	난이도 구성	난이도	교육 단계
가슴	가슴(초급)	쉬움	초급
개발도상국	개발도상국(고급)	어려움	고급
거기	거기(초급)	쉬움	초급
거시기	거시기(고급)	어려움	고급

한국어 완곡 표현	난이도 구성	난이도	교육 단계
검은 돈	검은(초급)+돈(초급)	쉬움	초급
고래잡이	고래(고급)+잡이(중급)	어려움	고급
관계를 가지다	관계(초급)+를(초급)+가지다(초급)	쉬움	초급
교도소	교도소(고급)	어려움	고급
구조조정(되다)	구조(중급)+조정(중급)+하다(초급)	보통	중급
그날	그날(초급)	쉬움	초급
기사님	기사님(중급)	보통	중급
나이가 들다	나이(초급)+가(초급)+들다(초급)	쉬움	초급
나체	나체(고급)	어려움	고급
날씬하다	날씬(중급)+하다(초급)	보통	중급
남남이 되다	남남(중급)+이(초급)+되다(초급)	보통	중급
남대문이 열려 있다	남대문(중급)+이(초급)+열려(초급)+있다(초급)	보통	중급
눈이 안 보이다	눈(초급)+이(초급)+안(초급)+보이다(초급)	쉬움	초급
달동네	달동네(초급)	쉬움	초급
대소변	대소변(고급)	어려움	고급
돌아가다	돌아가다(초급)	쉬움	초급
마법에 걸리다	마법(고급)+에(초급)+걸리다(초급)	어려움	고급
많이 안 좋다	많이(초급)+안(초급)+좋다(초급)	쉬움	초급
몸이 불편한 사람	몸(초급)+이(초급)+불편한(초급)+사람(초급)	쉬움	초급
몸이 안 좋다	몸(초급)+이(초급)+안(초급)+좋다(초급)	쉬움	초급
미용사	미용(고급)+사(중급)	어려움	고급

한국어 완곡 표현	난이도 구성	난이도	교육 단계
바람을 피우다	바람(초급)+을(초급) +피우다(중급)	보통	중급
바람이 나다	바람(초급)+이(초급) +나다(초급)	쉬움	초급
배탈(이) 나다	배탈(고급)+이(초급) +나다(초급)	어려움	고급
별세(別世)(하다)	별세(고급)+하다(초급)	어려움	고급
봉투를 받다	봉투(초급)+를(초급) +받다(초급)	쉬움	초급
부부생활	부부(초급)+생활(초급)	쉬움	초급
불경기	불경기(중급)	보통	중급
불황	불황(고급)	어려움	고급
비행 소년	비행(중급)+소년(중급)	보통	중급
빽(뒷배경)	빽(고급)	어려움	고급
샐러리맨	샐러리맨(고급)	어려움	고급
성폭행(력)	성(초급)+폭행(고급)	어려움	고급
세상을 뜨다	세상(초급)+을(초급) +뜨다(초급)	쉬움	초급
섹시하다	섹시(고급)+하다(초급)	어려움	고급
셰프	셰프(고급)	어려움	고급
속도(를)위반(하다)	속도(초급)+를(초급) +위반(중급)+하다(초급)	보통	중급
쇼윈도 부부	쇼(중급)+윈도(고급) +부부(초급)	어려움	고급
수의	수의(고급)	어려움	고급
순교(殉教)	순교(고급)	어려움	고급
스님	스님(중급)	보통	중급
싱글	싱글(고급)	어려움	고급
싱글 맘	싱글(고급)+맘(고급)	어려움	고급
아기를 가지다	아기(초급)+를(초급) +가지다(초급)	쉬움	초급

한국어 완곡 표현	난이도 구성	난이도	교육 단계
아주머니	아주머니(초급)	쉬움	초급
아프다	아프다(초급)	쉬움	초급
안색이 안 좋다	안색(고급)+이(초급) +안(초급)+좋다(초급)	어려움	고급
어르신	어르신(초급)	쉬움	초급
언어 장애인	언어(초급)+장애인(중급)	보통	중급
(부모를) 여의다	여의다(고급)	어려움	고급
옷을 벗다	옷(초급)+을(초급) +벗다(초급)	쉬움	초급
요리사	요리(초급)+사(중급)	보통	중급
유흥가	유흥가(고급)	어려움	고급
음부	음부(고급)	어려움	고급
이모	이모(초급)	쉬움	초급
(볼)일을 보다	(볼)일(고급)+을(초급) +보다(초급)	어려움	고급
잠자리 가지다	잠자리(중급)+가지다(초급)	보통	중급
장애인	장애인(중급)	보통	중급
저 세상에 가다	저(초급)+세상(초급) +에(초급)+가다(초급)	쉬움	초급
주머니 사정이 좋지 않다	주머니(초급)+사정(중급) +이(초급)+좋지 않다(초급)	보통	중급
직장인	직장인(중급)	보통	중급
청각 장애인	청각(고급)+장애인(중급)	어려움	고급
초상을 치르다	초상(고급)+을(초급) +치르다(중급)	어려움	고급
콩밥을 먹다	콩밥(고급)+을(초급) +먹다(초급)	어려움	고급
큰 일/작은 일을 보다	큰일(초급)/작은일(초급) +을(초급)+보다(초급)	쉬움	초급
편찮다	편찮다(초급)	쉬움	초급
프리랜서	프리랜서(고급)	어려움	고급

한국어 완곡 표현	난이도 구성	난이도	교육 단계
하늘나라(로)가다	하늘(초급)+나라(초급) +(로)(초급)+가다(초급)	쉬움	초급
하늘로 가다	하늘(초급)+로(초급) +가다(초급)	쉬움	초급
항문(학문)	항문(고급)	어려움	고급
해우소	해우소(고급)	어려움	고급
헤어디자이너	헤어디자이너(고급)	어려움	고급
헤어지다	헤어지다(초급)	쉬움	초급
화장실에 가다	화장실(초급)+에(초급) +가다(초급)	쉬움	초급
환경미화원	환경(중급)+미화원(고급)	어려움	고급
회사원	회사원(중급)	보통	중급
흰가루/하얀 가루	흰/하얀(초급)+가루(중급)	보통	중급

5.4 빈도와 난이도를 복합적으로 고려한 등급화

5.4.1 빈도와 난이도 등급화 결과 간의 상관분석

본 절에서는 선정된 81개의 한국어 교육용 완곡 표현에 대해 빈도와 난이도를 복합적으로 고려해서 등급화하고자 한다. 그러므로 복합적으로 등급화에 대한 분석하기 전에 먼저 완곡 표현 빈도에 의한 등급화, 유사성에 의한 등급화, 의미 투명도에 의한 등급화, 어휘 난이도에 의한 등급화 결과 간의 상관관계를 분석 작업을 진행하며, 이를 바탕으로 빈도와 난이도를 모두 고려한 등급화에 대한 빈도 등급화, 난이도 등급화(유사성에 따른 등급화, 의미 투명도에 따른 등급화, 어휘 난이도에 따른 등급화)가 각각 내재된 의의를 규명해보고자 한다.

완곡 표현 활용 빈도에 의한 등급화, 유사성에 의한 등급화, 의미 투명도에 의한 등급화, 어휘 난이도에 의한 등급화 결과 간의 상관관계 분석을 위해서는 먼저 등급화 결과에 대해 점수를 부여해야 한다. 이를 위해 빈도에 따른 등급화, 유사성에 따른 등급화, 의미 투명도에 따른 등급화, 어휘 난이도에 따른 등급화 결과는 모두 초급, 중급, 고급으로 구분하여 등급화하였다. 그리고 초급, 중급, 고급 등급은 모두 통일적으로 1점(초급), 2점(중급), 3점(고급)을 각각 부여하였다. 이에 의해 빈도에 따른 등급화, 유사성에 따른 등급화, 의미 투명도에 따른 등급화, 어휘 난이도에 따른 등급화 결과의 점수 부여 상황은 다음 〈표 5-10〉와 같다.

〈표 5-10〉 빈도와 각 난이도 분석의 점수 부여 상황

한국어 완곡 표현	빈도 점수	유사성 점수	의미투명도 점수	어휘 난이도 점수
가슴	1	2	2	1
개발도상국	2	2	2	3
거기	3	1	2	1
거시기	3	3	3	3
검은 돈	3	2	2	1
고래잡이	3	3	3	3
관계를 가지다	2	2	2	1
교도소	2	2	2	3
구조조정(되다)	2	3	3	2
그날	1	3	2	1
기사님	2	3	1	2
나이가 들다	2	2	1	1
나체	3	1	1	3
날씬하다	2	1	1	2

한국어 완곡 표현	빈도 점수	유사성 점수	의미투명도 점수	어휘 난이도 점수
남남이 되다	3	1	2	2
남대문이 열려 있다	3	3	3	2
눈이 안 보이다	3	1	1	1
달동네	3	3	3	1
대소변	3	1	1	3
돌아가(시)다	3	3	3	1
마법에 걸리다	3	3	3	3
많이 안 좋다	1	1	2	1
몸이 불편한 사람	3	1	1	1
몸이 안 좋다	1	1	2	1
미용사	2	3	1	3
바람을 피우다	3	3	3	2
바람이 나다	3	3	3	1
배탈(이) 나다	2	2	2	3
별세(別世)(하다)	3	1	1	3
봉투를 받다	3	2	2	1
부부생활	3	1	2	1
불경기	3	1	1	2
불황	3	3	3	3
비행 소년	3	3	2	2
빽(뒷배경)	3	2	2	3
샐러리맨	3	2	2	3
성폭행(력)	2	2	2	3
세상을 뜨다	3	1	1	1
섹시하다	3	2	2	3
셰프/쉐프	2	2	2	3
속도(를)위반(하다)	3	3	2	2
쇼윈도 부부	3	3	3	3

한국어 완곡 표현	빈도 점수	유사성 점수	의미투명도 점수	어휘 난이도 점수
수의	3	1	3	3
순교(殉教)	3	1	1	3
스님	3	2	2	2
싱글	1	2	2	3
싱글 맘	2	2	2	3
아기를 가지다	2	3	1	1
아주머니	2	1	2	1
아프다	1	3	3	1
안색이 안 좋다	2	1	2	3
어르신	1	1	1	1
언어 장애인	3	3	1	2
(부모를) 여의다	3	3	3	3
옷을 벗다	3	3	3	1
요리사	2	2	1	2
유흥가	3	3	3	3
음부	3	1	2	3
이모	3	2	2	1
(볼)일을 보다	2	3	3	3
잠자리 가지다	2	3	3	2
장애인	1	3	1	2
저 세상에 가다	3	1	1	1
주머니 사정이 좋지 않다	3	3	1	2
직장인	2	2	1	2
청각 장애인	3	3	1	3
초상을 치르다	3	3	2	3
콩밥을 먹다	3	3	3	3
큰 일/작은 일을 보다	3	3	3	1

한국어 완곡 표현	빈도 점수	유사성 점수	의미투명도 점수	어휘 난이도 점수
편찮다	2	1	1	1
프리랜서	3	2	2	3
하늘나라(로)가다	2	1	1	1
하늘로 가다	3	1	1	1
항문(학문)	3	1	1	3
해우소	3	3	3	3
헤어디자이너	3	2	2	3
헤어지다	2	1	2	1
화장실에 가다	1	1	1	1
환경미화원	2	2	2	3
회사원	2	2	1	2
흰가루/하얀 가루	3	1	2	2

주: 초급=1점, 중급=2점, 고급=3점

각 등급화에 대한 점수를 부여한 후에 본고는 SPSS20의 피어슨 상관관계(Pearson Correlation)로 4개 등급화 결과 간의 상관관계 분석을 실시하였다. 분석 결과는 〈표 5-11〉에 기록되어 있다. 81개 완곡 표현 활용 빈도 등급화 점수와 중국어 대응 완곡 표현과의 유사성 등급화 점수 간의 상관관계를 분석한 결과, 상관계수는 0.087이며, 유의 수준 0.01나 0.05에서 통계적으로 유의미하지 않았다. 다시 말하면, 이들은 통계적으로 유의미한 상관관계가 없음을 보여주고 있다. 그리고 활용 빈도 등급화 점수와 의미투명도 점수의 경우, 상관계수는 0.185이며, 유의수준 0.01나 0.05에서 통계적으로 유의미하지 않았다. 즉, 이들도 통계적으로 상관관계를 갖고 있지 않음을 알 수 있다.

또한, 활용 빈도 등급화 점수와 어휘 난이도 등급화의 경우, 상관계수는 0.237이며 유의수준 0.05에서 통계적으로 유의미하였다. 즉, 이들의 상관계수가 0.4 미만이므로 낮은 수준에서 유의미한 양의 상관관계를 가짐을 알 수 있었다. 그리고 마찬가지로 중국어 대응 완곡 표현과 유사성 등급화 점수와 의미 투명도 점수의 상관계수가 0.540이며 유의수준 0.01에서 통계적으로 유의미하였다. 중국어 대응 완곡 표현과 유사성 등급화 점수와 어휘 난이도 점수의 상관계수는 0.195이으로 나타났는데 이는 유의수준 0.01나 0.05에서 통계적으로 유의미하지 않았다. 의미 투명도 등급화 점수와 어휘 난이도 점수의 상관계수가 0.172이며 유의수준 0.01나 0.05에서 역시 통계적으로 유의미하지 않았다.

〈표 5-11〉 상관관계 분석의 결과

등급화 구분의 평가 요소	상관관계 분석 결과에 관한 항목	활용 빈도	중국어 대응 완곡 표현과 유사성	의미 투명도	어휘 난이도
활용 빈도	Pearson Correlation	1	.087	.185	.237*
	Sig. (2-tailed)		.442	.098	.033
	N	81	81	81	81
중국어 대응 완곡 표현과 유사성	Pearson Correlation	.087	1	.540**	.195
	Sig. (2-tailed)	.442		.000	.081
	N	81	81	81	81
의미 투명도	Pearson Correlation	.185	.540**	1	.172
	Sig. (2-tailed)	.098	.000		.126
	N	81	81	81	81

어휘 난이도	Pearson Correlation	.237*	.195	.172	1
	Sig. (2-tailed)	.033	.081	.126	
	N	81	81	81	81

주: *. 상관계수는 0.05수준(양쪽)에서 유의함.
  **. 상관계수는 0.01수준(양쪽)에서 유의함.

위의 상관관계 분석 결과에 따라 각 등급화 점수 간의 상관계수가 대체적으로 낮음을 알 수 있으며, 따라서 각 등급화 결과 간의 상관관계가 없거나 또는 있다고 해도 그렇게 강하지 않다는 것을 확인할 수 있었다. 이러한 결과는 각 등급화 결과 간에 평가하는 영역이 서로 다르며 각 등급화 결과는 서로 독립적으로 존재하거나 비교적 약하게 관련되어 있다고 이해할 수 있다. 다시 말하면 난이도 평가에 있어서 난이도 등급화에 관한 세 가지 측정 방법 중 어느 한 가지 만으로는 난이도 전체를 평가할 수 없으며, 보다 더욱 전면적인 결과를 얻기를 위해 세 가지 평가 결과를 전부 고려하는 것이 더 타당하다는 것이다. 그리고 교육용 완곡 표현에 대한 등급화를 하자고 할 때 난이도만 고려하는 것보다 난이도와 빈도를 함께 고려하는 것이 더 타당하다고 볼 수 있다. 이에 따라 완곡 표현을 등급화 하기 위해서는 4가지 방법으로 분석한 4가지 등급화 결과 모두를 복합적으로 고려할 필요가 있음을 알 수 있다.

5.4.2 빈도와 난이도 등급화 결과 제시

5.3에서의 분석 결과를 바탕으로 본 절에서는 빈도와 난이도를 모두 고려해서 한국어 교육용 완곡 표현을 등급화 하고자 한다. 완곡 표현 등급화

의 구체적인 방법은 다음과 같다.

빈도 등급 결과와 난이도 등급 결과를 각각 점수로 환산해서 전부 결과의 합을 빈도·난이도 통합 등급 점수로 계산한다. 활용 빈도와 난이도가 각자 초급(1점), 중급(2점), 고급(3점)으로 구분되었으므로 통합 등급 가장 낮은 점수는 4점이고 가장 높은 점수는 12점이 된다. 따라서 빈도·난이도 통합 등급이 초급, 중급, 고급으로 구분된다면 초, 중, 고급 판단 기준은 다음 〈표 5-12〉와 같이 정해야 한다. 즉, 4, 5, 6점은 초급, 7, 8, 9점은 중급, 10, 11, 12점은 고급으로 삼는다.

〈표 5-12〉 빈도와 난이도를 함께 고려한 등급화 구분의 기준

구분 기준	난이도 구분	교육 단계
4점, 5점, 6점	쉬움	초급
7점, 8점, 9점	보통임	중급
10점, 11점, 12점	어려움	고급

위와 같은 기준에 의해 〈그림 5-6〉에 보는 바와 같이 한국어 교육용 완곡 표현을 빈도와 난이도를 함께 고려하여 3가지 최종 등급으로 구분한 결과, 총 81개의 완곡 표현 중 16개 표현은 초급, 36개 표현은 중급, 29개 표현은 고급이었다.

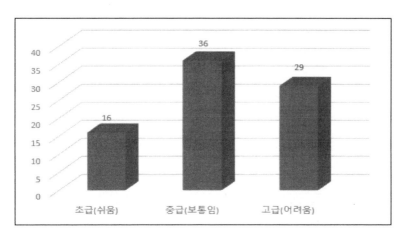

〈그림 5-6〉 빈도와 난이도를 함께 고려한 완곡 표현의 등급화 분포

그리고 이러한 빈도와 난이도를 함께 고려한 등급에 의한 한국어 교육용 완곡 표현 등급화 목록을 표로 제시하면 다음 〈표 5-13〉과 같다.

〈표 5-13〉 빈도와 난이도를 함께 고려한 등급화 구분의 결과

한국어 완곡 표현	등급화 점수	난이도	교육단계
가슴	6	쉬움	초급
개발도상국	9	보통임	중급
거기	7	보통임	중급
거시기	12	어려움	고급
검은 돈	8	보통임	중급
고래잡이	12	어려움	고급
관계를 가지다	7	보통임	중급
교도소	9	보통임	중급
구조조정(되다)	10	어려움	고급
그날	7	보통임	중급

한국어 완곡 표현	등급화 점수	난이도	교육단계
기사님	8	보통임	중급
나이가 들다	6	쉬움	초급
나체	8	보통임	중급
날씬하다	6	쉬움	초급
남남이 되다	8	보통임	중급
남대문이 열려 있다	11	어려움	고급
눈이 안 보이다	6	쉬움	초급
달동네	10	어려움	고급
대소변	8	보통임	중급
돌아가(시)다	10	어려움	고급
마법에 걸리다	12	어려움	고급
많이 안 좋다	5	쉬움	초급
몸이 불편한 사람	6	쉬움	초급
몸이 안 좋다	5	쉬움	초급
미용사	9	보통임	중급
바람을 피우다	11	어려움	고급
바람이 나다	10	어려움	고급
배탈(이) 나다	9	보통임	중급
별세(別世)(하다)	8	보통임	중급
봉투를 받다	8	보통임	중급
부부생활	7	보통임	중급
불경기	7	보통임	중급
불황	12	어려움	고급
비행 소년	10	어려움	고급
빽(뒷배경)	10	어려움	고급
샐러리맨	10	어려움	고급
성폭행(력)	9	보통임	중급
세상을 뜨다	6	쉬움	초급
섹시하다	10	어려움	고급

한국어 완곡 표현	등급화 점수	난이도	교육단계
셰프	9	보통임	중급
속도(를)위반(하다)	10	어려움	고급
쇼윈도 부부	12	어려움	고급
수의	10	어려움	고급
순교(殉教)	8	보통임	중급
스님	9	보통임	중급
싱글	8	보통임	중급
싱글 맘	9	보통임	중급
아기를 가지다	7	보통임	중급
아주머니	6	쉬움	초급
아프다	8	보통임	중급
안색이 안 좋다	8	보통임	중급
어르신	4	쉬움	초급
언어 장애인	9	보통임	중급
(부모를) 여의다	12	어려움	고급
옷을 벗다	10	어려움	고급
요리사	7	보통임	중급
유흥가	12	어려움	고급
음부	9	보통임	중급
이모	8	보통임	중급
(볼)일을 보다	11	어려움	고급
잠자리 가지다	10	어려움	고급
장애인	7	보통임	중급
저 세상에 가다	6	쉬움	초급
주머니 사정이 좋지 않다	9	보통임	중급
직장인	7	보통임	중급
청각 장애인	10	어려움	고급
초상을 치르다	11	어려움	고급
콩밥을 먹다	12	어려움	고급

한국어 완곡 표현	등급화 점수	난이도	교육단계
큰 일/작은 일을 보다	10	어려움	고급
편찮다	5	쉬움	초급
프리랜서	10	어려움	고급
하늘나라(로)가다	5	쉬움	초급
하늘로 가다	6	쉬움	초급
항문(학문)	8	보통임	중급
해우소	12	어려움	고급
헤어디자이너	10	어려움	고급
헤어지다	6	쉬움	초급
화장실에 가다	4	쉬움	초급
환경미화원	9	보통임	중급
회사원	7	보통임	중급
흰가루/하얀 가루	8	보통임	중급

5.5 선정된 완곡 표현의 교육 단계별 등급화

이 절에서는 빈도, 난이도와 교육 단계의 설정 기준에 따라 4장에서 선정된 81개 교육용 완곡 표현에 대해서 유형별로 선정된 표현을 등급화 분석과 교육 단계 설정을 진행할 예정이다. 유형별 분석과 단계 구분은 구체적으로 다음과 같다.

5.5.1 죽음에 관한 완곡 표현

한국어에서 인간의 죽음에 대한 직설 표현은 '죽다'이다. 중국어에서 인간의 죽음에 대해 직접적으로 표현하는 단어는 '死'다. 오래전부터 인간은 죽음에 대한 두려움이 있기 때문에 이는 금기로 전해내려 왔다. 따라서 죽음에 해당하는 완곡 표현은 여러 가지가 존재한다. 본고에서 조사한 바에 따르면 완곡 표현은 죽음과 성에 관하여 가장 많이 나타나고 있음을 볼 수 있다. '죽음' '죽음의 원인' '죽은 자의 신분' '죽은 자의 신앙' '죽은 후의 상황' '장례' '무덤 장지'등 유형별로 하면 무려 93개가 넘는다.[56] 그 이유는 한국 민속에서 부정이나 금기의 대상이 되는 것들 가운데 가장 대표적인 것 중 하나가 바로 죽음이나 성과 관계된 것들이었기 때문이다 (김열규 1978). 여기서는 죽음에 관한 완곡 표현을 살펴보기로 한다.

(1) 하늘로 가다

'하늘로 가다'는 '죽다'의 완곡 표현이다. '죽다'라는 단어를 듣게 되면 사람은 공포와 비통함을 느끼게 되며, 어떤 사람이 죽었을 때 '죽다'를 직접적으로 사용하면 죽은 이를 존중하지 않는 듯한 느낌을 주기 때문에 보통은 이 단어의 사용을 피한다. '하늘로 가다'는 '죽다'를 대신하여 다른 말로써 완곡하게 표현하는 어감을 지닌다. '그 사람이 죽었어. (那个人死了)'라는 표현은 죽은 사람의 불행한 상황을 너무 직접적으로 드러내게 되는 것 같은 꺼려짐이 수반된다. 그래서 그 대신 좋은 어감을 지닌 다른 낱말로 대치하여 표현하는 것이다 (김미형, 2009: 68). 예로부터 많은 종교 사상이나 신앙인들은 사람이 죽은 후에 하늘로 간다고 여겼기 때문에 '하늘로 가다'라는 표현으로 사람의 죽음을 은유할 수 있고, 사람이 죽은 후에

---

56) 전문가 설문을 통해서 본고 설문지에서 다루고 있는 죽음에 관한 완곡 표현 수는 93개이다. 1차 완곡 표현 수집 작업에서는 백여 개가 훨씬 넘는 많은 양이 차지하고 있었다. 박정열 외 (2003:52)에서는 이는 그만큼 죽음은 부정과 관련된 금기의 핵심이라고 볼 수 있기 때문이라고 밝혔다.

가는 곳을 미화할 수 있으며, 따라서 '죽다'를 미화하는 용도로도 쓰인다. 죽은 자를 존중하는 의미로서의 완곡 표현으로 효과가 있는 것이다. '하늘로 가다'는 일상생활에서 완곡 표현으로 자주 사용된다. 4장에서 진행했던 설문 조사에서 61명이 이를 완곡 표현으로 매우 자주 사용한다고 답했으며, 전체 응답자의 52.59%를 차지했고 활용 빈도 평가 점수가 4.16이다.

중국어에 대응되는 완곡 표현과의 유사성을 살펴보면 '하늘로 가다'에 대응되는 중국어의 완곡 표현은 '升天了(하늘로 갔다)'이며, 이 두 표현은 글자의 의미 및 완곡 표현이라는 점에서 동일하고 형식면에서도 같으므로 동형동의의 관계에 해당한다. 의미 투명도의 차원에 보면 '죽다'의 의미에 비해 '하늘로 가다'의 글자의미는 반투명이다. 또한 세부 구성 어휘의 난이도를 고찰하면 '하늘로 가다'(하늘(초급)+로(초급)+가다(초급))의 세부 구성 어휘가 비교적 쉬우며 난이도가 낮은 수준의 표현이라고 볼 수 있겠다. 따라서 빈도와 난이도를 통합 고려하면 '하늘로 가다'는 중국어권 학습자의 한국어 학습 시 초급 단계에서 배우기에 적당하겠다.

(2) 저 세상에 가다

'저 세상에 가다'는 '죽다'의 완곡 표현이다. 대화 속에서 공포와 슬픔을 피하면서 죽은 이를 존중하기 위해 '죽다' 대신 '저 세상에 가다'를 쓸 수 있다. '저 세상에 가다'는 인간이 죽은 뒤 또 다른 세상으로 감을 비유하는 말로서, 비유를 통해 '죽다'라는 부정적인 표현을 미화하고, 죽은 이를 존중하는 것이다. 이 완곡 표현은 일상생활에서 자주 사용되는데, 이번 설문 조사에서 44명이 이를 매우 자주 사용한다고 답했으며, 전체 응답자 중 37.93%를 차지했고 활용 빈도 평가 점수가 4.05이다.

중국어 대응한 완곡 표현과의 유사성을 고찰하면 '저 세상에 가다'에 대응되는 중국어의 완곡 표현은 '去了另一个世界(또 다른 세계로 갔다)'이며, 이 두 표현은 글자상의 의미 및 완곡 표현이라는 점에서 동일하고 형식 면에서도 유사하므로 동형동의의 관계에 해당된다. 의미 투명도의 차원에 보면 '죽다'의 의미에 비해 '저 세상에 가다'의 글자의미는 반투명이다. 그리고 세부 구성 어휘의 난이도를 고찰하면 '저 세상에 가다'(저(초급)+세상(초급)+에(초급)+가다(초급))의 세부 구성 어휘가 비교적 쉬워서 난이도가 낮은 수준의 표현이라고 볼 수 있다. 따라서 빈도와 난이도를 통합 고려하면 '저 세상에 가다'는 중국어권 학습자에게 한국어 학습 시 초급 단계에서 배우기에 적당하다.

(3) 돌아가(시)다

'돌아가다'는 '죽다'의 완곡 표현이다. 대화 속에서 높임의 대상이 되는 연장자 또는 화자가 존중하는 사람의 죽음을 완곡하게 사용하게 된다. '돌아가시다'같은 경우 이에 대응하는 비 존댓말 '돌아가다'라는 표현이 없다. '죽다'를 직접적으로 표현하기 꺼려하여 '(다른 세상으로) 돌아가시다'라는 말을 썼을 때에는 분명 완곡한 어감을 지녔을 것이나 세월이 지나면서 '돌아가시다'는 이제 직접적으로 죽음을 그대로 표현하는 말같이 여겨지게 되었다. (김미형, 2009: 68) '(저 세상에) 돌아가시다', '하늘로 돌아가다', '흙으로 돌아가다'등의 표현을 사용할 수 있다. 이를 중국어로 번역하면 각각 '去了(가다)', '归天(귀천)', '归土(귀토)'이며, 이 중에서 '돌아가(시)다'가 가장 많이 사용된다. 중국에서도 역시 '走了' '去了'가 가장 많이 사용되고 있다.

이번 설문 조사에서 54명이 이를 매우 자주 사용한다고 답했으며, 전체 응답자의 46.55%를 차지했고 활용 빈도 평가 점수가 4.09이다. '돌아가시다'는 출발했던 곳으로 되돌아간다는 의미로 죽음을 은유적으로 표현하고, 죽음이 가진 부정적인 이미지를 미화시키는 완곡 표현이 된다.

중국어에 대응하는 완곡 표현과의 유사성을 살펴보면 '돌아가다'에 대응되는 중국어의 완곡 표현은 '去了(가다)', '归天(귀천)', '归土(귀토)' 등 표현이며, '돌아가다'와 '去了(가다)', '归天(귀천)', '归土(귀토)' 등 표현들은 글자의 의미 및 어휘 형식에서는 약간 차이가 있으므로 이형이의의 관계에 해당한다. 의미 투명도의 차원에 보면 '죽다'의 의미에 비해 '돌아가시다'의 글자의 의미는 불투명이다. 그리고 세부 구성 어휘의 난이도를 고찰하면 '돌아가다'(초급)의 세부 구성 어휘가 비교적 쉬워서 난이도가 낮은 수준의 표현이라고 볼 수 있다. 마지막으로 빈도와 난이도를 통합 고려하면 '돌아가다'는 중국어권 학습자에게 한국어 학습 시 고급 단계에서 배우기에 적당하다.

(4) 세상을 뜨다

'세상을 뜨다'는 '죽다'를 완곡하게 이르는 말이다. 망자에 대한 존중을 표시하면서 '죽다'라는 표현이 사람에게 주는 공포감을 피하기 위해 '세상을 뜨다'로 '죽다'를 은유할 수 있다. 이 같은 은유적 표현은 '죽다'라는 표현이 가진 부정적인 인상과 사람의 심리적 인지 사이에 일정한 거리감을 만드는데, 이러한 거리적 모호성 원리를 통해 완곡 표현이 될 수 있다.

이번 설문 조사에서 48명이 이를 매우 자주 사용한다고 답했으며, 전체 응답자 중 41.38%를 차지했고 활용 빈도 평가 점수가 4.01이다.

중국어에 대응하는 완곡 표현과의 유사성을 살펴보면 '세상을 뜨다'에 대응되는 중국어의 완곡 표현은 '离开人世(세상을 떠났다)'이다. '세상을 뜨다'와 '离开人世'는 글자의 의미 및 표현 형식에서 모두 유사하므로 동형 동의의 관계에 해당된다. 의미 투명도의 차원에 보면 '죽다'의 의미에 비해 '세상을 뜨다'의 글자의미는 반투명이다. 그리고 세부 구성 어휘의 난이도를 고찰하면 '세상을 뜨다'(세상(초급)+을(초급)+뜨다(초급))의 세부 구성 어휘가 비교적 쉬워서 난이도가 낮은 수준의 표현이라고 볼 수 있다. 따라서 빈도와 난이도를 통합 고려하면 '세상을 뜨다'는 중국어권 학습자에게 한국어 학습 시 초급 단계에서 배우기에 적당하다.

(5) 하늘나라(에) 가다

'하늘나라(에) 가다' 역시 '죽다'의 완곡 표현이다. 한국의 많은 종교들은 사람이 죽은 후 천국으로 간다고 여기기 때문에 종종 '하늘나라(에) 가다' 라는 표현을 빌려 인간의 죽음을 은유한다. 이는 더 아름다운 단어를 사용해 '죽다'의 의미를 표현한 방식이며, 미화의 원리를 통해 완곡 표현의 효과를 낸 것이다. 후에 죽음에 대한 완곡 표현으로 '하늘나라(에) 가다'를 사용하는 사람이 점점 더 많아졌고, 많은 비종교인도 이 표현을 사용하게 되었다.

이번 설문 조사에서는 64명이 이를 매우 자주 사용한다고 답했으며, 전체 응답자 중 55.17%를 차지했고 활용 빈도 평가 점수가 4.34이다.

중국어 대응한 완곡 표현과의 유사성을 고찰 하면 '하늘나라(에) 가다' 에 대응되는 중국어의 완곡 표현은 '去天国了(천국으로 가다, 천당에 가다)'로, '하늘나라(에) 가다'와 '去天国了'는 글자 의미와 형식면에서 모두 같아서 두 단어가 동형동의의 관계에 해당한다. 의미 투명도의 차원에서 보면 '죽다'의 의미에 비해 '하늘나라(에) 가다'의 글자의미는 반투명이다. 그리고 세부 구성 어휘의 난이도를 고찰하면 '하늘나라(에)가다'(하늘(초급)+나라(초급)+(에)(초급)+가다(초급))의 세부 구성 어휘가 비교적 쉬워서 난이도가 낮은 수준의 표현이라고 볼 수 있다. 따라서 빈도와 난이도를 통합 고려하면 '하늘나라(에) 가다'는 중국어권 학습자에게 한국어 학습 시 초급 단계에서 배우기에 적당하다.

(6) 별세(別世)(하다)

'별세(別世)(하다)'는 윗사람의 죽음에 대해서 완곡하게 이르는 말이다. 윗사람의 죽음을 말할 때 윗사람에 대한 존중을 표시하기 위해 한국인은 보통 '별세(別世)(하다)'를 완곡 표현으로 쓴다. '별세(別世)(하다)'는 '고별, 인간세상을 떠남'이란 의미로 '죽다'를 은유적으로 표현하는 것이며, '죽다'의 부정적인 이미지를 약화시키고, 망자에 대한 존중을 표현할 수 있어서 완곡 표현이 된다. 이번 설문 조사에서 43명이 이를 매우 자주 사용한다고 답했으며, 전체 응답자의 37.07%를 차지했고 활용 빈도 평가 점수가 4.01이다.

중국어에 대응하는 완곡 표현과의 유사성을 고찰하면 '별세(別世)'는 한자 단어이며, 이에 대응되는 중국어 완곡 표현은 '辭世(별세)'이다. 두 단어는 의미나 형식에서 모두 동일하므로 동형동의의 관계이다. 의미 투명도의 차원에 보면 '죽다'의 의미에 비해 '별세(別世)(하다)'의 글자의미는 반투명이다. 그리고 세부 구성 어휘의 난이도를 고찰하면 '별세(別世)(하다)'(별세(고급)+하다(초급))의 세부 구성 어휘가 비교적 어려워서 난이도가 높은 수준의 표현이라고 볼 수 있다. 마지막으로 빈도와 난이도를 통합 고려하면 '별세(別世)(하다)'는 중국어권 학습자에게 한국어 학습 시 중급 단계에서 배우기에 적합하다.

(7) 여의다

'여의다'는 부모나 사랑하는 사람이 죽어서 이별했음을 뜻한다. 한국어에서는 망자를 존중하기 위해 망자의 신분에 맞게 특별히 다른 완곡 표현을 사용할 수 있다. '여의다'는 보통 부모나 아내의 죽음을 완곡하게 표현하는 말로 사용된다. '여의다'는 이별의 슬픔이 묻어 있는 말이라 사람들은 가장 가까운 사람의 죽음을 은유할 때 이것을 사용하여 이별의 슬픔을 강조하며, 이 표현은 '죽다'라는 표현을 직접 썼을 때 느끼는 부정적인 느낌을 약하게 만들기 때문에 완곡 표현이 된다.

이번 설문 조사에서 45명이 이를 매우 자주 사용한다고 답했으며, 전체 응답자의 38.79%를 차지했고 활용 빈도 평가 점수가 4.00이다. 중국어에 대응되는 완곡 표현과의 유사성을 고찰 하면 '여의다'는 한국어 고유의 표현이며, '여의다'와 비슷한 중국어의 완곡 표현으로는 '见背(세상을 등지다)(부모 또는 연장자의 죽음)', '失怙(실호)(아버지의 죽음)', '失恃(실시)(어머니의 죽음)'가 있다. 그러나 '여의다'와 이들 표현은 글자의 의미가 완전히 같지 않고, 형식에서도 차이가 더 크므로 이형이의의 관계에 있다. 의미 투명도의 차원에 보면 '죽다'의 의미에 비해 '여의다'의 글자의미는 불투명하다. 그리고 세부 구성 어휘의 난이도를 고찰하면 '여의다'(고급)의 세부 구성 어휘가 비교적 어려워서 난이도가 높은 수준의 표현이라고 볼 수 있다. 따라서 빈도와 난이도를 통합 고려하면 '여의다'는 중국어권 학습자에게 한국어 학습 시 고급 단계에서 배우기에 적당하다.

(8) 순교(殉教)

'순교'는 모든 압박과 해를 물리치고 자기가 믿는 종교를 위하여 죽는 것을 의미한다. 사망의 원인 또는 말하는 의미에 따라 '죽다'를 완곡하게 표현하는 단어가 된다. 종교 신도들은 자기가 믿는 종교를 위해 죽는 것을 순교라고 표현하며, 이는 사망의 의미를 미화시키면서 완곡 표현이 된다.

설문 조사 결과에 따르면 52명이 '순교(殉教)'를 매우 자주 사용한다고 답했으며, 전체 응답자 중 44.83%를 차지했고 활용 빈도 평가 점수가 4.01이다. 중국어 대응한 완곡 표현과의 유사성을 고찰 하면 '순교(殉教)'에 대응되는 중국어는 '殉教(순교)'로 두 단어는 의미와 형식이 동일하므로 동형동의의 관계이다. 의미 투명도의 차원에 보면 '죽다'의 의미에 비해 '순교(殉教)'의 글자의미는 반투명이다. 그리고 세부 구성 어휘의 난이도를 고찰하면 '순교(殉教)'(고급)의 세부 구성 어휘가 비교적 어려워서 난이도가 높은 수준의 표현이라고 볼 수 있다. 마지막으로 빈도와 난이도를 통합 고려하면 '순교(殉教)'는 중국어권 학습자에게 한국어 학습 시 중급 단계에서 배우기에 적합하다.

(9) 초상(初喪)을 치르다

'초상을 치르다'는 '사람이 죽어서 장사지낼 때까지의 일을 겪어내다'라는 뜻이다. '장사를 지내다'의 완곡 표현이다.[57] '장사를 지내다'에서 '장'은

---

57) '초상을 치르다' 외에도 '장례를 치르다'는 표현 또한 많이 사용한다. 이 두 표현의 완곡 정도의 차이는 거의 없으나, "어디 초상났어? 왜 그렇게 울고 난리야?" "쯧쯧쯧..

'매장(埋葬)'을 뜻하며, '장사를 지내다'에서 '장사'라는 단어는 사람에게 공포감을 주면서 동시에 부정 타는 일이 생길까 염려하게 만든다. 따라서 '장사를 지내다'라는 의미를 표현해야 할 때 사람들은 '초상을 치르다'의 완곡 표현으로 '장사를 지내다'를 사용한다. 이번 설문 조사에서 56명이 이를 매우 자주 사용한다고 답했으며, 전체 응답자 중 48.28%를 차지했고 활용 빈도 평가 점수가 4.16이다.

중국어 대응한 완곡 표현과의 유사성을 고찰 하면 '초상을 치르다'에 대응되는 중국어의 완곡 표현은 '办丧事, 办白事(상을 치르다)'이며, 두 표현은 글자의 의미 및 표현 형식에서 다소 차이가 있으므로 이형이의의 관계에 해당한다. 의미 투명도의 차원에 보면 '죽다'의 의미에 비해 '초상을 치르다'의 글자의미는 반불투명이다. 그리고 세부 구성 어휘의 난이도를 고찰하면 '초상을 치르다'(초상(고급)+을(초급)+치르다(중급))의 세부 구성 어휘가 비교적 어려워서 난이도가 높은 수준의 표현이라고 볼 수 있다. 따라서 빈도와 난이도를 통합 고려하면 '초상을 치르다'는 중국어권 학습자에게 한국어 학습 시 고급 단계에서 배우기에 적합하다.

(10) 수의(寿衣)

'수의'는 염습할 때에 '죽은 사람의 몸에 입히는 옷'의 완곡 표현이다. '죽은 사람의 몸에 입히는 옷'이라 표현하면 '죽다'라는 단어가 들어가기 때문에 완곡 표현을 사용해야 한다. '수의'는 '죽은 사람의 몸에 입히는 옷'

하는 일마다 완전 줄초상이네"와 같이 비유적으로 사용할 때는 부정적이며 비꼬는 어감을 갖는다. 실제로 '초상'보다 '장례'를 더 공식 표현으로 쓸 때가 많다. 그래서 '초상집'이라는 표현보다는 '상 당한 집', 장례 장소도 '초상 지내는 곳' 보다는 '장례식 장'을 정식으로 쓴다.

을 완곡하게 표현한 어휘이다. 반의성 용어 교체의 완곡 표현 방법을 사용했고, 미화의 원리를 통해 완곡 표현의 효과가 생긴 것이다.

이번 설문 조사에서 46명이 '수의'를 매우 자주 사용한다고 답했으며, 전체 응답자의 39.66%를 차지했고 활용 빈도 평가 점수가 4.10이다. 중국어에 대응하는 완곡 표현과의 유사성을 살펴보면 '수의'에 대응되는 중국어는 '壽衣(수의)'로, 두 단어는 의미와 형식이 동일하므로 동형동의의 관계에 있다. 의미 투명도의 차원에 보면 '죽다'의 의미에 비해 '수의'의 글자 의미는 불투명이다. 그리고 세부 구성 어휘의 난이도를 고찰하면 '수의'(고급)의 세부 구성 어휘가 비교적 어려워서 난이도가 높은 수준의 표현이라고 볼 수 있다. 따라서 빈도와 난이도를 통합 고려하면 중국어권 학습자에게 한국어 학습 시 고급 단계에서 배우기에 적당하다.

5.5.2 질병과 상해에 관한 완곡 표현

질병과 상해에 관한 완곡 표현은 죽음과 마찬가지로 심각한 질병 앞에서 속수무책인체로 몹시 쇠약하고 무기력한 인간에게 심각한 질병과 돌이킬 수없는 상해 같은 경우도 금기시되면서 그 대체어로서 완곡 표현을 많이 사용하게 된다. 일상생활에서 '암'과 같은 '불치병'이나 심각한 질환을 앓거나 말할 때 상대방의 부정적인 연상을 피하기 위해 직접적인 병명 대신 '많이 아프다', '많이 안 좋다'같은 완곡 표현으로 사용하곤 한다. 본고의 설문 내용에 따르면 질병과 상해에 관련된 완곡 표현은 24개가 된다. 질병, 상해, 신체장애등 이르는 표현들이 많이 나타나고 있는데 본고에서 선정된 가장 많이 흔히 사용되고 있는 완곡 표현을 다음과 같이 살펴보기로 한다.

(11) 아프다

'아프다'는 '병나다', '병에 걸리다', '병을 앓다'의 완곡 표현이다. 인간에게 있어 죽음 다음으로 금기시 하는 단어는 '심각한 병'일 것이다. 사람들은 '병'을 이야기할수록 병세가 심해질까 두려워하고, 또는 '병'을 말하면 다른 사람이 자신을 동정하거나 기피할까봐 걱정한다. '병'이라는 단어를 기피하기 위해 사람들은 보통 환유의 수법을 이용해 '병나다', '병에 걸리다' 또는 '병을 앓다'의 완곡 표현으로 '아프다'를 쓴다. 이 표현은 '병'으로 인한 부정적인 연상을 피할 수 있으므로 완곡 표현이 된다. 한국 사회에서 일상생활에서 '암'이 와 같은 심각한 질환을 앓거나 말할 때 직접적인 병명을 대신 '아프다' 같은 완곡 표현으로 사용하곤 한다.

이번 설문 조사에서 78명이 이를 매우 자주 사용한다고 답했으며, 전체 응답자 중 67.24%를 차지했고 활용 빈도 평가 점수가 4.53이다. '아프다'에 대응되는 중국어의 완곡 표현은 '不舒服(불편하다)'인데, '아프다'를 직역하면 '疼(아프다)'가 되므로 '不舒服'의 직역인 '불편하다'와는 의미가 동일하지 않다. 이처럼 '아프다'는 그에 대응되는 중국어의 완곡 표현인 '不舒服'와는 글자의 의미 및 어휘의 형식이라는 점에서 다르므로 이형이의의 관계에 있다. 의미 투명도의 차원에 보면 '병나다', '병에 걸리다', '병을 앓다'등 의미에 비해 '아프다'의 글자의미는 불투명이다. 그리고 세부 구성 어휘의 난이도를 고찰하면 '아프다'(초급)의 세부 구성 어휘가 비교적 쉬워서 난이도가 낮은 수준의 표현이라고 볼 수 있다. 마지막으로 빈도와 난이도를 통합 고려하면 '아프다'는 중국어권 학습자에게 한국어 학습 시 중급 단계에서 배우기에 적합하다

(12) 몸이 안 좋다

'몸이 안 좋다' 역시 '병나다', '병에 걸리다', '병을 앓다'의 완곡 표현이다. '몸이 안 좋다'는 표현은 의미가 매우 모호하여 병이 났다는 의미로 이해할 수 있으며, 동시에 다만 몸이 불편할 뿐 꼭 병이 난 것은 아니라는 의미로도 해석할 수 있다. 이처럼 의미가 모호하면 '병'이라는 단어를 피할 수 있으면서 환유를 통해 병의 의미를 암시할 수 있고, 의미상으로 청자가 더 쉽게 받아들일 수 있다.

'몸이 안 좋다'는 한국 사회에서 매우 자주 사용하는 표현으로, 이번 설문 조사에서 76명이 이를 매우 자주 사용한다고 답했으며, 전체 응답자의 65.52%를 차지했고 활용 빈도 평가 점수가 4.55이다. 중국어 대응한 완곡 표현과의 유사성을 고찰 하면 이에 대응되는 중국어의 완곡 표현은 '身体不好(몸이 안 좋다)'로, 둘은 의미와 형식이 모두 대응하므로 동형동의의 관계에 있다. 의미 투명도의 차원에 보면 '병나다', '병에 걸리다', '병을 앓다'등 의미에 비해 '몸이 안 좋다'의 글자의미는 반불투명이다. 그리고 세부 구성 어휘의 난이도를 고찰하면 '몸이 안 좋다'(몸(초급)+이(초급)+안(초급)+좋다(초급))의 세부 구성 어휘가 비교적 쉬워서 난이도가 낮은 수준의 표현이라고 볼 수 있다. 따라서 빈도와 난이도를 통합 고려하면 '몸 안 좋다'는 중국어권 학습자에게 한국어 학습시 초급 단계에서 배우기에 적합하다.

(13) 안색(이) 안 좋다

'안색(이) 안 좋다'는 '병나다', '병에 걸리다'의 완곡 표현이다. 인류에게 있어 '병'은 두려운 존재이다. 때로 어떤 사람이 '병에 걸리다'를 표현해야 할 때, 듣는 이에게 '병'의 공포를 주지 않기 위해 '병' 대신 '안색(이) 안 좋다'를 완곡 표현으로 하여 '병나다', '병에 걸리다'등을 표현한다. '안색 (이) 안 좋다'는 표현은 사람의 '안색'에 대한 판단을 통해 '병'이 있는지를 암시하며 직설 표현 '병나다', '병에 걸리다'중의 '병'자를 피해서 '병'자가 주는 부정적인 느낌을 약화시키므로 완곡 표현의 효과가 있다.

이번 설문 조사에서 61명이 이를 매우 자주 사용한다고 답했으며, 전체 응답자의 52.59%를 차지했고 활용 빈도 평가 점수가 4.35이다. 중국어 대 응한 완곡 표현과의 유사성을 고찰 하면 '안색(이) 안 좋다'에 대응되는 중국어의 완곡 표현은 '脸色不好(안색(이) 안 좋다)'로, 둘은 의미와 형식이 비슷하므로 동형동의의 관계에 해당한다. 의미 투명도의 차원에 보면 '병 나다', '병에 걸리다', 등 의미에 비해 '안색(이) 안 좋다'의 글자의미는 반불 투명이다. 그리고 세부 구성 어휘의 난이도를 고찰하면 '안색(이) 안 좋다' (안색(고급)+이(초급)+안(초급)+좋다(초급))의 세부 구성 어휘가 비교적 어려워서 난이도가 높은 수준의 표현이라고 볼 수 있다. 마지막으로 빈도 와 난이도를 통합 고려하면 '안색(이) 안 좋다'는 중국어권 학습자에게 한 국어 학습 시 중급 단계에서 배우기에 적합하다.

(14) 편찮다

'편찮다'도 '병나다', '병에 걸리다', '병을 앓다'의 완곡 및 존대 표현이다. '편찮다'는 '병'자를 피할 수 있고 '병나다', '병에 걸리다', '병을 앓다'의 의미 를 암시할 수 있으므로 완곡 표현이 된다. 한국 사회에서는 '편찮다'를 완 곡 표현으로 매우 빈번하게 사용한다.

이번 설문 조사에서 58명이 이를 매우 자주 사용한다고 답했으며, 전체 응답자 중 50%를 차지했고 활용 빈도 평가 점수가 4.34이다. 중국어에 대응하는 완곡 표현과의 유사성은, '편찮다'에 대응되는 중국어의 완곡 표현은 '不舒服, 身体不适, 欠安(불편하다)'인데, '편찮다'를 직역하면 '不舒服(불편하다)'가 되므로 '不舒服'의 직역인 '불편하다'와는 의미가 동일하다. 이처럼 '편찮다'는 그에 대응되는 중국어의 완곡 표현인 '不舒服'와는 글자의 의미 및 어휘 형식이라는 점에서 서로 같아서 동형동의의 관계에 있다. 의미 투명도의 차원에 보면 '병나다', '병에 걸리다'등 의미에 비해 '편찮다'의 글자의미는 반투명이다. 그리고 세부 구성 어휘의 난이도를 고찰하면 '편찮다'(초급)의 세부 구성 어휘가 비교적 쉬워서 난이도가 낮은 수준의 표현이라고 볼 수 있다. 따라서 빈도와 난이도를 통합 고려하면 '편찮다'는 중국어권 학습자에게 한국어 학습 시 초급 단계에서 배우기에 적합하다.

(15) 많이 안 좋다

'많이 안 좋다'는 '암 같은 중병', '불치병'의 완곡 표현이다. 현대 사회에서 암 등 중대 질병은 사람의 건강과 수명을 심각하게 위협하기 때문에, 이들 질병에 대해 사람들이 말만 듣고도 무서워한다. 따라서 사람들은 '많이 안 좋다' '종양등 '암이나 다른 중병', '불치병'의 완곡 표현을 종종 사용하곤 한다. '많이 안 좋다'는 질병의 구체적인 병명은 나타나지 않고, 완곡 표현으로 이 병에 대한 우려만 나타낸다. 병명을 피하면서 청자가 느끼는 두려움을 약화시키므로 완곡 표현의 효과가 있다.

이번 설문 조사에서 64명이 이를 매우 자주 사용한다고 답했으며, 전체 응답자 중 55.17%를 차지했고 활용 빈도 평가 점수가 4.43이다. 중국어에 대응하는 완곡 표현과의 유사성을 고찰 하면 '많이 안 좋다' 대응되는 중국어는 '情況不太好(많이 안 좋다)'이다. 둘은 의미와 형식이 동일하므로 동형동의의 관계에 있다. 의미 투명도의 차원에서 보면 '암 같은 중병', '불치병' 등 의미에 비해 '많이 안 좋다'의 글자 의미는 반불투명이다. 그리고 세부 구성 어휘의 난이도를 고찰하면 '많이 안 좋다'(많이(초급)+안(초급)+좋다(초급))의 세부 구성 어휘가 비교적 쉬워서 난이도가 낮은 수준의 표현이라고 볼 수 있다. 따라서 빈도와 난이도를 통합 고려하면 '많이 안 좋다'는 중국어권 학습자에게 한국어 학습 시 초급 단계에서 배우기에 적당하다.

(16) 배탈 나다

'배탈 나다'는 '설사하다'의 완곡 표현이다. '설사하다'는 곧 배설할 것을 의미하며, 다른 이와의 대화에서 이 단어를 쓸 때는 완곡하게 표현해야 한다. '배탈 나다'의 글자상의 의미는 '배가 문제가 나다'이며, 한국 사회에서 사람들은 이를 '설사하다'의 의미로 받아들인다. 직접적인 표현을 피할 수 있어서 청자의 심리적 인식과 '설사하다'가 주는 부정적인 연상의 사이에 일정한 거리감이 형성되므로 완곡 표현의 효과가 생긴다.

이번 설문 조사에서 62명이 이를 매우 자주 사용한다고 답했으며, 전체 응답자의 53.45%를 차지했고 활용 빈도 평가 점수가 4.24이다. 중국어 대응한 완곡 표현과의 유사성을 고찰 하면 '배탈 나다'의 직역 표현은 '鬧肚子'이며, 그에 대응되는 중국어의 완곡 표현도 '鬧肚子(설사하다)'이다. '배탈 나다'와 '鬧肚子'의 글자의 의미가 동일하지만 어휘 형식이 상이하므로 이형동의의 관계이다. 의미 투명도의 차원에 보면 '설사하다'의 의미에 비해 '배탈 나다'의 글자의미는 반불투명이다. 그리고 세부 구성 어휘의 난이도를 고찰하면 '배탈 나다'(배탈(고급)+이(초급)+나다(초급))의 세부 구성 어휘가 비교적 어려워서 난이도가 높은 수준의 표현이라고 볼 수 있다. 마지막으로 빈도와 난이도를 통합 고려하면 '배탈 나다'는 중국어권 학습자에게 한국어 학습 시 중급 단계에서 배우기에 적합하다.

5.5.3 장애에 관한 완곡 표현

장애는 인간이 심각한 질병 앞에서 속수무책인 것과 마찬가지로 몹시 극복하기 어려운 고난이자 당사자와 가족의 상처이기도 하다. 따라서 이 경우도 질병이나 상해처럼 직접적 언급이 금기시되면서 그 대체어로서 완곡 표현을 많이 사용하게 된다. 장애와 관련하여 본고에서 선정된 가장 많이 사용되고 있는 완곡 표현들을 몸이 불편한 사람, 장애인, 눈이 안보이다(시각 장애인), 청각 장애인, 언어 장애인 등으로 구분하여 살펴보기로 한다.

(17) 몸이 불편한 사람

'몸이 불편한 사람'은 '불구자, 폐인, 병신'의 완곡 표현이다. 다른 사람의 단점을 직접적으로 말하면 그 단점과 관련된 사람은 상처를 입을 수 있다. 한국은 중국 등의 다른 나라와 예절 문화가 유사해서 다른 사람의 단점을 우회하여 말하는 것이 중요한 대화 예절이다. '불구자, 폐인, 병신'은 다른 사람의 단점을 직접적으로 말하는 것이며, 심지어 이 말은 다른 사람을 비하하는 표현이기도 하다(예: 병신). 사람들이 듣기 싫어하는 말 중에는 '불구, 폐, 병'등 몇 가지가 민감한 표현이 있으며, 대화 속에서 이것을 완곡하게 표현해야 할 필요가 있다. '몸이 불편한 사람'에서 '몸이 불편하다'는 신체적인 모든 문제를 포괄하며, '불구자, 폐인, 병신'에서의 '불구, 폐, 병'

등 민감한 단어 대신 사용할 수 있다. 이 표현은 신체의 상태를 객관적으로 설명할 수 있으면서 직접적인 표현을 약화시켰기 때문에 청자의 심리에 자극을 주지 않는 완곡 표현이 된다.

'몸이 불편한 사람'은 한국 사회에서 완곡 표현으로 자주 사용하며, 이번 설문 조사에서 42명이 이를 매우 자주 사용한다고 답했고, 전체 응답자의 36.21%를 차지했고 활용 빈도 평가 점수가 4.14이다. 중국어에서 대응하는 완곡 표현과의 유사성을 고찰 하면 '몸이 불편한 사람'에 대응되는 중국어의 완곡 표현은 '身体不方便的人(신체가 불편한 사람)'으로, 두 표현은 의미와 형식이 유사하므로 동형동의의 관계이다. 의미 투명도의 차원에 보면 '불구자, 폐인, 병신'의 의미에 비해 '몸이 불편한 사람'의 글자의미는 반투명이다. 그리고 세부 구성 어휘의 난이도를 고찰하면 '몸이 불편한 사람'(몸(초급)+이(초급)+불편한(초급)+사람(초급))의 세부 구성 어휘가 비교적 쉬워서 난이도가 낮은 수준의 표현이라고 볼 수 있다. 따라서 빈도와 난이도를 통합 고려하면 '몸이 불편한 사람'은 중국어권 학습자에게 한국어 학습 시 초급 단계에서 배우기에 적당하다.

(18) 장애인

'장애인'은 신체의 일부에 장애가 있거나 정신적으로 결함이 있어서 일상생활이나 사회생활에 제약을 받는 사람을 말한다. '불구자, 폐인, 병신'의 완곡 표현이다.[58] '장애인'이란 단어로 '불구자, 폐인, 병신'을 완곡하게

---

58) 앞서 다룬 '몸이 불편한 사람'의 의미에는 잠시 심하게 다쳐 깁스를 했거나 거동이 불편한 사람도 포함될 수 있다면, '장애인'이라는 표현은 사회적 배려가 필요할 정도의 신체적 장애를 갖고 있는 사람을 말한다. 예를 들면 서울 지하철 안내에서는 '노약자, 장애인, 임산부 등 몸이 불편한 분들에게 자리를 양보해 주십시오.' 라고 하는데

표현할 수 있는 이유는 유의성 어휘인 '장애'라는 표현으로 '불구자, 폐인, 병신'이라는 민감한 단어를 모호하게 표현했기 때문이다. 이 단어는 비슷한 의미를 말하는 것이면서도 장애를 가진 사람의 마음에 상처를 크게 주지 않을 수 있어서 완곡 표현의 효과가 있다. '장애인'은 한국 사회에서 완곡 표현으로 많이 사용되며, 때로는 '신체장애가 있는 분, 장애우'의 형식으로도 사용된다.

이번 설문 조사에서 76명이 이를 매우 자주 사용한다고 답했으며, 전체 응답자의 65.52%를 차지했고 활용 빈도 평가 점수가 4.52이다. '장애인'에 대응되는 중국어의 완곡 표현은 '殘疾人(장애인)'인데, '장애인'을 중국어로 직역하면'障碍人(장애인)'이 된다. '장애인'과 '殘疾人'은 직역의 의미와 단어 형식이 모두 상이하므로[59] 이형이의의 관계이다. 의미 투명도의 차원에 보면 '불구자, 폐인, 병신'의 의미에 비해 '장애인'의 글자 의미는 반투명이다. 그리고 세부 구성 어휘의 난이도를 고찰하면 '장애인'(중급)의 세부 구성 어휘의 난이도가 중간 수준이라 해당 완곡 표현의 난이도도 중간 수준의 표현이라고 볼 수 있다. 따라서 빈도와 난이도를 통합 고려하면 '장애인'은 중국어권 학습자에게 한국어 학습 시 중급 단계에서 배우기에 적합하다.

여기에서 '몸이 불편한 분' 장애인은 아니지만 잠시 다친 사람들도 포함될 것이다. 이를 구분해서 사용하여야 한다.

59) '장애인'은 한자 단어이며, 이에 대응되는 한자는 '障碍人(장애인)'이다. 그러나 중국어에서는 '障碍人'을 일반적으로 사용하지 않으며, '障碍人'을 '殘疾人'으로 이해하는 데 약간의 어려움이 있다. 따라서 '장애인'의 직역인 '障碍人'은 '殘疾人'과 완전히 같지 않다고 본다.

(19) 눈이 안 보이다

'눈이 안 보이다'는 '봉사, 소경, 장님'의 완곡 표현이다. '봉사, 소경, 장님'은'눈이 안 보이다'를 직접적으로 표현한 것이며, 해당 장애를 가진 사람에게 심리적 상처를 줄 수 있으므로 대화 속에서 최대한 피해야 한다. 어떤 사람을 '봉사, 소경, 장님'이라고 말하는 것보다 '눈이 안 보이다'고 말하는 것이 나은 까닭은, '봉사, 소경, 장님'이라고 하면 그 상태가 영구적일 것이라는 느낌을 주지만, '눈이 안 보이다'라고 하면 현재의 상태를 객관적으로 설명하는 것이 된다. '눈이 안 보이다'를 '봉사, 소경, 장님'의 완곡 표현으로 사용하면, 그 느낌을 약화시킬 수 있으므로 완곡 표현의 효과가 있다.

이번 설문 조사에서 51명이 이를 매우 자주 사용한다고 답했으며, 전체 응답자의 43.97%를 차지했고 활용 빈도 평가 점수가 4.16이다. 중국어에서 대응하는 완곡 표현과의 유사성을 고찰하면 이를 직역한 중국어 표현 및 중국어에서 사용하는 완곡 표현은 모두 '眼睛看不见(눈이 보이지 않다)'인데, 두 표현은 의미와 형식이 모두 비슷하므로 동형동의의 관계이다. 의미 투명도의 차원에 보면 '봉사, 소경, 장님'의 의미에 비해 '눈이 안 보이다'의 글자 의미는 반투명이다. 그리고 세부 구성 어휘의 난이도를 고찰하면 '눈이 안 보이다'(눈(초급)+이(초급)+안(초급)+보이다(초급))의 세부 구성 어휘가 비교적 쉬워서 난이도가 낮은 수준의 표현이라고 볼 수 있다. 따라서 빈도와 난이도를 통합 고려하면 '눈이 안 보이다'는 중국어권 학습자에게 한국어 학습 시 초급 단계에서 배우기에 적당하다.

(20) 청각 장애인

'불구자, 폐인, 병신'의 완곡 표현은 '장애인'이다. 그렇다면 특정 부위에 문제가 있는 '장애인'을 완곡하게 표현한다면 '해당 부위+장애인'의 형식이 된다. 예를 들어 청각 장애인, 지능 장애인, 시각 장애인 등이 있는데, 이 중에서 청각 장애인은 비교적 자주 사용하는 단어이다.

이번 설문 조사에서 45명이 이를 매우 자주 사용한다고 답했으며, 전체 응답자의 38.79%를 차지했고 활용 빈도 평가 점수가 4.14이다. '청각 장애인'의 직접적인 표현은 '귀머거리'인데, '귀머거리'는 그 사람을 비하하거나 무시하는 의미도 들어있어서 완곡하게 표현해야 한다. 직접적인 표현에 반해 '청각 장애인'은 첫째 외래어(한자 단어)이고, 둘째 '청각 장애인'은 '귀머거리'를 객관적으로 설명한 것이다. 따라서 '청각 장애인'을 사용하면 '귀머거리'가 주는 부정적인 느낌을 약화시킬 수 있어서 완곡 표현이 된다. '청각 장애인'은 한국 사회에서 완곡 표현으로 자주 사용되며, 때로 '청각 장애자, 청각 장애우'의 형식으로도 사용된다.

'청각 장애인'에 대응되는 중국어의 완곡 표현은 '听力不好的人(청력이 좋지 못한 사람)'이며 표현의 형식이 같지 않으므로 이형이의의 관계이다. 의미 투명도의 차원에 보면 '귀머거리'의 의미에 비해 '청각 장애인'의 글자 의미는 반투명이다. 그리고 세부 구성 어휘의 난이도를 고찰하면 '청각 장애인'(청각(고급)+장애인(중급))의 세부 구성 어휘가 비교적 어려워서 난이도가 높은 수준의 표현이라고 볼 수 있다. 따라서 빈도와 난이도를 통합 고려하면 '청각 장애인'은 중국어권 학습자에게 한국어 학습 시 고급 단계에서 배우기에 적합하다.

(21) 언어 장애인

'언어 장애인'은 '말더듬이, 벙어리, 농아'의 완곡 표현이다. 이는 사용하게 된 원인이라든가 완곡 표현 방식이라는 측면, 그리고 표현의 원리상으로 볼 때 '청각 장애인'과 동일하며, 매우 자주 사용된다.

이번 설문 조사에서 39명이 이를 매우 자주 사용한다고 답했으며, 전체 응답자의 33.62%를 차지했고 활용 빈도 평가 점수가 4.02이다. '언어 장애인'은 완곡 표현으로서 때로 '언어 장애자, 언어 장애인'의 형식으로도 쓴다. 이에 대응되는 중국어의 완곡 표현은 '不能说话的人(말을 못하는 사람)'이며 두 표현이 서로 상이하기 때문에 이형이의의 관계이다. 의미 투명도의 차원에 보면 '말더듬이, 벙어리, 농아'의 의미에 비해 '언어 장애인'의 글자의미는 반투명이다. 그리고 세부 구성 어휘의 난이도를 고찰하면 '언어 장애인'(언어(초급)+장애인(중급))의 세부 구성 어휘의 난이도가 중간 수준이라 이들로 구성한 완곡 표현 자체도 중간 수준의 표현이라고 볼 수 있다. 따라서 빈도와 난이도를 통합 고려하면 '언어 장애인'는 중국어권 학습자에게 한국어 학습할 때 중급단계에서 배우기에 적합하다.

5.5.4 성에 관한 완곡 표현

같은 유교 문화권에 속하는 한·중 양국 사람들은 유교사상의 영향으로 '성'에 대한 금기 의식이 강하게 남아 있었기 때문에 이 같은 보수적인 심리를 인해 성에 대한 완곡 표현이 많이 발달되었다.[60] 앞에서도 언급하였

---

60) 완곡어 빈도의 많고 적음만을 가지고 단순히 어떤 것이 더 중요하다는 단정을 낼 수는 없지만 적어도 그와 관련된 '완곡 표현'이 많다고 하는 것은 그와 관련된 현상의 중요성에 대한 반증이라고 추론해 볼 수 있다. 따라서 죽음과 성에 많이 다루는 것은 한국 사람들이 그것이 매우 중요한 관심사이었다고 볼 수 있을 것이다. 이을환

지만 김열규(1978)는 한국 민속의 현장에서 부정이 금기의 대상이 되는 것들 가운데 대표적인 것으로 죽음과 여성이 있다고 하였다. 여성의 생리 현상이나, 여성의 성적인 신체부위, 또한 남녀 간의 성적인 관계 등에 대해 직접적으로 말하는 것은 저속하고 상스럽다고 여겨 왔기 때문에 한국어나 중국어에서는 모두 공통적으로 직접적인 표현을 회피한다. 본고의 설문 조사에서 성적인 신체 부위를 포함한 성과 관련된 완곡 표현은 총 51개이 다. 아래에 열거된 성에 대한 완곡 표현을 중심으로 분석해 보기로 한다.

(22) 잠자리를 가지다

'잠자리를 가지다'는 '남녀 간 의 성적관계, 성, 성행위'를 완곡하게 이르 는 말이다. 한국도 중국처럼 예로부터 '성(性)'을 은밀한 것으로 여겼고, '성'과 관련된 이야기를 하기 부끄러워했다. '성'을 직접적으로 이야기하면 다른 이에게 경박하다는 느낌을 주기 때문에 한국어에서는 '성'과 관련된 단어는 완곡 표현을 사용해야 한다. '성관계, 성, 성행위'는 '성'의 직접적인 표현이므로 '잠자리를 가지다'라고 완곡하게 표현할 수 있다.

사람들은 종종 잠들기 전에 성관계가 발생하므로 밤에 행해지는 일로 '밤일' '잠자리를 가지다'와 '성관계, 성, 성행위'는 매우 밀접하며, '잠자리 가지다'를 말하면 사람들은 '성관계, 성, 성행위'를 연상하게 된다. 따라서 '잠자리를 가지다'는 '성관계, 성, 성행위'를 암시하면서도 청자의 심리적으 로 '성관계, 성, 성행위'의 부정적 이미지와 일정한 거리감을 느끼게 된다. 이러한 거리적 모호성 원리를 통해 완곡 표현의 효과가 발생한다. '잠자리

(1985:230)은 한국은 조선시대 이래로 강한 유교 문화의 영향으로 인해 미국보다 훨씬 '성'에 대한 언급이 금기시되었다고 지적하고 있다.

가지다'는 한국 사회에서 완곡 표현으로 자주 사용한다.

이번 설문 조사에서 62명이 이를 매우 자주 사용한다고 답했으며, 전체 응답자의 53.45%를 차지했고 활용 빈도 평가 점수가 4.29이다. 중국어에서 대응하는 완곡 표현과의 유사성을 고찰하면 '잠자리를 가지다'라는 표현을 직역한 중국어로는 '睡觉的地方(자는 곳), 铺被褥(이부자리), 床位(침대)'가 있으며, '잠자리 가지다'에 대응되는 중국어의 완곡 표현은 '共寝(함께 밤을 새다)'이다. 그러나 '共寝'와 '잠자리를 가지다'는 글자의 의미 및 어휘의 형식이 모두 상이하므로 이형이의의 관계이다. 의미 투명도의 차원에 보면 '남녀 간의 성적 관계, 성, 성행위'의 의미에 비해 '잠자리를 가지다'의 글자의미는 불투명이다. 그리고 세부 구성 어휘의 난이도를 고찰하면 '잠자리를 가지다'(잠자리(중급)+가지다(초급))의 세부 구성 어휘의 난이도가 중간 수준이라 이들로 구성한 완곡 표현 자체도 중간 수준의 표현이라고 볼 수 있다. 마지막으로 빈도와 난이도를 통합 고려하면 '잠자리를 가지다'는 중국어권 학습자에게 한국어 학습 시 고급 단계에서 배우기에 적합하다.

(23) 부부생활

'부부생활' 역시 부부의 '성관계, 성, 성행위'의 완곡 표현이다. '성관계, 성, 성행위'에 비해 '부부생활'은 의미가 더욱 모호해지며, 청자가 심리적으로 인식하는 정도와 '성(性)'에 관한 부정적인 상상력 사이에 더 큰 거리가 생긴다. 이러한 거리적 모호성 원리를 통해 완곡 표현의 효과가 발생한다.

이번 설문 조사에서 42명이 '부부생활'을 매우 자주 사용한다고 답했으며, 전체 응답자의 36.21%를 차지했고 활용 빈도 평가 점수가 4.06이다. '부부생활'의 중국어 직역 및 '부부생활'에 대응되는 중국어의 완곡 표현은 모두 '夫妻生活(부부생활)'이며, '부부생활'과 '夫妻生活'은 의미와 형식이 동일하므로 동형동의의 관계이다. 의미 투명도의 차원에 보면 '성관계, 성, 성행위'의 의미에 비해 '부부생활'의 글자의미는 반불투명이다. 그리고 세부 구성 어휘의 난이도를 고찰하면 '부부생활'(부부(초급)+생활(초급))의 세부 구성 어휘가 매운 쉬운 단어라 이들로 구성한 완곡 표현 자체도 쉬운 표현이라고 볼 수 있다. 마지막으로 빈도와 난이도를 통합 고려하면 '부부생활'은 중국어권 학습자에게 한국어 학습할 때 중급단계에서 배우기에 적합하다.

(24) 관계를 가지다

'관계를 가지다'는 '성교, 성 관계가 발생하다'의 대체어로 남녀 간의 성 관계를 우회적으로 표현한 완곡 표현이다. '성 관계를 가지다'에서 성을 생략하고 이르게 되는 완곡 표현이라고 할 수 있겠다. '성교'는 '성(性)'을 직접적으로 표현한 말이다. '성 관계가 발생하다'는 '성교'만큼 저속한 느낌은 없지만 '성(性)'이라는 글자가 사용되기 때문에 완곡하게 표현해야 한다. '성교', '성 관계를 발생하다'와 달리 '관계를 가지다'에는 '성(性)'이 들어가지 않으며, 모호하게 암시하는 방법으로 동일한 의미를 표현할 수 있다. 환유의 수사 기법 및 생략법을 사용해 완곡하게 표현했기 때문에 청자가 심리적으로 인식하는 정도와 부정적 느낌을 주는 직접적 표현의 사이에 일정한 거리감이 생기고, 이러한 거리적 모호성 원리에 따라 완곡 표현이 된다.

이번 설문 조사에서 61명이 '관계를 가지다'를 매우 자주 사용한다고 답했으며, 전체 응답자의 52.59%를 차지했고 활용 빈도 평가 점수가 4.37

이다. '관계를 가지다'의 중국어 직역 및 그에 대응되는 중국어의 완곡 표현은 모두 '发生关系(관계가 발생하다)'이며, '관계를 가지다'와 '发生关系'는 의미가 같지만 형식이 다르므로 이형동의의 관계이다. 의미 투명도의 차원에 보면 '성교, 성 관계가 발생하다'의 의미에 비해 '관계를 가지다'의 글자의미는 반불투명이다. 그리고 세부 구성 어휘의 난이도를 고찰하면 '관계를 가지다'(관계(초급)+를(초급)+가지다(초급))의 세부 구성 어휘가 매운 쉬운 단어라 이들로 구성한 완곡 표현 자체도 쉬운 표현이라고 볼 수 있다. 마지막으로 빈도와 난이도를 통합 고려하면 '관계를 가지다'는 중국어권 학습자에게 한국어 학습 시 중급 단계에서 배우기에 적합하다.

(25) 속도(를) 위반(하다)

'속도(를) 위반(하다)'는 '결혼 전 관계를 갖다, 혼전 아기를 갖다'의 완곡 표현이다. 전통적인 유교 관념, 종교적 관념의 영향으로 한국인은 결혼 전에 성관계를 가지는 것을 관례에 어긋나고 매우 부끄러운 일로 생각하며, 심지어 보수적인 어르신들은 경박한 일이라고도 여긴다. 따라서 '결혼 전 관계를 갖다'는 매우 민감한 표현이며, 혼전 임신을 말해야 할 때는 '속도(를) 위반(하다)'이라는 완곡 표현을 빌린다. '속도(를) 위반(하다)'는 원래 교통 분야의 전문 용어이지만, 사람들은 '결혼 전 관계를 갖다'를 규칙에 위배되는 일이라고 여기기 때문에 '속도(를) 위반(하다)'라는 말로 '결혼 전 아기가 생기다'를 은유적으로 표현하며, 여기서 완곡 표현의 효과가 발생한다.

이번 설문 조사에서 62명이 '속도(를) 위반(하다)'를 매우 자주 사용한다고 답했으며, 전체 응답자의 53.45%를 차지했고 활용 빈도 평가 점수가

4.37이다. '속도(를) 위반(하다)'의 중국어 직역은 '违反速度(속도를 위반하다)'이고, 그에 대응되는 중국어의 완곡 표현은 '先上车, 后补票(차를 먼저 탄 다음에 표를 산다)'이다. '속도(를) 위반(하다)'와 '先上车, 后补票'는 의미와 형식이 모두 다르므로 이형이의의 관계이다. 의미 투명도의 차원에 보면 '결혼 전 관계를 갖다'의 의미에 비해 '속도(를) 위반(하다)'의 글자 의미는 반불투명이다. 그리고 세부 구성 어휘의 난이도를 고찰하면 '관계를 가지다'(속도(초급)+를(초급)+위반(중급)+하다(초급))의 세부 구성 어휘가 난이도 중간 수준의 단어라 이들로 구성한 완곡 표현 자체도 난이도 중간 수준의 표현이라고 볼 수 있다. 마지막으로 빈도와 난이도를 통합적으로 고려하면 '속도(를) 위반(하다)'는 중국어권 학습자에게 한국어 학습 시 고급 단계에서 배우기에 적합하다.

(26) 거기

'거기'는 '성기', '성 기관', '생식기'의 완곡 표현이다. '성기', '성 기관', '생식기' 역시 직접적으로 표현하면 부끄러운 느낌이 들기 때문에, 꼭 말해야 할 때는 대명사로 교체하는 방식으로 완곡하게 표현하여 '거기'를 사용한다. '성기', '성 기관', '생식기'라고 직접적으로 표현하는 것에 비해 '거기'는 특정한 대화 환경에서 '성기', '성 기관', '생식기'의 의미를 청자에게 정확하게 전달할 수 있다. 그렇지만 그 의미가 매우 모호하기 때문에 청자의 심리적 인식과 '성기', '성 기관', '생식기'가 주는 부정적인 이미지 사이에 일정한 거리감이 생기고, 완곡 표현의 효과가 발생한다.

이번 설문 조사에서 48명이 '거기'를 매우 자주 사용한다고 답했으며, 전체 응답자의 41.38%를 차지했고 활용 빈도 평가 점수가 4.05이다. '거기'

의 중국어 직역 및 그에 대응되는 중국어의 완곡 표현은 모두 '那个, 那里 (그것, 거기)'이며, 둘은 의미와 형식이 모두 비슷하므로 동형동의의 관계 이다. 의미 투명도의 차원에 보면 '성기', '성 기관', '생식기'의 의미에 비해 '거기'의 글자의미는 반불투명이다. 그리고 세부 구성 어휘의 난이도를 고 찰하면 '거기'(초급)의 세부 구성 어휘가 난이도 쉬운 수준의 단어라 이들 로 구성한 완곡 표현 자체도 난이도 쉬운 수준의 표현이라고 볼 수 있다. 마지막으로 빈도와 난이도를 통합 고려하면 '거기'는 중국어권 학습자에게 한국어 학습 시 중급 단계에서 배우기에 적합하다.

(27) 거시기

'거시기'는 '남자 성기, 자지'의 완곡한 표현이다. '남자 성기, 자지' 역시 직접적으로 표현하면 부끄러운 느낌이 들기 때문에, 꼭 말해야 할 때는 대명사로 교체하는 방식으로 완곡하게 표현하여 '거시기'를 사용한다. '남 자 성기, 자지'라고 직접적으로 표현하는 것에 비해 '거시기'는 특정한 대화 환경에서 '남자 성기'의 의미를 청자에게 정확하게 전달할 수 있다. 그렇지 만 그 의미가 매우 모호하기 때문에 청자의 심리적 인식과 '남자 성기'가 주는 부정적인 이미지 사이에 일정한 거리감이 생기고, 완곡한 표현의 효 과가 발생한다.

이번 설문 조사에서 43명이 '거시기'를 매우 자주 사용한다고 답했으며, 전체 응답자의 37.07%를 차지했고 활용 빈도 평가 점수가 4.16이다. '거시 기'의 중국어 직역 및 그에 대응되는 중국어의 완곡한 표현은 모두 '那个 (그것)'이며, 둘은 글자 의미와 형식이 모두 다르므로 이형이의의 관계이 다. 의미 투명도의 차원에 보면 '남자 성기, 자지'의 의미에 비해 '거시기'의 글자의미는 불투명이다. 그리고 세부 구성 어휘의 난이도를 고찰하면 '거시기'(고급) 난이도가 어려운 수준의 표현이라고 볼 수 있다. 따라서 빈도와 난이도를 통합 고려하면 '거시기'는 중국어권 학습자에게 한국어 학습 시 고급 단계에서 배우기에 적합하다.

(28) 음부

'여자의 생식기, 보지'도 직접적으로 표현하면 부끄러운 느낌이 들기 때문에, 꼭 말해야 할 때는 환유의 완곡 표현 방식을 써서 '음부' 또는 '국부'라고 표현한다. '여자의 생식기, 보지'라고 직접적으로 표현하는 것에 비해 '음부'는 포괄하는 범위가 넓어서 의미가 비교적 모호하기 때문에, 특정한 대화 환경에서 청자에게 그 의미를 정확하게 전달할 수 있으면서 동시에 청자의 심리적 인식과 '여자의 생식기, 보지'가 주는 부정적인 이미지 사이에 일정한 거리감이 생기고, 완곡 표현의 효과가 발생한다.

이번 설문 조사에서 52명이 '음부'를 매우 자주 사용한다고 답했으며, 전체 응답자의 44.83%를 차지했고 활용 빈도 평가 점수가 4.10이다. '음부'의 중국어 직역 및 그에 대응되는 중국어의 완곡 표현은 모두 '阴部, 会阴部(음부, 회음부)'이며, 둘은 의미와 형식이 동일하므로 동형동의의 관계이다. 의미 투명도의 차원에 보면 '여자의 생식기, 보지'의 의미에 비해 '음부'의 글자의미는 반불투명이다. 그리고 세부 구성 어휘의 난이도를 고찰하면 '음부'(고급) 난이도가 어려운 수준의 표현이라고 볼 수 있다. 마지막으로 빈도와 난이도를 통합 고려하면 '음부'는 중국어권 학습자에게 한국어 학습 시 중급 단계에서 배우기에 적당하다.

(29) 나체

'나체'는 '알몸'의 완곡 표현이다. 일반적으로 한국인은 '알몸'이란 단어를 직접적으로 사용하면 부끄러움을 느끼기 때문에 꼭 써야 할 때는 외래어(한자어)인 '나체'로 완곡하게 표현한다. 직접적인 표현인 '알몸'에 비해 '나체'는 '알몸'의 의미를 정확하게 표현할 수 있으면서도 청자의 심리적 인식과 '알몸'이 주는 부정적인 연상 사이에 일정한 거리감을 만들며, 이에 따라 완곡 표현의 효과가 생긴다.

이번 설문 조사에서 48명이 '나체'를 매우 자주 사용한다고 답했으며, 전체 응답자의 41.38%를 차지했고 활용 빈도 평가 점수가 4.10이다. '나체'의 중국어 직역 및 그에 대응되는 중국어의 완곡 표현은 모두 '裸体(나체)'이며, '나체'와 '裸体'는 의미와 형식이 동일하므로 동형동의의 관계이다. 의미 투명도의 차원에 보면 '알몸'의 의미에 비해 '나체'의 글자의미는 반투명이다. 그리고 세부 구성 어휘의 난이도를 고찰하면 '나체'(고급) 난이도가 어려운 수준의 표현이라고 볼 수 있다. 마지막으로 빈도와 난이도를 통합 고려하면 '나체'는 중국어권 학습자에게 한국어 학습 시 중급 단계에서 배우기에 적당하다.

(30) 항문(학문)

'항문'은 '똥구멍'의 완곡 표현이다. '똥구멍' 역시 한국인이 직접적으로 쓰기를 꺼려하는 단어이므로 꼭 말해야 할 때는 외래어(한자 단어)인 '항문'으로 완곡하게 표현한다.

이번 설문 조사에서 46명이 '항문'을 매우 자주 사용한다고 답했으며, 전체 응답자의 39.66%를 차지했고 활용 빈도 평가 점수가 4.13이다. 직접적 표현인 '똥구멍'에 비해 '항문'은 그 의미를 정확하게 전달할 수 있으면 서, 외래어이므로 청자의 심리적 인식과 '똥구멍'이 주는 부정적인 연상 사이에 일정한 거리감이 형성된다. 또한 '학문'이라고 표현하기도 한다. '학문'과 '항문' 발음 같기 때문에 '학문외과'라고 완곡하게 표현할 때도 있 다. 이에 따라 완곡 표현의 효과가 생긴다.

'항문'의 중국어 직역 및 그에 대응되는 중국어의 완곡 표현은 모두 '肛 门(항문)'이다. '항문'과 '肛门'은 의미와 형식이 동일하므로 동형동의의 관 계이다. 의미 투명도의 차원에 보면 '똥구멍'의 의미에 비해 '항문'의 글자 의미는 반투명이다. 그리고 세부 구성 어휘의 난이도를 고찰하면 '항문'(고 급) 난이도가 어려운 수준의 표현이라고 볼 수 있다. 마지막으로 빈도와 난이도를 통합 고려하면 '항문'은 중국어권 학습자에게 한국어 학습 시 중 급 단계에서 배우기에 적당하다.

(31) 고래잡이

'고래잡이'는 '포경수술'의 완곡 표현이다. '포경수술'이란 표현은 남자의 생식기와 관련이 있어서 직접적으로 표현하면 부끄러운 느낌이 들기 때문 에, 꼭 말해야 할 때는 은유의 완곡 표현 방식을 써서 '고래잡이'라고 표현 한다.

이번 설문 조사에서 43명이 '고래잡이'를 매우 자주 사용한다고 답했으 며, 전체 응답자의 37.07%를 차지했고 활용 빈도 평가 점수가 4.01이다. '고래잡이'에 대응되는 중국어의 완곡 표현은 '包皮手术'이며, 두 가지 표현 은 의미와 형식이 모두 다르므로 이형이의의 관계이다. 의미 투명도의 차 원에 보면 '포경 수술'의 의미에 비해 '고래잡이'의 글자의미는 불투명이다.

그리고 세부 구성 어휘의 난이도를 고찰하면 '고래잡이'(고래(고급)+잡이(중급))가 난이도 어려운 수준의 표현이라고 볼 수 있다. 따라서 빈도와 난이도를 통합 고려하면 '고래잡이'는 중국어권 학습자에게 한국어 학습 시 고급 단계에서 배우기에 적합하다.

(32) 가슴

'가슴'은 '젖, 젖가슴'의 완곡 표현이다. 한국 사회에서는 '성(性)'을 완곡하게 표현할 뿐만 아니라 '성'과 관련된 신체 부위도 완곡하게 표현한다. 예를 들면 '젖, 젖가슴'은 직접적으로 표현하면 부끄러운 느낌이 들기 때문에 보통 '가슴'이라는 완곡 표현을 쓴다. '젖', 젖가슴' 대신 '가슴'을 사용하면 사람들은 '젖, 젖가슴'의 의미를 정확하게 인식할 수 있으며, 또한 '가슴'이 포괄하는 범위가 더 넓기 때문에 청자의 심리적 인식과 '젖, 젖가슴'이 주는 부정적인 이미지 사이에 거리감이 생기고, 이에 따라 완곡 표현의 효과가 생긴다.

이번 설문 조사에서 67명이 '가슴'을 매우 자주 사용한다고 답했으며, 전체 응답자의 57.76%를 차지했고 활용 빈도 평가 점수가 4.41이다. '가슴'의 중국어 직역 및 그에 대응되는 중국어의 완곡 표현은 모두 '胸部(가슴부분)'으로, 둘은 의미가 같지만 형식이 다르므로 이형동의의 관계이다. 의미 투명도의 차원에서 보면 '젖, 젖가슴'의 의미에 비해 '가슴'의 글자의 미는 반불투명이다. 그리고 세부 구성 어휘의 난이도를 고찰하면 '가슴'(초급)은 난이도가 낮은 수준의 표현이라고 볼 수 있다. 따라서 빈도와 난이도를 통합 고려하면 '가슴'은 중국어권 학습자에게 한국어 학습 시 초급 단계에서 배우기에 적합하다.

(33) 섹시(하다)

'섹시(하다)'는 '성적 매력'의 완곡 표현이다. '성적 매력'도 '성'자를 포함해서 표현할 때 '성'자를 피하기 위해 완곡하게 표현을 해야 한다. '섹시(하다)'는 '성적 매력'의 의미와 같지만 자신이 외래어이라 '섹시(하다)'로 말하면 청자의 심리적 인식과 '성적 매력'이 주는 부정적인 이미지 사이에 거리감이 생기고, 이에 따라 완곡 표현의 효과가 생긴다.

이번 설문 조사에서 47명이 '섹시(하다)'를 매우 자주 사용한다고 답했으며, 전체 응답자의 40.52%를 차지했고 활용 빈도 평가 점수가 4.09이다. '섹시(하다)'의 중국어 직역은 '性感(성적인 매력이 있다)'이고 그에 대응되는 중국어의 완곡 표현은 '丰满(풍만하다)'로, 둘은 의미가 같지만 형식이 다르므로 이형동의의 관계이다. 의미 투명도의 차원에 보면 '성적 매력'의 의미에 비해 '섹시(하다)'의 글자의미는 반불투명이다. 그리고 세부 구성 어휘의 난이도를 고찰하면 '섹시(하다)' (섹시(고급)+하다(초급))가 난이도 어려운 수준의 표현이라고 볼 수 있다. 따라서 빈도와 난이도를 통합 고려하면 '섹시(하다)'는 중국어권 학습자에게 한국어 학습 시 고급 단계에서 배우기에 적합하다.

(34) 성폭행(력)

'성폭행(력)'은 '강간'의 완곡 표현이다. '강간'은 어느 나라의 언어이든지 표현하기를 기피하는 단어이며, 직접적으로 표현하면 그와 관계되는 사람이 마음에 상처를 입기 때문에 상처를 두 번 받을 수 있다. 그래서 '강간'이라는 단어를 써야 할 때 한국인은 보통 '성폭행(력)'이라는 완곡 표현을 사용한다.

이번 설문 조사에서 57명이 '성폭행(력)'을 매우 자주 사용한다고 답했으며, 전체 응답자의 49.14%를 차지했고 활용 빈도 평가 점수가 4.22이다. 의미상으로 '성폭행(력)'은 '강간'보다 범주가 넓어서 더욱 모호한 표현이 되기 때문에 청자가 심리적으로 인식할 때 거리적 모호성이 생기고, '강간'이 주는 부정적인 느낌이 약화되며, 이러한 행위를 질책하는 뜻도 들어있어서 '폭행(력)'이라고 인식하게 되며, 이에 따라 완곡 표현의 효과가 발생한다.

'성폭행(력)'의 중국어 직역 및 그에 대응되는 중국어의 완곡 표현은 모두 '强暴(성폭행(력))'으로, 둘은 의미가 유사하지만 형식이 서로 상이하므로 이형동의의 관계이다. 의미 투명도의 차원에 보면 '강간'의 의미에 비해 '성폭행(력)'의 글자의미는 반불투명이다. 그리고 세부 구성 어휘의 난이도를 고찰하면 '성폭행(력)' (성(초급)+폭행(고급))으로 난이도가 높은 수준의 표현이라고 볼 수 있다. 마지막으로 빈도와 난이도를 통합 고려하면 '성폭행(력)'은 중국어권 학습자에게 한국어 학습시 중급 단계에서 배우기에 적당하다.

(35) 유흥가

'유흥가'는 '사창가', '윤락가'의 완곡 표현이다. '사창가', '윤락가'에는 '사창', '윤락'이라는 사람들이 직접적으로 표현하기를 꺼리는 단어가 들어있기 때문에, 꼭 '사창가, 윤락가'를 말해야 할 때는 보통 '유흥가'라고 완곡하게 표현한다. '유흥가'는 '사창', '윤락'이라는 단어를 빼고 '유흥'이라는 단어를 사용했는데, '유흥가'는 포괄하는 범위가 매우 광범위하고 의미가 비교적 모호하면서도 '사창가, 윤락가'의 의미를 정확하게 전달할 수 있으며,

청자의 심리적 인식과 '사창가, 윤락가'가 주는 부정적인 연상 사이에 거리
감을 만들기 때문에 완곡 표현의 효과가 생긴다.

이번 설문 조사에서 42명이 '유흥가'를 매우 자주 사용한다고 답했으며,
전체 응답자의 36.21%를 차지했고 활용 빈도 평가 점수가 4.07이다. '유흥
가'에 대응되는 중국어의 완곡 표현은 '红灯区(홍등가)'이며, '유흥가'와 '红
灯区'는 단어의 의미와 형식이 모두 상이하므로 이형이의의 관계이다. 의
미 투명도의 차원에 보면 '사창가', '윤락가'의 의미에 비해 '유흥가'의 글자
의미는 불투명이다. 그리고 세부 구성 어휘의 난이도를 고찰하면 '유흥가'
(고급)가 난이도 어려운 수준의 표현이라고 볼 수 있다. 따라서 빈도와
난이도를 통합 고려하면 '유흥가'는 중국어권 학습자에게 한국어 학습시
고급 단계에서 배우기에 적합하다.61)

(36) 남대문이 열려 있다

'남대문이 열려 있다'는 '바지 지퍼가 열려 있다'의 완곡 표현이다. '바지
지퍼가 열려 있다'를 말하면 청자가 부끄러운 느낌이 들기 때문에, 꼭 말해
야 할 때는 '남대문이 열려 있다'로 완곡하게 표현을 할 수 있다. '남대문이
열려 있다'는 '바지 지퍼가 열려 있다'를 피하는 동시에 그의 의미를 은유할
수 있어서 미화의 완곡 표현 원리를 통해 완곡 표현의 효과를 얻을 수
있다.

이번 설문 조사에서 42명이 이를 매우 자주 사용한다고 답했으며, 전체

---

61) '유흥가'의 한자어 '游兴街'는 한국, 일본에서 광범위하게 사용되지만, 중국어에서는
잘 사용하지 않기 때문에, 중국인이 이 단어를 '红灯区(홍등가)'로 이해하는 데 어려움
이 있다.

응답자의 36.21%를 차지했고 활용 빈도 평가 점수가 4.00이다. '남대문이 열려 있다'의 중국어 직역은 '南大门开了(남대문이 열려 있다)'이다. 그리고 그에 대응되는 중국어의 완곡 표현은 '前开门开了(앞에 문이 열려 있다)'이다. '남대문이 열려 있다'와 '前开门开了(앞에 문이 열려 있다)'은 의미와 형식이 모두 상이하므로 이형이의의 관계이다. 의미 투명도의 차원에 보면 '바지 지퍼가 열려 있다'의 의미에 비해 '남대문이 열려 있다'의 글자의미는 불투명이다. 그리고 세부 구성 어휘의 난이도를 고찰하면 '남대문이 열려 있다'(남대문(중급)+이(초급)+열려(초급)+있다(초급))는 난이도 중간 수준의 표현이라고 볼 수 있다. 마지막으로 빈도와 난이도를 통합 고려하면 '남대문이 열려 있다'는 중국어권 학습자에게 한국어 학습 시 고급 단계에서 배우기에 적당하다.

5.5.5 연애, 가정, 혼인과 임신에 관한 완곡 표현

본고의 설문에 기록되어 있는 연애, 가정, 혼인과 임신에 관한 완곡 표현은 총 47개이다. 금기대상인 간통, 불륜, 여성의 임신 출산 등과 관련된 완곡 표현으로 이루어져 있다. 엄밀히 말하면 여기서 언급했던 것들이 거의 부정적인 '성'과 연상이 되기 때문에 결국은 여성이 성적인 것을 불결하게 여기고 말하기를 꺼리고 기피하는 것이다. 여성 출산과 관련된 여성 부정성 금기어 그리고 기타 일반적인 여성 부정성(不淨性)과 관련된 금기어는 공통적으로 여성의 부정성(不淨性)관련되어 있다. 전통적으로 여성은 월경과 출산과 관련하여 그것이 부정한 것으로 인식되었기 때문에 꺼리는 금기대상이 되어왔다.(김열규, 1978). 앞에도 언급한 바와 같이 인간의 역사 속에서 '성'에 관련된 성문화는 금기의 대상이었다. 일반적으로 어느 사회에서나 외설적이거나 '성'에 관련된 표현은 말하기를 꺼리고 완곡 표현을 사용한다. 사회 관념의 변화에 따라 성 행위,출산 등에 대해서 직접적인 표현을 기피한다. 이는 사회적 체면, 수치심, 부끄러움 때문에 추상적으로 표현하거나 비유적 표현을 쓰는 것이다. 이와 관련된 완곡 표현 다음과 같다.

(37) 싱글

'싱글'은 '독신, 독신 남, 독신녀, 노처녀, 노총각'의 완곡 표현이다. '독신, 독신 남, 독신녀, 노처녀, 노총각'에는 '독신'이라는 단어가 들어있는데, 전통적인 관념에서 한국인은 성인이 된 후에도 독신이면 장가나 시집을 못 간 것이라고 여기기 때문에, 나이가 많은 사람에게 '독신'이라는 단어를 잘 쓰지 않고, 대신 '싱글'이라고 완곡하게 표현한다. '싱글'은 외래어이므로 거리적 모호성 원리에 따라 완곡 표현의 효과가 생기며, 유행하는 외래어를 사용하여 독신인 상태를 미화시키는 효과도 있다.

이번 설문 조사에서 78명이 '싱글'을 매우 자주 사용한다고 답했으며, 전체 응답자의 67.24%를 차지했고 활용 빈도 평가 점수가 4.00이다. '싱글'에 대응되는 중국어의 완곡 표현은 '单身(단신)'으로, 둘은 의미가 유사하고 형식이 다르기 때문에 이형동의의 관계이다. 의미 투명도의 차원에 보면 '독신, 독신 남, 독신녀, 노처녀, 노총각'의 의미에 비해 '싱글'의 글자의미는 반불투명이다. 그리고 세부 구성 어휘의 난이도를 고찰하면 '싱글'(고급)은 난이도 어려운 수준의 표현이라고 볼 수 있다. 마지막으로 빈도와 난이도를 통합 고려하면 '싱글'은 중국어권 학습자에게 한국어 학습시 중급 단계에서 배우기에 적합하다.

(38) 싱글 맘

'싱글 맘'은 '비혼모, 미혼모'의 완곡 표현이다. 한국의 전통 관념에서는 미혼인 여성이 자식을 낳는 것을 매우 반대하기 때문에 '비혼모, 미혼모'는 사회적, 도덕적으로 스트레스를 주게 되며, 심지어 '비혼모, 미혼모'를 대화에서 금기시하는 경향이 있어 완곡하게 표현해야 한다. '싱글 맘'도 '싱글'처럼 외래어이면서 거리적 모호성 원리에 따라 완곡 표현의 효과가 생기고, 자신이 처한 상태를 미화할 수 있다.

이번 설문 조사에서 70명이 '싱글 맘'을 매우 자주 사용한다고 답했으며, 전체 응답자의 60.34%를 차지했고 활용 빈도 평가 점수가 4.38이다. '싱글 맘'에 대응되는 중국어의 완곡 표현은 '单身妈妈(싱글 엄마)'로, 두 단어는 의미가 비슷하고 형식이 다르기 때문에 이형동의 관계이다. 의미 투명도의 차원에서 보면 '비혼모, 미혼모'의 의미에 비해 '싱글 맘'의 글자의미는 반불투명이다. 그리고 세부 구성 어휘의 난이도를 고찰하면 '싱글 맘'(싱글(고급)+맘(고급))이 난이도 높은 수준의 표현이라고 볼 수 있다. 마지막으로 빈도와 난이도를 통합 고려하면 '싱글 맘'은 중국어권 학습자에게 한국어 학습 시 중급 단계에서 배우기에 적합하다.

(39) 남남이 되다

'남남이 되다'는 '이혼하다'의 완곡 표현이다. 한국 사람은 안 좋은 일에 관한 표현이 상대적으로 함수적이다. 특히, 누구 이혼하면 직설적으로 '이혼하다'란 표현을 잘 하지 않는다. 그 대신 '남남이 되다'라는 말을 많이 쓴다. '남남이 되다'는 '이혼하다'보다 더 모호하고 '이혼하다'의 뜻을 은근하게 표현할 수 있다. 그로인해 약화의 원리를 통한 완곡 효과가 나타난다.

이번 설문 조사에서 49명이 '남남이 되다'를 매우 자주 사용한다고 답했으며, 전체 응답자의 42.24%를 차지했고 활용 빈도 평가 점수가 4.12이다. '남남이 되다'에 대응되는 중국어의 완곡 표현은 '成了陌路人(남남이 되다)'로, 둘은 글자 의미와 형식이 모두 유사하기 때문에 동형동의의 관계이다. 의미 투명도의 차원에 보면 '이혼하다'의 의미에 비해 '남남이 되다'의 글자의미는 반불투명이다. 그리고 세부 구성 어휘의 난이도를 고찰하면 '남남이 되다'(남남(중급)+이(초급)+되다(초급))가 난이도 중간 수준의 표현이라고 볼 수 있다. 따라서 빈도와 난이도를 통합 고려하면 '남남이 되다'는 중국어권 학습자에게 한국어 학습 시 중급 단계에서 배우기에 적합하다.

(40) 헤어지다

'헤어지다'는 '이혼하다'의 완곡 표현이다. 한국 사회는 가정, 결혼을 중요시하여 이혼을 거론하거나 이혼에 처하는 것을 기피하기 때문에 이혼을 말해야 할 때는 완곡 표현을 쓴다. '이혼하다'에 비해 '헤어지다'는 '이혼'이라는 단어가 나오지 않으면서도 이혼 후에 헤어진 상황을 설명하기 때문에, '이혼하다'를 암시하면서 동시에 '이혼하다'가 주는 부정적 느낌을 약화시키며, 이에 따라 완곡 표현의 효과가 발생한다.

이번 설문 조사에서 56명이 '헤어지다'를 매우 자주 사용한다고 답했으며, 전체 응답자의 48.28%를 차지했고 활용 빈도 평가 점수가 4.21이다. '헤어지다'에 대응되는 중국어의 완곡 표현은 '分手(손을 놓다)'이며, 두 단어는 의미와 형식이 모두 비슷하므로 동형동의의 관계이다. 의미 투명도의 차원에 보면 '이혼하다'의 의미에 비해 '헤어지다'의 글자의미는 반불투명이다. 그리고 세부 구성 어휘의 난이도를 고찰하면 '헤어지다'(초급)가 난이도 쉬운 수준의 표현이라고 볼 수 있다. 따라서 빈도와 난이도를 통합 고려하면 '헤어지다'는 중국어권 학습자에게 한국어 학습 시 초급 단계에서 배우기에 적합하다.

(41) 쇼윈도 부부

'쇼윈도 부부'는 '(행복만 보여 주는)불화 부부'의 완곡 표현이다. 이러한 부부는 사회적 지위와 체면 때문에 주변의 시선을 의식하여 공개적인 곳에서는 행복한 부부인 것처럼 행세할 뿐 개인적인 대화나 부부관계, 서로에 대한 존중과 애정이 전혀 없는 부부이다.

이번 설문 조사에서 50명이 '쇼윈도 부부'를 매우 자주 사용한다고 답했으며, 전체 응답자의 43.10%를 차지했고 활용 빈도 평가 점수가 4.05이다. '쇼윈도 부부'에 대응되는 중국어의 완곡 표현은 없으므로[62] 한·중 완곡 표현 무 대응의 관계이다. 의미 투명도의 차원에 보면 '불화 부부'의 의미에 비해 '쇼윈도 부부'의 글자의미는 불투명다. 그리고 세부 구성 어휘의

---

[62] 한국어에서 쇼윈도 부부는 실제로는 행복한 결혼생활을 하고 있지 못하지만 주변의 시선을 의식하여 마치 잉꼬부인인 것처럼 행동하는 부부를 뜻하는 말이다. 디스플레이 부부'라고도 한다. 소비자의 시선을 끌어 구매욕을 높이려는 목적으로 화려하고 깔끔하게 상품을 진열한 백화점이나 상점의 쇼윈도처럼 실제로는 원만한 결혼생활을 하고 있지 못하지만 마치 행복한 결혼생활을 하는 것처럼 가장하는 부부들을 쇼윈도 부부라 부르는데 중국어로 완전 일치한 대응된 완곡 표현을 존재하지 않는다. 다만 가장 가까운 해석으로 '琴瑟不和'인데 옛날에 부부 금슬이 좋지 않다고 비유했고 구어보다 문어표현으로 더 자주 사용했다. '쇼윈도 부부'중국어로 직역하면 橱窗夫妻 인데 橱窗夫妻라는 것은 최근에 북경 798예술 센터에서 일종의 현대 행위예술로 인터넷에서 만난 가상의 부부가 투명한 창문의 구조물에서 대중에 그 생활상을 1개월간 노출한 사건으로 유래되었다. 중국어에서 일치한 대등하는 완곡 표현 존재하지 않지만 '作秀夫妻'하고 의미와 유사하다.

난이도를 고찰하면 '쇼윈도 부'(쇼(중급)+윈도(고급)+부부(초급))가 난이도 어려운 수준의 표현이라고 볼 수 있다. 따라서 빈도와 난이도를 통합 고려하면 '쇼윈도 부부'는 중국어권 학습자에게 한국어 학습 시 고급 단계에서 배우기에 적합하다.

(42) 바람을 피우다

'바람을 피우다'는 '간통', '불륜'의 완곡 표현이다. 한국의 전통 관념에서는 결혼하여 배우자가 있는 사람이 배우자가 아닌 사람과 성적 관계를 맺는 것은 매우 수치스러운 일이기 때문에 '간통', '불륜'이란 용어가 너무 노골적인 표현이라 그 용어를 말하거나 듣는 것조차도 부끄럽다고 느낄 수 있다. '바람을 피우다'는 환유로 '간통', '불륜'의 의미를 표현할 수 있으며 그들의 부정적인 영향을 약화할 수 있어서 완곡 표현의 효과를 실현할 수 있다. 그런데 결혼하지 않은 연인 관계에서는 '간통, 불륜'이라 하지 않고, '바람피우다, 바람나다'는 표현만 쓴다. '바람을 피우다'가 완곡 표현이면서 의미가 더 넓다.

이번 설문 조사에서 43명이 '바람을 피우다'를 매우 자주 사용한다고 답했으며, 전체 응답자의 37.07%를 차지했고 활용 빈도 평가 점수가 4.05이다. '바람을 피우다'의 중국어 직역은 '起风了(바람이 일기 시작하다)'이고 '바람을 피우다'에 대응되는 중국어의 완곡 표현은 '胡来/乱来(밖에서 함부로 하다, 제멋대로 하다)'이다. '바람을 피우다'와 '乱来/胡来'의 글자 의미와 어휘 형식이 모두 달라서 이형이의의 관계에 해당된다. 의미 투명도의 차원에 보면 '간통', '불륜'의 의미에 비해 '바람을 피우다'의 글자의미는 불투명하다. 그리고 세부 구성 어휘의 난이도를 고찰하면 '바람을 피우다'(바람(초급)+을(초급)+피우다(중급))는 난이도 중간 수준의 표현이라고 볼 수 있다. 마지막으로 빈도와 난이도를 통합 고려하면 '바람을 피우다'는 중국어권 학습자에게 한국어 학습 시 고급 단계에서 배우기에 적합하다.

(43) 바람이 나다

'바람이 나다'도 '간통', '불륜'의 완곡 표현이다. '바람이 나다'의 사용원인, 완곡 표현의 표현 방법, 완곡 표현 효과의 실현 원리 등은 '바람을 피우다'와 유사하다.

이번 설문 조사에서 42명이 '바람이 나다'를 매우 자주 사용한다고 답했으며, 전체 응답자의 36.21%를 차지했고 활용 빈도 평가 점수가 4.03이다. '바람이 나다'의 중국어 직역은 '起風(바람이 일기 시작하다)'이고 그 용어에 대응되는 중국어의 완곡 표현은 '乱来/胡来'(밖에서 함부로 하다/제멋대로 하다)'이다. '바람이 나다'와 '乱来/胡来'(밖에서 함부로 하다/제멋대로 하다)의 글자의미와 어휘 형식이 모두 달라서 이형이의의 관계이다. 의미 투명도의 차원에 보면 '간통', '불륜'의 의미에 비해 '바람이 나다'의 글자 의미는 불투명이다. 그리고 세부 구성 어휘의 난이도를 고찰하면 '바람이 나다'(바람(초급)+이(초급)+나다(초급))는 난이도 쉬운 수준의 표현이라고 볼 수 있다. 마지막으로 빈도와 난이도를 통합 고려하면 '바람이 나다'는 중국어권 학습자에게 한국어 학습시 고급 단계에서 배우기에 적합하다.

(44) 아기를 가지다

'아기를 가지다'는 '임신하다'의 완곡 표현이다. '임신하다'는 양성(兩性)

관계, 개인의 사생활과 관계되기 때문에 대화에서 비교적 금기시하며, 완곡하게 표현해야 한다. '임신하다'에 비해 '아기를 가지다'라고 말하면 청자의 심리적 인식과 양성 관계가 주는 느낌 사이에 거리감이 생기며, 이러한 거리적 모호성 원리에 따라 완곡 표현의 효과가 형성된다.

이번 설문 조사에서 68명이 '아기를 가지다'를 매우 자주 사용한다고 답했으며, 전체 응답자의 58.62%를 차지했고 활용 빈도 평가 점수가 4.39이다. '아기를 가지다'에 대응되는 중국어의 완곡 표현은 '有了(생겼다)'로, 두 단어의 글자 의미와 형식이 모두 달라서 이형이의의 관계이다. 의미 투명도의 차원에 보면 '임신하다'의 의미에 비해 '아기를 가지다'의 글자의미는 반투명이다. 그리고 세부 구성 어휘의 난이도를 고찰하면 '아기를 가지다'(아기(초급)+를(초급)+가지다(초급))는 난이도가 낮은 수준의 표현이라고 볼 수 있다. 마지막으로 빈도와 난이도를 통합 고려하면 '아기를 가지다'는 중국어권 학습자에게 한국어 학습 시 중급 단계에서 배우기에 적합하다.

5.5.6 생리, 배설이나 분비에 관한 완곡 표현

생리, 배설이나 분비에 관한 완곡 표현 본고의 설문에 따르면 총31개 기록되어 있다. 인간이면 누구나 생리적 욕구를 가지고 있음에도 불구하고 이에 대한 수치심을 감추고 싶어 하는 심리는 한국사회든 중국사회든 별반 차이가 나지 않는다. 특히 생리적 현상에 대해서는 직접적으로 말하지 않고 완곡하게 표현하는 경향이 있다. 생리, 신체 배설이나 분비물은 더럽고 불결한 것으로 여겨지기 때문에 일상생활에서 사람들은 이것을 말하기를 꺼려하고 가능하면 회피하여 완곡하게 표현하려고 한다. 특히 친한 사이가 아닌 격식을 차려야 할 식사 자리에서 더 더욱 그러한다. 결국은 배설이나 분비와 같은 완곡 표현을 사용하는 근본원인은 언어의 자극으로 인간의 수치 감정을 유발하지 않으려던 것이라 볼 수 있겠다.[63] 대소변, 방귀, 설사, 생리 등과 관련된 표현들은 아래와 같다.

(45) 그 날

'그 날'은 '월경(하다), 생리'의 완곡 표현이다. '월경(하다), 생리'는 여성의 사적인 부분이어서 공공장소에서 '월경(하다), 생리'라고 표현하면 청자가 거북함을 느낄 수 있어 완곡하게 표현해야 하며, 대명사 교체 방식으로 '그 날'이라고 표현한다. 이는 '월경(하다), 생리'를 거리적 모호성 원리에 따라 완곡하게 표현하는 효과가 있다.

이번 설문 조사에서 68명이 '그 날'을 매우 자주 사용한다고 답했으며, 전체 응답자의 58.62%을 차지했고 활용 빈도 평가 점수가 4.41이다. '그 날'의 중국어 직역은 '那天(그 날)'이며, '그 날'에 대응되는 중국어의 완곡 표현은 '来事了(일이 왔다)'이다. '그 날'과 '来事了'는 글자 의미 및 표현 형식이 모두 상이하므로 이형이의의 관계이다. 의미 투명도의 차원에 보면 '월경(하다), 생리'의 의미에 비해 '그 날'의 글자의미는 반불투명이다.

---

63) 채춘옥(2014c)에서는 수치의 정서는 원래 자신이 불명예스럽다거나, 어리석다거나, 버릇없다는 사실을 의식하거나, 자기의 겸손과 예절이 무시되는 상황에 자기가 처해 있다는 사실을 인식함으로써 야기되는 정서이다. 이러한 수치 감정은 자발적으로 의식될 수도 있지만 언어의 자극 때문에 일어나는 경우가 더 많다. 일반적으로 대화 상황에서 언어 자극에 의하여 상대방으로 하여금 수치감을 느끼게 하려는 심리적 동기는 수치 의식을 통하여 태도 변화를 일으키려는 데 있다. 수치 감정을 유발시키는 언어 표현은 직접적일수록 효과적이기 때문에 이 경우에 완곡 표현을 사용 할 필요가 없다.

그리고 세부 구성 어휘의 난이도를 고찰하면 '그 날'(초급)가 난이도 쉬운 수준의 표현이라고 볼 수 있다. 마지막으로 빈도와 난이도를 통합 고려하면 '그날'은 중국어권 학습자에게 한국어 학습 시 중급 단계에서 배우기에 적합하다.

(46) 마법에 걸리다

'마법에 걸리다'도 '월경(하다), 생리'의 완곡 표현이다. '마법에 걸리다'의 의미가 매우 모호하고, 포괄하는 범위도 매우 광범위하지만, 특정한 대화 환경에서는 그것이 환유로 암시하는 의미가 '월경(하다), 생리'임을 정확하게 전달할 수 있다. '마법에 걸리다'로 '월경(하다), 생리'을 표현하면 의미가 소통될 뿐 아니라 거북한 느낌도 주지 않을 수 있으며, 청자의 심리적 인식과 '월경(하다), 생리'가 주는 거북한 느낌의 사이에 일정한 거리감이 생기며, 이러한 거리적 모호성 원리에 따라 완곡 표현의 효과가 발생한다.

이번 설문 조사에서 48명이 '마법에 걸리다'를 매우 자주 사용한다고 답했으며, 전체 응답자의 41.38%를 차지했고 활용 빈도 평가 점수가 4.08이다. '마법에 걸리다'의 직역은 '中魔法(마법에 걸리다)'이고 그에 대응되는 중국어의 완곡 표현은 '大姨妈来了(큰이모님 오다)'이며, '마법에 걸리다'와 '大姨妈来了(큰이모님 오다)'는 글자 의미와 어휘 형식이 모두 다르므로 이형이의의 관계이다. 의미 투명도의 차원에 보면 '월경(하다), 생리'의 의미에 비해 '마법에 걸리다'의 글자 의미는 불투명이다. 그리고 세부 구성 어휘의 난이도를 고찰하면 '마법에 걸리다'(마법(고급)+에(초급)+걸리다(초급))는 난이도가 높은 수준의 표현이라고 볼 수 있다. 마지막으로 빈도와 난이도를 통합 고려하면 '마법에 걸리다'는 중국어권 학습자에게

난이도가 높은 수준이며, 한국어 학습 시 고급 단계에서 배우기에 적합
하다.

(47) 대소변

'대소변'은 '똥과 오줌'의 완곡 표현이다. '똥과 오줌'은 더럽고 냄새도
고약하기 때문에 다른 사람과 이야기할 때 '똥과 오줌'이라고 표현하면 청
자가 거북함을 느낄 수 있어서 완곡하게 표현해야 한다. '대소변'은 한자
단어로, '대소변'을 '똥과 오줌' 대신 사용하면 외래어(한자 단어)이기 때문
에 거리적 모호성 원리에 따른 완곡 표현의 효과가 생긴다.

이번 설문 조사에서 56명이 '대소변'을 매우 자주 사용한다고 답했으며,
전체 응답자의 48.28%를 차지했고 활용 빈도 평가 점수가 4.18이다. '대소
변'에 대응되는 중국어의 완곡 표현은 '大小便(대소변)'으로, 두 단어는 직
역 및 형식이 동일하여 동형동의의 관계이다. 의미 투명도의 차원에 보면
'똥과 오줌'의 의미에 비해 '대소변'의 글자의미는 반투명이다. 그리고 세부
구성 어휘의 난이도를 고찰하면 '대소변'(고급)은 난이도가 높은 수준의
표현이라고 볼 수 있다. 마지막으로 빈도와 난이도를 통합 고려하면 '대소
변'은 중국어권 학습자에게 한국어 학습 시 중급 단계에서 배우기에 적당
하다.

(48) (볼)일을 보다

'(볼)일을 보다'는 '똥이나 오줌을 누다'의 완곡 표현이다. '(볼)일을 보다'
는 그 사용하게 된 원인은 '대소변'과 같다. 그리고 '똥이나 오줌을 누다'라
는 것을 '(볼)일을 보다'는 것으로 비유해서 특정 담화 중에 청자가 '(볼)일'

의 뜻을 정확히 이해할 수 있고 직설표현 '똥이나 오줌을 누다'의 불쾌감도 피할 수 있다.

이번 설문 조사에서 56명이 '(볼)일을 보다'를 매우 자주 사용한다고 답했으며, 전체 응답자의 48.28%를 차지했고 활용 빈도 평가 점수가 4.26이다. 중국어 대응한 완곡 표현과의 유사성을 고찰 하면 '(볼)일을 보다'의 중국어 직역은'办要办的事((볼)일을 보다)' 이고 그에 대응되는 중국어의 완곡 표현은 '去洗手间(화장실에 가다)'이다[64]. '(볼)일을 보다'와 '去洗手间(화장실에 가다)'의 글자 의미와 형식이 모두 상이하여 이형이의의 관계이다. 의미 투명도의 차원에 보면 '똥이나 오줌을 누다'의 의미에 비해 '(볼)일을 보다'의 글자의미는 불투명이다. 그리고 세부 구성 어휘의 난이도를 고찰하면 '(볼)일을 보다'((볼)일(고급)+을(초급)+보다(초급))는 난이도가 높은 수준의 표현이라고 볼 수 있다. 마지막으로 빈도와 난이도를 통합해서 고려하면 '(볼)일을 보다'는 중국어권 학습자에게 한국어 학습시 고급 단계에서 배우기에 적합하다.

(49) 화장실에 가다

'화장실에 가다'는 '똥/오줌 누러가다'의 완곡 표현이다. 화장실에서 대변 또는 소변을 보는 특징을 가리켜 사람들은 보통 '화장실에 가다'라는 표현을 써서 '똥/오줌 누러가다'를 암시하며, 거리적 모호성 원칙에 따라

---

64) 张拱贵(1996:68)『汉语委婉语词典』中婉指"厕所", 因厕具有洗手设施。변소의 완곡어로, 변소에 손을 씻는 시설을 갖추어서 그렇게 칭하게 되었다. 화장실은 중국에서 흔히 '厕所' 또는 '洗手间'로 사용한다. 하지만 '厕所' 하고 '洗手间'은 분명히 차이가 있다. 인사말이나 예의 있는 장소에서는 '厕所'는 꺼리는 단어가 되고, '洗手间'로 사용한다. 같은 의미지만 표현 하는 단어의 미묘한 감정이나 문체에 따라 느낌이 달라진다.

완곡 표현의 효과가 발생한다.

이번 설문 조사에서 61명이 '화장실에 가다'를 매우 자주 사용한다고 답했으며, 전체 응답자의 52.59%를 차지했고 활용 빈도 평가 점수가 4.41이다. '화장실에 가다'의 중국어 직역 및 그에 대응되는 중국어의 완곡 표현은 모두 '去洗手间(화장실에 가다)'로, 두 단어의 글자 의미와 형식이 동일하여 동형동의의 관계이다. 의미 투명도의 차원에 보면 '똥/오줌 누러 가다'의 의미에 비해 '화장실에 가다'의 글자의미는 반투명이다. 그리고 세부 구성 어휘의 난이도를 고찰하면 '화장실에 가다'(화장실(초급)+에(초급)+가다(초급))는 난이가 낮은 수준의 표현이라고 볼 수 있다. 마지막으로 빈도와 난이도를 통합 고려하면 '화장실에 가다'는 중국어권 학습자에게 한국어 학습 시 초급 단계에서 배우기에 적합하다.

(50) 해우소

'해우소'는 '뒷간, 변방'의 완곡 표현이다. '뒷간, 변방'은 대소변과 관계가 밀접하며, 과거의 '뒷간, 변방'은 위생 상태가 나빴기 때문에 대화 중에 이 단어를 직접적으로 사용하면 불쾌함을 느낄 수 있으므로 완곡하게 표현해야 한다. 현대의 '화장실'에는 '화장'의 기능이 포함되어 있으며, '화장실'로 '뒷간, 변방'을 완곡하게 표현할 수 있다. 그러나 근년에 '화장실'을 완곡 표현으로 많이 써서 사람들은 '화장실'에 대해서도 피하고 싶어 한다. 그래서 '해우소'로 '화장실'을 완곡하게 표현 하게 되었다.

이번 설문 조사에서 40명이 '해우소'를 매우 자주 사용한다고 답했으며, 전체 응답자의 34.48%를 차지했고 활용 빈도 평가 점수가 4.01이다. '화장실'에 대응되는 중국어의 완곡 표현은 '洗手间(화장실)'로, 두 단어는 의미와 형식이 모두 상이하므로 이형이의의 관계이다. 의미 투명도의 차원에 보면 '화장실'의 의미에 비해 '해우소'의 글자의미는 불투명이다.[65] 그리고 세부 구성 어휘의 난이도를 고찰하면 '해우소'(고급)는 난이도 높은 수준의 표현이라고 볼 수 있다. 마지막으로 빈도와 난이도를 통합 고려하면 '화장실'은 중국어권 학습자에게 비교적 쉬운 단어이며, 한국어 학습 시 고급 단계에서 배우기에 적당하다.

(51) 큰 일/작은 일을 보다

'큰 일/작은 일을 보다'는 '똥이나 오줌을 누다'의 완곡 표현이다. '큰 일/작은 일을 보다'의 사용하게 된 원인은 '(볼)일을 보다'와 같다. 이번 설문 조사에서 49명이 '(볼)일을 보다'를 매우 자주 사용한다고 답했으며, 전체 응답자의 42.24%를 차지했고 활용 빈도 평가 점수가 4.17이다. '큰 일/작은 일을 보다'의 중국어 직역은 '办要办的大/小事(큰 일/작은 일을 보다)'이고 그에 대응되는 중국어의 완곡 표현은 '大解/小解'이다. '큰 일/작은 일을 보다'와 '大解/小解'의 글자 의미와 형식이 모두 상이하여 이형이의의 관계이다. 의미 투명도의 차원에 보면 '똥이나 오줌을 누다'의 의미에 비해 '큰 일/작은 일을 보다'의 글자의미는 불투명이다. 그리고 세부 구성 어휘의 난이도를 고찰하면 '큰 일/작은 일을 보다'(큰 일(초급)/작은 일(초급)+을

---

65) 해우소는 한자어로 解憂所인데 절에서 화장실을 일컫는 말로, 우울한 기분을 푸는 곳이라는 뜻이다. 불교용어로 걱정, 근심, 번뇌를 해결하는 곳이라는 뜻으로 불가에서 화장실을 이르는 말로 사용했는데 요즘은 일반인에서도 널리 사용하고 있다. 걱정을 우(憂근심을)라 해서 그런 근심을 해결하는 장소라고 하여 해우소라고 이름을 하였고, 측간, 변소보다는 훨씬 널리 사용되고 있다. 해우소는 한자어로 되어 있지만 이를 직역하면 뜻풀이로 중국어권 학습자에게 오히려 혼돈을 줄 수 있을 것이다. 解憂所는 걱정과 근심을 해결해 주는 장소로 아무런 설명없이 화장실로 생각하기 매우 어렵다.

(초급)+보다(초급))는 난이도가 낮은 수준의 표현이라고 볼 수 있다. 마지막으로 빈도와 난이도를 통합해서 고려하면 '큰 일/작은 일을 보다'는 중국어권 학습자에게 한국어 학습 시 고급 단계에서 배우기에 적합하다.

5.5.7 직업과 신분에 관한 완곡 표현

직업과 신분에 관한 완곡 표현은 본고의 설문에 따르면 모두 42개가 기록되어 있다.[66] 사람들은 보편적으로 증오하고 두려워하고 경멸하는 범죄인이나 불량배 또는 성매매나 사회적으로 특별하게 부정적으로 인식하는 직업을 완곡하게 미화시키려고 한다. 예를 보면 본고 설문에 기록되어 있는 파출부, 성매매 여성, 장사꾼 흑인 등 와 같은 직설적인 직업 표현을 대체하여 각각 아주머니, 직업여성, 비즈니스맨, 아프리카계 미국인으로 직업을 미화하고 격상시켜서 표현을 하고 있다. 직업과 신분에 대한 완곡 표현은 타인을 배려하는 마음, 인권의식, 사회복지 정책 같은 현대 사회의 문화적 특성과 다분히 결부된 것이다.(김미형 2009: 92) 사회적인 약자나 사람들의 부끄러워하는 결점을 갖고 있거나 그런 직업을 미화시키고 존경의 뜻을 표하는 식으로 나타나고 있다. 본고에서 선정된 관련 완곡

---

66) 선정된 이모, 아주머니, 환경미화원, 직장인, 회사원, 샐러리맨, 요리사, 셰프, 미용사, 헤어디자이너, 등외는 가사도우미, 근로자, 직업여성과 같은 직업에 관한 완곡 표현들이 있다. 대부분 그동안 비하하고 천하게 여겨왔던 직업들이였다. 특히, 집안일을 돕는 직업중 하나의 '식모'이를 완곡하게 거부감 들지 않게 가사도우미나 가정부라고 부른다. 중국에서도 마찬가지로 이를 완곡하게 이르는 말이 '家政服务员' 혹은 '保洁阿姨'이다. 그 외는 정신노동자는(脑力劳动者)는 화이트칼라(白领)라고 표현하고 육체노동자(体力劳动者)는 블루칼라(蓝领)로 표현한다. 매춘부는 직업여성, 양공주, 아가씨로 표현한다. 중국에서 옛날에 '青楼女子' '风尘女子'로 대체했는데 중국 개혁개방 이후로 술집에서나 노래방에서 시중드는 여성접대부를 지칭하는 '小姐' 또는 '三陪'로 사용되고 있다.

표현은 다음과 같다.

(52) 이모

'이모'는 '식모, 가정청소부, 파출부'의 완곡 표현이다. 전통적인 한국 사회는 계급 사회였고, '식모, 가정청소부, 파출부'는 사회적으로 하층민이었다. 이 직업 또는 신분은 종종 무시를 당했기 때문에 이 직업에 종사하는 일부 사람들은 타인이 자신을 '식모'(保姆), '가정청소부'또는 '파출부'라고 부르는 것을 원치 않는다. 따라서 이 직업에 종사하는 사람에게 존중을 표시하기 위해 '이모'라는 호칭을 사용하는데, '식모', '가정청소부' 또는 '파출부'에 비해 '이모'는 그 직업 종사자를 가족처럼 여긴다는 친밀감이 부각되며, 이 직업을 미화시키기 때문에 완곡 표현의 효과가 형성된다.

이번 설문 조사에서 62명이 '이모'를 매우 자주 사용한다고 답했으며, 전체 응답자의 53.45%를 차지했고 활용 빈도 평가 점수가 4.12이다. 중국어 대응한 완곡 표현과의 유사성을 고찰 하면 '이모'에 대응되는 중국어 직역 및 중국어의 완곡 표현은 '阿姨(이모, 아주머니)'로, '이모' 와 '阿姨'는 글자 의미가 같지만 형식이 다소 다르므로 이형동의의 관계이다. 의미 투명도의 차원에 보면 '식모, 가정청소부, 파출부'의 의미에 비해 '이모'의 글자 의미는 반불투명이다. 그리고 세부 구성 어휘의 난이도를 고찰하면 '이모'(초급)가 난이도 낮은 수준의 표현이라고 볼 수 있다. 마지막으로 빈도와 난이도를 통합 고려하면 '이모'는 중국어권 학습자에게 한국어 학습시 중급 단계에서 배우기에 적합하다.

(53) 아주머니

'아주머니'도 '식모, 가정청소부, 파출부'의 완곡 표현이다. '아주머니'는
그 사용하게 된 원인, 완곡 표현이라는 점, 원리가 '이모'와 같다.

이번 설문 조사에서 62명이 '아주머니'를 매우 자주 사용한다고 답했으
며, 전체 응답자의 53.45%를 차지했고 활용 빈도 평가 점수는 4.22이다.
'아주머니'의 중국어 직역 및 대응되는 중국어의 완곡 표현은 모두 '阿姨
(이모, 아주머니)'로, 두 단어는 의미와 형식이 모두 동일하기 때문에 동형
동의의 관계이다. 의미 투명도의 차원에 보면 '식모, 가정청소부, 파출부'
의 의미에 비해 '아주머니'의 글자의미는 반불투명이다. 그리고 세부 구성
어휘의 난이도를 고찰하면 '아주머니'(초급)가 낮은 난이도 수준의 표현이
라고 볼 수 있다. 마지막으로 빈도와 난이도를 통합 고려하면 '아주머니'는
중국어권 학습자에게 한국어 학습 시 초급 단계에서 배우기에 적합하다.

(54) 환경미화원

'환경미화원'은 '쓰레기 청소부', '청소부'의 완곡 표현이다. '쓰레기 청소
부', '청소부'는 '식모', '가정청소부'등의 직업과 같이 사회적인 지위가 낮기
때문에 완곡한 단어를 써서 호칭해야 하며, 예를 들면 '환경미화원'이 있다.

이번 설문 조사에서 54명이 '환경미화원'을 매우 자주 사용한다고 답했
으며, 전체 응답자의 46.55%를 차지했고 활용 빈도 평가 점수가 4.23이다.
'쓰레기 청소부', '청소부'의 주요 업무는 환경을 미화하는 것이므로 이 특
징에 따라 '환경미화원'이라는 단어로 '쓰레기 청소부', '청소부'의 직업을
정확히 표현할 수 있고, 이 직업을 미화시킬 수 있으며, 이에 따라 완곡
표현의 효과가 발생한다. '환경미화원'의 중국어 직역 및 그에 대응되는

중국어의 완곡 표현은 '淸潔工'이며, 이 단어는 중국어에서 매우 자주 사용한다. '환경미화원'과 '淸潔工'은 글자 의미가 동일하지만 형식이 상이하므로 이형동의의 관계이다. 의미 투명도의 차원에서 보면 '쓰레기 청소부', '청소부'의 의미에 비해 '환경미화원'의 글자 의미는 반불투명이다. 그리고 세부 구성 어휘의 난이도를 고찰하면 '환경미화원'(환경(중급)+미화원(고급))은 높은 난이도 수준의 표현이라고 볼 수 있다. 마지막으로 빈도와 난이도를 통합 고려하면 '환경미화원'은 중국어권 학습자에게 한국어 학습 시 중급 단계에서 배우기에 적당하다.

(55) 직장인

'직장인'은 '월급쟁이'의 완곡 표현이다. 한국인은 매일 회사에 출근하며 매달 월급을 받는 사람은 큰돈을 벌 수 없고 전망도 좋지 않다고 여기기 때문에, '월급쟁이'는 이들을 비하하는 뜻이 담겨있다. 따라서 매달 월급을 받으며 출근하는 사람들은 '월급쟁이'라는 단어에 민감할 수 있으며, 대화 속에서 이 단어를 써야 할 때는 완곡 표현을 쓰는 것이 좋다. '월급쟁이'를 완곡하게 표현하는 단어로 '직장인'을 많이 사용한다.

이번 설문 조사에서 61명이 '직장인'을 매우 자주 사용한다고 답했으며, 전체 응답자의 52.59%를 차지했고 활용 빈도 평가 점수가 4.28이다. '월급쟁이'에 비해 '직장인'이라고 말하면 이 직업을 가진 사람의 객관적인 특징을 호칭하는 것이 되며, 청자의 심리적 인식과 '월급쟁이'가 주는 부정적인 느낌이 완전히 격리된다. 이러한 거리적 모호성 원리에 따라 완곡 표현의 효과가 발생한다.

'직장인'은 한자 단어이며, 그에 대응되는 중국어의 완곡 표현은 '上班族

(직장인)'으로, 두 단어는 글자 의미가 동일하고 형식이 서로 상이하며, 이형동의의 관계이다. 의미 투명도의 차원에 보면 '월급쟁이'의 의미에 비해 '직장인'의 글자 의미는 반투명이다. 그리고 세부 구성 어휘의 난이도를 고찰하면 '직장인'(중급)은 중간 수준 난이도의 표현이라고 볼 수 있다. 마지막으로 빈도와 난이도를 통합 고려하면 '직장인'은 중국어권 학습자에게 한국어 학습 시 중급 단계에서 배우기에 적당하다.

(56) 회사원

'회사원'도 '월급쟁이'의 완곡한 표현이다. 그 사용하게 된 원인, 완곡 표현이라는 점, 원리 등은 '직장인'과 같다.

이번 설문 조사에서 67명이 '직장인'을 매우 자주 사용한다고 답했으며, 전체 응답자의 57.76%를 차지했고 활용 빈도 평가 점수가 4.28이다. '회사원'의 한자어는 '会社員(회사원)'이며, 이 단어는 중국어에서 거의 사용하지 않지만, 중국인은 그 의미를 충분히 이해할 수 있다. '회사원'에 대응되는 중국어의 완곡 표현은 '公司职员(회사 직원)'으로, '회사원'과 '公司职员'의 글자 의미가 유사하고 형식이 상이하기 때문에 이형동의의 관계이다. 의미 투명도의 차원에 보면 '월급쟁이'의 의미에 비해 '회사원'의 글자 의미는 반투명이다. 그리고 세부 구성 어휘의 난이도를 고찰하면 '회사원'(중급)은 중간 수준 난이도의 표현이라고 볼 수 있다. 마지막으로 빈도와 난이도를 통합 고려하면 '회사원'은 중국어권 학습자에게 한국어 학습 시 중급 단계에서 배우기에 적합하다.

(57) 샐러리맨

'샐러리맨'은 봉급에 의존하여 생계를 꾸려 나가는 사람이 말한다. 즉 '봉급생활자', '직장인', '회사원'과 같이 '월급쟁이'를 완곡하게 표현하는 말이다. '샐러리맨'은 외래어이므로 거리적 모호성 원리에 따라 완곡 표현의 효과를 볼 수 있다.

이번 설문 조사에서 43명이 '샐러리맨'을 매우 자주 사용한다고 답했으며, 전체 응답자의 37.07%를 차지했고 활용 빈도 평가 점수가 4.02이다. '샐러리맨'의 중국어 직역 및 그에 대응되는 중국어의 완곡 표현은 '工薪阶层(월급계층)'으로, 두 단어의 글자 의미가 동일하고 형식이 다르기 때문에 이형동의의 관계이다. 의미 투명도의 차원에 보면 '월급쟁이'의 의미에 비해 '샐러리맨'의 글자의미는 반불투명이다. 그리고 세부 구성 어휘의 난이도를 고찰하면 '샐러리맨'(고급)가 어려운 난이도 수준의 표현이라고 볼 수 있다. 따라서 빈도와 난이도를 통합 고려하면 '샐러리맨'은 중국어권 학습자에게 한국어 학습 시 고급 단계에서 배우기에 적합하다.

(58) 요리사

'요리사'는 '동자', '밥 짓는 사람'의 완곡 표현이다. 전통적인 한국 사회에서 '밥 짓는 사람'은 지위가 낮았고, 종종 '동자' 또는 '밥 짓는 사람'으로 불렸으며, 때로는 폄하하는 의미도 포함되어 있었기 때문에, '동자' 또는 '밥 짓는 사람'이라는 표현은 이 직업에 종사하는 사람들이 좋아하지 않을 수 있다. '요리사'는 일본에서 온 외래어이므로 외래어를 사용하면 거리적 모호성 원리에 따라 완곡 표현의 효과가 형성되며, 게다가 '요리사'에는 '사'자가 있어서 사회적인 지위도 높이는 효과가 있다.

이번 설문 조사에서 69명이 '요리사'를 매우 자주 사용한다고 답했으며, 전체 응답자의 59.48%를 차지했고 활용 빈도 평가 점수가 4.32이다. '요리사'는 일본에서 온 외래어이지만 한자 단어이기 때문에 그에 대응되는 중국어 직역 및 중국어의 완곡 표현은 모두 '厨师(요리사)'이다. 이 두 단어는 의미가 동일하지만 형식이 상이하므로 이형동의의 관계이다. 의미 투명도의 차원에 보면 '동자'의 의미에 비해 '요리사'의 글자 의미는 반불투명이다. 그리고 세부 구성 어휘의 난이도를 고찰하면 '요리'(요리(초급)+사(중급))가 중간 수준 난이도의 표현이라고 볼 수 있다. 따라서 빈도와 난이도를 통합 고려하면 '요리사'는 중국어권 학습자에게 한국어 학습 시 중급 단계에서 배우기에 적당하다.

(59) 셰프/쉐프

'요리사'와 같이 '셰프'도 '동자', '밥 짓는 사람'을 완곡하게 표현한 말이다. 그 사용하게 된 원인, 완곡 표현이라는 점, 원리도 '요리사'와 같다. 특히 셰프는 외래어이므로 서양 요리를 전문으로 하는 요리사라는 어감이 있다. 그런데 요즘은 TV프로그램이 영향으로 한식 요리사도 종종 한식 셰프라고 하기도 한다.

이번 설문 조사에서 49명이 '셰프'를 매우 자주 사용한다고 답했으며, 전체 응답자의 42.24%를 차지했고 활용 빈도 평가 점수가 4.08이다. '셰프'에 대응되는 중국어 완곡 표현은 '厨师(요리사)'로, 두 단어의 의미가 동일하고 형식이 상이하므로 이형동의의 관계이다. 의미 투명도의 차원에 보면 '동자'의 의미에 비해 '셰프'의 글자 의미는 반불투명이다. 그리고 세부 구성 어휘의 난이도를 고찰하면 '셰프'(고급)가 높은 난이도 수준의 표현이라고 볼 수 있다. 마지막 빈도와 난이도를 통합 고려하면 '셰프'는 중국어권 학습자에게 한국어 학습 시 중급 단계에서 배우기에 적합하다.

(60) 미용사

'미용사'는 '머리를 깎는 사람'의 완곡 표현이다. 전통적인 한국 사회에서 '머리를 깎는 사람'은 사회적 지위가 낮았기 때문에, 이 직업에 종사하는 사람을 '머리를 깎는 사람'으로 호칭하면 무시하는 의미도 포함되므로 완곡 표현을 써야 하는데, '미용사'는 그것을 완곡하게 표현한 말이다.

이번 설문 조사에서 56명이 '미용사'를 매우 자주 사용한다고 답했으며, 전체 응답자의 48.28%를 차지했고 활용 빈도 평가 점수가 4.23이다. '미용사'는 이 직업과 관련된 단어인 '미용'이 들어가며, 뒤에 '사'를 붙여서 이 직업에 종사하는 사람의 사회적 지위를 높였기 때문에 미화의 원리에 따라 완곡 표현의 효과가 생성된다. '미용사'에 대응되는 중국어의 완곡 표현은 '美发师(미발사)'로, 둘은 의미와 형식이 모두 다르므로 이형이의의 관계이다. 의미 투명도의 차원에 보면 '머리를 깎는 사람'의 의미에 비해 '미용사'의 글자의미는 반투명이다. 그리고 세부 구성 어휘의 난이도를 고찰하면 '미용'(미용(고급)+사(중급))은 어려운 난이도 수준의 표현이라고 볼 수 있다. 마지막 빈도와 난이도를 통합 고려하면 '미용사'는 중국어권 학습자에게 한국어 학습 시 중급 단계에서 배우기에 적당하다.

(61) 헤어디자이너

'헤어디자이너'도 '머리를 깎는 사람'의 완곡 표현이다. 그 사용하게 된 원인은 '미용사'와 같으며, 외래어를 사용해 완곡하게 표현했고, '디자이너'

라는 단어는 이 직업에 종사하는 사람을 미화하는 인상을 주기 때문에, 완곡 표현의 효과가 생긴다.

이번 설문 조사에서 45명이 '헤어디자이너'를 매우 자주 사용한다고 답했으며, 전체 응답자의 38.79%를 차지했고 활용 빈도 평가 점수가 4.09이다. '헤어디자이너'의 완곡한 중국어 표현은 '发型师(헤어 디자이너)'로, 둘은 글자 의미가 같지만 형식이 다르므로 이형동의의 관계이다. 의미 투명도의 차원에 보면 '머리를 깎는 사람'의 의미에 비해 '헤어 디자이너'의 글자 의미는 반불투명이다. 그리고 세부 구성 어휘의 난이도를 고찰하면 '헤어 디자이너'(고급)가 높은 난이도 수준의 표현이라고 볼 수 있다. 마지막 빈도와 난이도를 통합 고려하면 '헤어디자이너'는 중국어권 학습자에게 한국어 학습 시 고급 단계에서 배우기에 적당하다.

(62) 기사님

'기사님'은 '운전수'의 완곡 표현이다. '운전수'는 한국 사회에서 지위가 비교적 낮으므로 완곡하게 표현해야 하며, '기사님'은 자주 사용하는 완곡 표현이다.

이번 설문 조사에서 58명이 '미용사'를 매우 자주 사용한다고 답했으며, 전체 응답자의 50%를 차지했고 활용 빈도 평가 점수가 4.20이다. '기사님'은 '사(师)'자를 가운데 넣어서 이 직업에 종사하는 사람의 지위를 높였고, 미화의 원리에 따라 완곡 표현의 효과가 생긴다. '기사님'에 대응되는 한자는 '机师(기사)'이며, 그에 대응되는 중국어의 완곡 표현은 '司机师傅(기사님)'이다. '기사님'과 '司机师傅'는 직역한 의미와 단어의 형식이 모두 다르므로 이형이의의 관계이다. 의미 투명도의 차원에 보면 '운전수'의 의미에 비해 '기사님'의 글자의미는 반투명이다. 그리고 세부 구성 어휘의 난이도를 고찰하면 '기사님'(중급)은 난이도 중간 수준의 표현이라고 볼 수 있다. 마지막 빈도와 난이도를 통합 고려하면 '기사님'은 중국어권 학습자에게 한국어 학습 시 중급 단계에서 배우기에 적합하다.

(63) 프리랜서

'프리랜서'는 '비(非)전속인'의 완곡 표현이다. 한국에서는 직업이 없는 것을 부끄럽게 여기는데, '비전속인'은 다른 사람이 보기에 직업이 없는 것처럼 보일 수 있어서 이들은 '비전속인'이라 불리기를 원치 않는다. 이런 경우에 '프리랜서'를 완곡 표현으로 쓸 수 있다. '프리랜서'는 외래어로서 그 의미를 정확하게 표현할 수 있을 뿐 아니라, 청자의 심리적 인식과 '비전속인'이 주는 부정적 연상과 완전하게 격리되기 때문에, 이러한 거리적 모호성 원리에 따라 완곡 표현의 효과가 생긴다.

이번 설문 조사에서 47명이 '프리랜서'를 매우 자주 사용한다고 답했으며, 전체 응답자의 40.52%를 차지했고 활용 빈도 평가 점수가 4.18이다. '프리랜서'에 대응되는 중국어의 완곡 표현은 '自由职业者(자유직업자)'로, 두 단어의 글자 의미는 유사하나 형식이 다르므로 이형동의의 관계이다. 의미 투명도의 차원에 보면 '비전속인'의 의미에 비해 '프리랜서'의 글자 의미는 반불투명이다. 그리고 세부 구성 어휘의 난이도를 고찰하면 '프리랜서'(고급)는 높은 난이도 수준의 표현이라고 볼 수 있다. 마지막 빈도와 난이도를 통합 고려하면 '프리랜서'는 중국어권 학습자에게 한국어 학습 시 고급 단계에서 배우기에 적합하다.

(64) 스님

'스님'은 '중'의 완곡 표현이다. '중'의 본래 의미는 '절에서 살면서 불도를 닦고 실천하며 포교하는 사람'이지만 근래에는 비하하는 말로 많이 사용된다. 따라서 '중'이라는 칭호를 사용해야 할 때 '스님'으로 완곡하게 표현하는데, '스님'에는 '스승'의 의미도 들어 있어서 의미상으로 '중'을 미화시키는 효과도 있으므로 완곡 표현으로 자주 사용된다.

이번 설문 조사에서 53명이 '스님'을 매우 자주 사용한다고 답했으며, 전체 응답자의 45.69%를 차지했고 활용 빈도 평가 점수가 4.08이다. '스님'에 대응되는 중국어의 완곡 표현은 '师傅(사부)'로, 두 단어의 글자 의미와 유사하고 형식이 상이하므로 이형동의의 관계이다. 의미 투명도의 차원에 보면 '중'의 의미에 비해 '스님'의 글자의미는 반불투명이다. 그리고 세부 구성 어휘의 난이도를 고찰하면 '스님'(중급)은 난이도 중간 수준의 표현이라고 볼 수 있다. 따라서 빈도와 난이도를 통합 고려하면 '스님'은 중국어권 학습자에게 한국어 학습 시 중급 단계에서 배우기에 적합하다.

(65) 구조조정 (되다)

'구조조정 (되다)'는 원래 기업의 불합리한 구조를 개편하여 효율성을 높이는 말이다. '해고, 실업, 퇴직, 면직'의 완곡 표현이다. 현대 사회에서 '해고', '실업', '퇴직', '면직'등은 사람들이 원치 않는 일이고, 그 단어를 듣는 것만으로도 마음이 불편해지기 때문에, 이 단어를 말해야 할 때는 누구나 다소 완곡 표현을 쓴다. 예를 들어 '구조조정 (되다)'로 완곡하게 표현할 수 있다. '구조조정(되다)'에는 이러한 단어가 들어가지 않는 데다 매우 객관적이면서 모호한 표현이고, 대화의 배경에 따라 '해고,' '실업', '퇴직'

또는 '면직'의 의미를 암시할 수 있기 때문에 거리적 모호성 원칙에 따라 완곡 표현의 효과가 생긴다.

이번 설문 조사에서 57명이 '구조조정(되다)'를 매우 자주 사용한다고 답했으며, 전체 응답자의 49.14%를 차지했고 활용 빈도 평가 점수가 4.26 이다. '구조조정(되다)'에 대응되는 완곡 표현은 '人事变动(인사 변동)'이 다. '구조조정(되다)'와 '人事变动'의 직역한 의미 및 어휘의 형식은 모두 상이하므로 이형이의의 관계이다. 의미 투명도의 차원에 보면 '해고, 실업' 등 의미에 비해 '구조조정(되다)'의 글자의미는 불투명이다. 그리고 세부 구성 어휘의 난이도를 고찰하면 '구조조정(되다)'(구조(중급)+조정(중급)+ 하다(초급))은 난이도 중간 수준의 표현이라고 볼 수 있다. 마지막으로 빈 도와 난이도를 통합 고려하면 '구조조정(되다)'는 중국어권 학습자에게 한 국어 학습 시 고급 단계에서 배우기에 적합하다.

(66) 옷을 벗다

'옷을 벗다'도 '해고', '실업', '퇴직', '면직'의 완곡 표현이다. 이 단어는 (근무하는) 옷을 벗는다는 표현으로 해고를 암시하고 있으며, 그 사용하게 된 원인이나 완곡 표현이라는 점, 그리고 원리가 '구조조정(되다)'와 같다.

이번 설문 조사에서 40명이 '옷을 벗다'를 매우 자주 사용한다고 답했으 며, 전체 응답자의 34.48%를 차지했고 활용 빈도 평가 점수가 4.00이다. '옷을 벗다'에 대응되는 중국어의 완곡 표현은 '炒鱿鱼(오징어 볶음)'이다. '옷을 벗다'와 '炒鱿鱼'는 의미가 전혀 다르고 어휘의 형식이 또한 상이하므 로 이형이의의 관계이다. 의미 투명도의 차원에 보면 '해고, 실업'등 의미 에 비해 '옷을 벗다'의 글자의미는 불투명이다. 그리고 세부 구성 어휘의 난이도를 고찰하면 '옷을 벗다'(옷(초급)+을(초급)+벗다(초급))는 낮은 난이도 수준의 표현이라고 볼 수 있다. 마지막으로 빈도와 난이도를 통합 고려하면 '옷을 벗다'는 중국어권 학습자에게 한국어 학습 시 고급 단계에서 배우기에 적당하다.

5.5.8 평가에 관한 완곡 표현

평가에 관한 완곡 표현은 본고의 설문에 따르면 총37개가 기록되어 있다. 이에 대응하는 중국어 완곡 표현 역시 다양하게 나타나고 있다. 사람들의 신체, 외모, 성격 등에 평가할 때, 특히 신체적인 결함이 있을 때에 더욱 조심하여 완곡 표현을 사용하여야 한다. 그렇지 않을 경우에 청자에게 불쾌감을 줄 수 있을 뿐만 아니라 정신적인 큰 충격하고 상처를 남길 수 있을 것이다. 심지어 부주의로 인해 큰 화를 초래할 수 있다.

예를 보면 본고 설문에서 기록되어 있는 '뚱뚱하다, 노인, 인색하다, 못생기다'등과 같은 직설적인 표현을 대체하여 각각 '통통하다거나 복스럽다, 어르신, 개성 있다'로 격상시켜서 표현을 하고 있다. 사람에 대한 평가에 관한 완곡 표현은 청자의 부담감을 덜어주고 불쾌한 감정을 유발할 수 있는 직설 표현을 회피하여 이를 미화시키고 청자의 체면유지하기 위함인 것은 다른 완곡 표현의 사용과 함께 공통적으로 나타난다. 본고에서 선정된 사람에 대한 평가에 관련된 완곡 표현은 다음과 같다.

(67) 날씬하다

'날씬하다'는 '마르다'의 완곡 표현이다.[67] '마르다'는 살이 없다는 뜻이지만, 동시에 생기가 없다거나 영양이 부족하다는 느낌을 줄 수 있다. 한국인은 이러한 표현을 싫어하기 때문에 대화중에 이 표현을 사용해야 할 때는 '날씬하다'라고 완곡하게 표현하는 것이 좋다. '날씬하다'는 '몸이 가늘고 키가 좀 커서 맵시가 있다'는 의미로서 '마르다'의 뜻을 미화시키고, 그 부정적인 이미지를 약화시키기 때문에 사람들이 듣기 좋아한다.

이번 설문 조사에서 62명이 '날씬하다'를 매우 자주 사용한다고 답했으며, 전체 응답자의 53.45%를 차지했고 활용 빈도 평가 점수가 4.29이다. '날씬하다'에 대응되는 중국어의 완곡 표현은 '苗条(날씬하다)'로, 두 단어의 글자 의미와 어휘 형식이 유사하므로 동형동의의 관계이다. 의미 투명도의 차원에 보면 '마르다'등의 의미에 비해 '날씬하다'의 글자 의미는 반투명이다. 그리고 세부 구성 어휘의 난이도를 고찰하면 '날씬하다'(날씬(중급)+하다(초급))는 난이도 중간 수준의 표현이라고 볼 수 있다. 마지막으로 빈도와 난이도를 통합 고려하면 '날씬하다'는 중국어권 학습자에게 한국어 학습 시 초급 단계에서 배우기에 적당하다.

(68) 나이가 들다

'나이가 들다'는 '늙다, 노화'의 완곡 표현이다. 세계의 다른 나라의 문화처럼 한국인도 늙었다는 말을 듣기 싫어하기 때문에 대화 속에서 다른

---

67) 본 설문에 의하면, 이와 같은 완곡 표현은 '통통하다', '복스럽다', '귀엽다' '개성 있다'등 있다. '뚱뚱하다'고 평가하면 현대사회에서 몸 관리를 제대로 못했거나 게으른 인상을 주어 특히 여성에게 있어서 아주 예민하고 실례되는 말로 여긴다. 그리고 주변으로부터 사람의 외모에 대한 평가할 때 역시도 아주 예민한 체면문제로 이어져 주의하여야 한다. 평범하게 생기거나 못 생기다거나 이를 대체하여 '귀엽다', '개성 있다'와 같은 완곡 표현 사용한다는 응답자 큰 비중을 차지고 있다. 상대를 평가할 때 완곡 표현을 사용하여야 하고 특히 여성 대상으로 평가하거나 할 때 완곡 표현을 사용하는 것은 기본 예의이다.

사람이 늙었다고 말해야 할 때는 '나이가 들다'라는 완곡 표현을 쓴다. '나이가 들다'는 객관적으로 현상을 설명하는 말일 뿐, '노(老)'자를 말하지 않기 때문에 청자의 심리적인 인식과 '노(老)'자가 주는 부정적인 연상 사이에 일정한 거리감이 형성되며, 이러한 거리적 모호성 원리에 따라 완곡 표현의 효과가 발생한다.

이번 설문 조사에서 60명이 '나이가 들다'를 매우 자주 사용한다고 답했으며, 전체 응답자의 51.72%를 차지했고 활용 빈도 평가 점수가 4.29이다. '나이가 들다'에 대응되는 중국어의 완곡 표현은 '成熟(성숙하다)'이며, 두 표현은 의미가 완전히 같지는 않지만 비슷하고 어휘의 형식이 다르므로 이형동의의 관계이다. 의미 투명도의 차원에 보면 '늙다, 노화'등의 의미에 비해 '나이가 들다'의 글자 의미는 투명이다. 그리고 세부 구성 어휘의 난이도를 고찰하면 '나이가 들다'(나이(초급)+가(초급)+들다(초급))가 쉬운 난이도 수준의 표현이라고 볼 수 있다. 따라서 빈도와 난이도를 통합 고려하면 '나이가 들다'는 중국어권 학습자에게 난이도가 보통 수준이며, 한국어 학습 시 초급 단계에서 배우기에 적합하다.

(69) 어르신

'어르신'은 '늙은이', '노인'의 완곡 표현이다. 위에서 말한 바와 같이 사람들은 늙었다는 말을 듣기 싫어하므로 직접적으로 '늙은이', '노인'이라고 표현하지 않고 '어르신'이라는 완곡 표현을 쓴다. '어르신'에는 '노(老)'자가 나오지 않으면서 연세가 많은 분을 존중하는 의미가 들어있기 때문에 늙었다는 직접적인 표현이 주는 부정적인 느낌을 약화시켜 완곡하게 표현하는 효과가 생긴다.

이번 설문 조사에서 67명이 '어르신'을 매우 자주 사용한다고 답했으며, 전체 응답자의 57.76%를 차지했고 활용 빈도 평가 점수가 4.41이다. '어르신'에 대응되는 중국어의 완곡 표현은 '老人家(어르신)'으로, 둘의 글자 의미와 형식이 비슷하여 동형동의의 관계이다. 의미 투명도의 차원에 보면 '늙은이', '노인' 등 의미에 비해 '어르신'의 글자의미는 반투명이다. 그리고 세부 구성 어휘의 난이도를 고찰하면 '어르신'(초급)은 난이도 쉬운 수준의 표현이라고 볼 수 있다. 따라서 빈도와 난이도를 통합 고려하면 '어르신'은 중국어권 학습자에게 한국어 학습 시 초급 단계에서 배우기에 적당하다.

(70) 개발도상국

'개발도상국'은 '후진국'의 완곡 표현이다. 아직 발달하지 않은 국가에 대해서 '후진국'으로 이야기하면 해당 국가의 국민들에게 좋지 않은 감정을 사게 될 수 있으므로 '후진국' 대신 '개발도상국'을 사용할 수 있다.

이번 설문 조사에서 57명이 '개발도상국'을 매우 자주 사용한다고 답했으며, 전체 응답자의 49.14%를 차지했고 활용 빈도 평가 점수가 4.21이다. 중국어 대응한 완곡 표현과의 유사성을 고찰 하면 '개발도상국'에 대응되는 중국어의 완곡 표현은 '发展中国家(발전 중의 국가)'로, 두 단어는 의미가 같지만 어휘의 형식이 상이하므로 이형동의의 관계이다. 의미 투명도의 차원에 보면 '후진국'의 의미에 비해 '개발도상국'의 글자 의미는 반불투명이다. 그리고 세부 구성 어휘의 난이도를 고찰하면 '개발도상국'(고급)은 높은 난이도 수준의 표현이라고 볼 수 있다. 마지막으로 빈도와 난이도를 통합 고려하면 '개발도상국'은 중국어권 학습자에게 한국어 학습 시 중급 단계에서 배우기에 적당하다.

5.5.9 부정적 행위에 관한 완곡 표현

부정적 행위에 관련 완곡 표현은 본고의 설문에 따르면 총21개가 기록되어 있다. 이에 대응하는 중국어 완곡 표현도 적지 않게 많이 나와 있는 편이다. 한국과 중국은 매우 유사하게 사람들이 모두 체면을 중시하기에 입에 담기 힘든 부정적 행위 또는 부정 이득에 관한 것 들을 부득이하게 표현해야 하는 경우 이를 숨기거나 가려서 완곡하게 표현하려는 심리가 있다.

예를 보면 본고 설문에서 기록되어 있는 감옥, 뇌물, 도둑 등과 같은 직설적인 직업 표현을 대체하여 각각 교도소, 봉투, 밤손님이나 양상군자로 격상시켜서 표현을 하고 있다. 부정적 행위에 관한 완곡 표현의 목적이 청자의 수치감을 덜어주고 불쾌한 감정을 유발할 수 있는 직설 표현을 회피함으로써 이를 미화시키고 청자의 체면 유지를 위함인 것은 다른 완곡 표현과 동일하다. 본고에서 선정한 부정적 행위 관련 완곡 표현은 다음과 같다.

(71) 교도소

'교도소'는 '감옥'의 완곡 표현이다. '감옥'은 범죄자를 가둬두는 곳이므로 사람들은 이 단어의 사용을 금기시한다. 꼭 써야 할 때는 '교도소'로 완곡하게 표현할 수 있다.

이번 설문 조사에서 53명이 '교도소'를 매우 자주 사용한다고 답했으며, 전체 응답자의 45.69%를 차지했고 활용 빈도 평가 점수가 4.22이다. '교도소'에 대응되는 중국어의 완곡 표현은 '劳教所(노동 교육소)'로, 두 단어는 의미가 유사하고 형식이 상이하므로 이형 동의의 관계이다. 의미 투명도의 차원에 보면 '감옥' 등 의미에 비해 '교도소'의 글자 의미는 반불투명이다. 그리고 세부 구성 어휘의 난이도를 고찰하면 '교도소'(고급)는 높은 난이도 수준의 표현이라고 볼 수 있다. 마지막으로 빈도와 난이도를 통합 고려하면 '교도소'는 중국어권 학습자에게 한국어 학습 시 중급 단계에서 배우기에 적당하다.

(72) 콩밥을 먹다

'콩밥을 먹다'는 '감옥에 들어가다, 감옥살이(하다)'의 완곡 표현이다. 죄가 있어서 감옥에 들어가는 것이라 사람들은 감옥에 들어가는 것이 아주 무서운 일이라고 생각해서 심지어 '감옥에 들어가다', '감옥살이(하다)'란 말을 들어도 두려움을 느낀다. 그 용어들을 꼭 써야 할 때는 '콩밥을 먹다'로 완곡하게 표현할 수 있다. '콩밥을 먹다'라는 표현은 환유로 '감옥에 들어가다, 감옥살이 (하다)'의 뜻을 표현할 수 있고 청자의 심리 인지와 '감옥에 들어가다, 감옥살이 (하다)'의 부정적 연상 사이에 일정한 심리적 거리를 유지할 수 있어서 완곡 표현의 효과를 실현할 수 있다.

이번 설문 조사에서 43명이 '콩밥을 먹다'를 매우 자주 사용한다고 답하여 전체 응답자의 37.07%를 차지했고 활용 빈도 평가 점수가 4.01이다. '콩밥을 먹다'에 대응되는 중국어의 완곡 표현은 '进去了(들어가다)'이다. '콩밥을 먹다'와 '进去了(들어가다)'는 글자 의미와 어휘의 형식에 있어 서로 다르므로 이형이의의 관계이다. 의미 투명도의 차원에 보면 '감옥에 들어가다, 감옥살이(하다)' 등 의미에 비해 '콩밥을 먹다'의 글자 의미는 불투명이다. 라고 세부 구성 어휘의 난이도를 고찰하면 '콩밥을 먹다'(콩밥(고급)+을(초급)+먹다(초급))는 높은 난이도 수준의 표현이라고 볼 수 있다. 마지막으로 빈도와 난이도를 통합 고려하면 '콩밥을 먹다'는 중국어권 학습자에게 한국어 학습 시 고급 단계에서 배우기에 적당하다.

(73) 봉투를 받다

'봉투를 받다'는 '돈을 받다'의 완곡 표현이다. 다른 사람에게 뇌물을 주고 그 사람이 돈을 받으면 체면이 떨어지기 때문에 쌍방 모두 '돈[钱]'이라는 단어를 언급하기를 꺼린다. 따라서 돈을 넣는 주머니로써 돈을 암시하는 표현을 사용하는데, 즉 '돈을 받다'를 '봉투를 받다'로 완곡하게 표현하는 것이다. '봉투를 받다'는 거리적 모호성 원리에 따라 완곡 표현의 효과가 생긴다.

이번 설문 조사에서 48명이 '봉투를 받다'를 매우 자주 사용한다고 답했으며, 전체 응답자의 41.38%를 차지했고 활용 빈도 평가 점수가 4.04이다. '봉투를 받다'에 대응되는 중국어의 완곡 표현은 '收红包(빨간 봉투를 받다)'이다. '봉투를 받다'와 '收红包(빨간 봉투를 받다)' 두 표현은 글자 의미가 유사하지만 어휘의 형식이 상이하므로 이형동의의 관계이다. 의미 투명도의 차원에 보면 '돈을 받다'는 의미에 비해 '봉투를 받다'의 글자 의미는 불투명이다. 그리고 세부 구성 어휘의 난이도를 고찰하면 '봉투를 받다'(봉투(초급)+를(초급)+받다(초급))는 낮은 난이도 수준의 표현이라고 볼 수 있다. 그러나 빈도와 난이도를 통합 고려하면 '봉투를 받다'는 중국어권 학습자에게 한국어 학습 시 중급 단계에서 배우기에 적당하다.

(74) 검은 돈

'검은 돈'은 '불법적 수입'의 완곡 표현이다. '불법적 수입'에는 '불법'이라는 단어가 포함되어 있어 사람들이 사용하기를 금기시하는 편이다. 그래서 '불법적 수입' 대신 '검은 돈'으로 완곡하게 표현한다. '검은 돈'에서 '검다'는 '불법'을 암시하며, 글자 상으로 불법이라는 단어를 직접적으로 표현하지 않기 때문에, 청자의 심리적 인식과 '불법'이 주는 부정적인 느낌 사이에 일정한 거리감이 형성되어 완곡 표현의 효과가 있다.

이번 설문 조사에서 50명이 '검은 돈'을 매우 자주 사용한다고 답했으며, 전체 응답자의 43.10%를 차지했고 활용 빈도 평가 점수가 4.10이다. '검은 돈'에 대응되는 중국어의 완곡 표현은 '灰色收入(회색수입)'이다. 그리고 '검은 돈' 와 '灰色收入(회색수입)' 두 단어는 의미가 같지만 어휘의 형식은 상이하므로 이형동의의 관계이다. 의미 투명도의 차원에 보면 '불법 수입' 등 의미에 비해 '검은 돈'의 글자 의미는 불투명이다. 그리고 세부 구성 어휘의 난이도를 고찰하면 '검은 돈'(검은(초급)+돈(초급))은 낮은 난이도의 표현이라고 볼 수 있다. 마지막으로 빈도와 난이도를 통합 고려하면 '검은 돈'은 중국어권 학습자에게 한국어 학습 시 중급 단계에서 배우기에 적합하다.

(75) 흰가루/하얀 가루

'흰가루/하얀 가루'는 '마약'의 완곡 표현이다. '마약'는 인류 사회에서 매우 부정적으로 인식되는 언어 표현이기 때문에 사람들은 이를 비유로 '흰가루/하얀 가루'이라고 완곡하게 표현한다. 이는 미화의 원리로 인해 완곡 표현의 효과가 발생한다.

이번 설문 조사에서 43명이 '흰가루/하얀 가루'를 매우 자주 사용한다고 답했으며, 전체 응답자의 37.07%를 차지했고 활용 빈도 평가 점수가 4.04 이다. '흰가루/하얀 가루'에 대응되는 중국어의 완곡 표현은 '白粉(배경)'으로, 두 단어는 의미와 형식이 모두 동일하기 때문에 동형동의의 관계이다. 의미 투명도의 차원에 보면 '마약'의 의미에 비해 '흰가루/하얀 가루'의 글 자의미는 반불투명이다. 그리고 세부 구성 어휘의 난이도를 고찰하면 '흰가루/하얀 가루'(흰/하얀(초급)+가루(중급))는 난이도 중간 수준의 표현이라고 볼 수 있다. 마지막으로 빈도와 난이도를 통합 고려하면 '흰가루/하얀 가루'은 중국어권 학습자에게 한국어 학습 시 중급 단계에서 배우기에 적합하다.

(76) 빽

'빽'은 뒤에서 받쳐 주는 세력이나 사람을 속되게 이르는 말은 '백(back)'이라고 〈표준국어대사전〉에 등재되어 있다.[68] 그러나 발음 및 표기상으로 '백'은 흰색 白 및, 가방 bag과 혼동되므로, [빽]이라는 발음을 한다. '백그라운드'는 한국의 사회적 관계에서 부정적으로 인식되는 언어 표현이기 때문에 사람들은 이를 종종 생략하여 '빽'이라고 완곡하게 표현한다. 이역시 거리적 모호성 원리로 인해 완곡 표현의 효과가 발생한다.

이번 설문 조사에서 46명이 '빽'을 매우 자주 사용한다고 답했으며, 전체

---

[68] '백(back)'이는 사건이나 환경, 인물 따위를 둘러싼 주위의 정경. 앞에 드러나지 아니한 채 뒤에서 돌보아 주는 힘이고 '백이 든든하다', '그는 큰 백이 있는 것처럼 행세한다.' 처럼 쓴다. 아울러 'background'는 '백 그라운드' 라고 표기한다. 뒤에서 받쳐 주는 세력이나 사람을 속되게 이르는 또 다른 완곡 표현인 '뒤 배경' 또는 '뒷배경'은 〈표준국어대사전〉에서 등재되어 있지 않지만 설문에 의하면 이를 일상에서 자주 사용한다.

응답자의 39.66%를 차지했고 활용 빈도 평가 점수가 4.09이다. '빽'에 대응되는 중국어의 완곡 표현은 '背景(배경)'으로, 두 단어는 의미가 같지만 형식이 다르기 때문에 이형동의의 관계이다. 의미 투명도의 차원에 보면 '백그라운드' 등 의미에 비해 '빽'의 글자의미는 반불투명이다. 그리고 세부 구성 어휘의 난이도를 고찰하면 '빽'(고급)가 쉬운 난이도의 표현이라고 볼 수 있다. 마지막으로 빈도와 난이도를 통합 고려하면 '빽'은 중국어권 학습자에게 한국어 학습 시 고급 단계에서 배우기에 적합하다.

  (77) 비행 소년

  '비행 소년'은 '범죄 소년'의 완곡 표현이다. '범죄 소년'을 이야기 할 때 '범죄'와 같은 글자를 피하기를 위해 '비행(非行) 소년'으로 완곡하게 표현하는 것이다. 비행이란 범죄보다 넓은 개념으로, '범죄'의 뜻을 표현할 수 있고 거리적인 모호 원리로 완곡 표현의 효과 얻을 수 있다.

  이번 설문 조사에서는 43명이 '비행 소년'을 매우 자주 사용한다고 답하여 전체 응답자의 37.07%를 차지했고 활용 빈도 평가 점수는 4.00이다. '비행 소년'에 대응되는 중국어의 완곡 표현은 '问题少年(문제 소년)'로[69], 두 단어는 의미와 형식이 모두 상이하므로 이형이의의 관계이다. 의미 투명도의 차원에 보면 '범죄소년' 등 의미에 비해 '비행 소년'의 글자의미는 반불투명이다. 그리고 세부 구성 어휘의 난이도를 고찰하면 '비행 소년'(비

---

69) 한국에서는 '비행소년'은 한자어로 사용하여 '非行少年'이라고 한다. 중국에서는 청소년들이 안고 있는 문제를 해결하고 정신수양에 도움을 주고 새사람이 될 수 있도록 '问题少年'또는 '失足少年'이라고 한다. 채춘옥(2014c:221)에서는 그 원인을 일시적인 실수라고 가볍게 표현하여 사회가 그들에 대하여 멸시하는 태도를 가지고 있지 않음을 완곡하게 나타낸다고 밝혔다.

행(중급)+소년(중급))은 난이도 중간 수준의 표현이라고 볼 수 있다. 마지막으로 빈도와 난이도를 통합 고려하면 '비행 소년'은 중국어권 학습자에게 한국어 학습 시 고급 단계에서 배우기에 적당하다.

5.5.10 경제에 관한 완곡 표현

경제에 관한 완곡 표현 본고의 설문에 따르면 총23개 기록되어 있다. 이에 대응하는 중국어 완곡 표현도 흔히 찾아 볼 수 있었다. 개인적인 경제 상황 좋지 않은 경우 이를 곧 간난 이라고 생각한다. 한국하고 중국 어느 사회나 사람들은 경제적으로 어려워하거나 사회적인 지위가 낮거나 심지어 입에 담기 힘든 부정이득이나 표현 하는 경우 이를 사람들로부터 하여금 무시당하기 마련이고 체면을 깎이는 일이고 많이 수치스러운 일이라고 생각한다. 나라가 경제 상황이 좋지 않은 경우에도 사람들의 부정적인 정서를 일으키기 쉽고 이를 완화하여 직접적으로 표현하지 않고 거부감 들지 않도록 돌려서 완곡하게 많이 사용한다. 직업과 신분에 관한 완곡 표현의 사용과 함께 경제에 과한 완곡 표현은 사회적인 약자나 사람들의 불쾌한 감정을 유발할 수 있는 직설표현을 회피하여 이를 미화시키고 사람들의 체면을 유지해주곤 한다. 본고에서 선정된 경제에 관련된 완곡 표현은 다음과 같다.

(78) 주머니 사정이 좋지 않다

'주머니 사정이 좋지 않다'는 '빈곤하다, 돈 없다'의 완곡 표현이다. 현대 경제 사회 중에 자신이 빈곤하거나 돈이 없다는 것을 말하는 것은 자신의 체면을 잃은 일이라 이런 뜻을 표현하고 싶을 때 한국사람 들은 일반적으로 '빈곤하다, 돈 없다'를 쓰지 않고 대신 '주머니 사정이 좋지 않다'로 완곡하게 표현한다. '주머니 사정이 좋지 않다'는 '돈 없다'는 말을 표현하지 않고도 환유를 통해 비슷한 의미를 암시할 수 있어서 완곡 표현의 역할을 행할 수 있다.

이번 설문 조사에서 44명이 '주머니 사정이 좋지 않다'를 매우 자주 사용한다고 답했으며, 전체 응답자의 37.93%를 차지했고 활용 빈도 평가 점수가 4.01이다. 중국어 대응한 완곡 표현과의 유사성을 고찰 하면 '주머니 사정이 좋지 않다'에 대응되는 중국어의 완곡 표현은 '手头很紧(손이 급박하다)'이다. '주머니 사정이 좋지 않다'와 '手头很紧(손이 급박하다)'는 글자 의미가 전혀 다르고 형식이 역시 상이하므로 이형이의의 관계이다. 의미 투명도의 차원에 보면 '빈곤하다, 돈 없다' 등 의미에 비해 '주머니 사정이 좋지 않다'의 글자의미는 반투명이다. 그리고 세부 구성 어휘의 난이도를 고찰하면 '주머니 사정이 좋지 않다'(주머니(초급)+사정(중급)+이(초급)+좋지 않다(초급))가 난이도 중간 수준의 표현이라고 볼 수 있다. 따라서 빈도와 난이도를 통합 고려하면 '주머니 사정이 좋지 않다'는 중국어권 학습자에게 한국어 학습시 중급 단계에서 배우기에 적합하다.

(79) 달동네

'달동네'는 '빈민가'의 완곡 표현이다.[70] '빈민가'란 어휘가 '빈'자가 가지

---

70) 〈한국민속문화대백과〉에 의하면 달동네는 광복 이후 조국을 찾아 귀국한 동포들과 남북 분단 이후 월남한 난민들이 도시의 산비탈 등 외진 곳에 판잣집을 짓고 살기 시작하면서 형성되기 시작했다. 〈표준국어대사전〉에서 달동네는 산둥성이나 산비탈 따위의 높은 곳에 가난한 사람들이 모여 사는 동네라고 등재되어 있다. 가파른 산비탈을 빈 틈 없이 뒤덮고 있는 판잣집은 일반 단독주택, 고층 아파트들이 함께 공존하고 있기도 하다. 달동네는 높은 곳에 위치해 달이 잘 보인다는 뜻에서 붙여졌는데, 이를

고 있어서 직설적으로 '빈민가'를 이야기하면 관련된 사람의 체면을 상할 수 있어서 완곡하게 표현해야 한다. '달동네'라는 이름은 '빈'자를 피하면서 환유로 '빈민가'의 의미를 표현 할 수 있으며 '높은 곳에 위치해 달이 잘 보인다는 뜻'도 포함해서 미화의 원리로 완곡 표현의 효과를 얻을 수 있다.

설문 조사에서 35명이 '달동네'를 매우 자주 사용한다고 답함으로써 전체 응답자의 30.17%를 차지했고 활용 빈도 평가 점수는 4.02이다. '달동네'에 대응되는 중국어의 완곡 표현은 '老城区(낡은 동네)'나 '贫民区(달동네)'이다. '달동네'와 '老城区(낡은 동네)', '贫民区(달동네)'는 글자 의미와 어휘 형식이 모두 상이하므로 이형이의의 관계이다. 의미 투명도의 차원에서 보면 '빈민가'등의 의미에 비해 '달동네'의 글자 의미는 불투명하다. 그리고 세부 구성 어휘의 난이도를 고찰하면 '달동네'(초급)는 난이도 초급 수준의 표현이라고 볼 수 있다. 그러나 빈도와 난이도를 통합 고려하면 '달동네'는 중국어권 학습자에게 한국어 학습 시 고급 단계에서 배우기에 적합하다.

(80) 불경기

'불경기'는 '경제위기, 경제 침체'의 완곡 표현이다. 사회의 경제가 좋지 않으면 실업률이 올라가게 되고 이에 따라 사회 전반의 생활수준도 떨어지게 된다. 이 같은 부정적 인식 때문에 사람들은 이러한 상황, 심지어 이 상황과 관련된'경제 위기', '경제 침체' 등의 용어들도 피하고 싶어 한다. '경제 위기', '경제 침체' 등의 용어를 피하기를 위해 '불경기'란 어휘를 쓸

중국어로 해석하면 '月亮城区'이고 정반대로 아름다운 동네라는 연상을 하게 된다. 이 표현의 배경지식과 교사의 설명 없이 오히려 중국어권 학습자에게 혼돈을 줄 수 있을 것이다.

수 있다. '불경기'는 한자어이고 경제 상황을 상징하는 중립적인 어휘인 '경기' 두 글자를 포함시킴으로써 '경제 위기', '경제 침체' 등의 부정적인 이미지가 강한 어휘들을 피할 수 있어 완곡 표현의 역할을 행할 수 있다.

설문 조사에서는 44명이 '불경기'를 매우 자주 사용한다고 답하여 전체 응답자의 37.93%를 차지했고 활용 빈도 평가 점수가 4.11이다. '불경기'에 대응되는 중국어의 완곡 표현은 모두 '不景气(불경기)'이다. '불경기'와 '不景气(불경기)'는 글자 의미와 어휘 형식이 완전 동일하므로 동형동의의 관계이다. 의미 투명도의 차원에 보면 '경제위기, 경제 침체' 등 의미에 비해 '불경기'의 글자의미는 반투명이다. 그리고 세부 구성 어휘의 난이도를 고찰하면 '불경기'(중급)는 난이도 중간 수준의 표현이라고 볼 수 있다. 마지막으로 빈도와 난이도를 통합 고려하면 '불경기'는 중국어권 학습자에게 한국어 학습 시 중급 단계에서 배우기에 적합하다.

(81) 불황

'불황'도 '경제위기, 경제 침체'의 완곡 표현이다. '경제 위기, 경제 침체' 등 어휘를 돌려서 대체해야 한다면 '불황'으로 사용할 수 있다.

설문조사에서 41명이 '불황'을 매우 자주 사용한다고 답했으며, 전체 응답자의 35.34%를 차지했고 활용 빈도 평가 점수는 4.02이다. '불황(不況)'은 한자어이지만 어휘 본래의 글자에 의한 중국어 직역이 없고 그에 대응되는 중국어의 완곡 표현은 '不景气(불경기)'이다. '불황'과 '不景气(불경기)'는 글자 의미와 어휘 형식이 모두 동일하지 않아서 서로 이형이의의 관계이다. 의미 투명도의 차원에 보면 '경제 위기, 경제 침체' 등 의미에 비해 '불황'의 글자의미는 불투명이다. 그리고 세부 구성 어휘의 난이도를 고찰하면 '불황'(고급)이 난이도 고급 수준의 표현이라고 볼 수 있다. 마지막으로 빈도와 난이도를 통합 고려하면 '불황'은 중국어권 학습자에게 한국어 학습 시 고급 단계에서 배우기에 적합하다.

이상으로 어휘범주의 한국어 완곡 표현과 그에 대응하는 중국어 완곡 표현과 총 81개를 대상으로 하여, 10가지 유형별로 구분하고 비교하였다. 한국어 완곡 표현과 그에 대응하는 중국어 완곡 표현의 비교함으로써 본고에서 선정한 한국어의 완곡 표현 목록에 대해 활용 빈도와 난이도를 분석하였으며 81개 완곡 표현의 등급화 단계는 구체적으로 아래〈표 5-14〉와 같이 제시한다.

〈표 5-14〉 81개 완곡 표현 등급화 단계의 구분 결과

번호	한국어 완곡 표현	중국어 완곡 표현	활용 빈도	중국어 대응 완곡 표현과의 유사성	의미 투명도	어휘 난이도	등급화 단계
1	가슴	胸部	초급	중급	중급	초급	초급
2	개발도상국	发展中国家	중급	중급	중급	고급	중급
3	거기	那个, 那里	고급	초급	중급	초급	중급
4	거시기	那个	고급	고급	고급	고급	고급
5	검은 돈	贿赂, 灰色收入	고급	중급	중급	초급	중급
6	고래잡이	包皮手术	고급	고급	고급	고급	고급
7	관계를 가지다/맺다/갖다	发生关系	중급	중급	중급	초급	중급
8	교도소	劳教所	중급	중급	중급	고급	중급
9	구조조정 (되다)	人事变动	중급	고급	고급	중급	고급

번호	한국어 완곡 표현	중국어 완곡 표현	활용 빈도	중국어 대응 완곡 표현과의 유사성	의미 투명도	어휘 난이도	등급화 단계
10	그날	来事了	초급	고급	중급	초급	중급
11	기사님	司机师傅	중급	고급	초급	중급	중급
12	나이가 들다	成熟	중급	중급	초급	초급	초급
13	나체	裸体	고급	초급	초급	고급	중급
14	날씬하다	苗条	중급	초급	초급	중급	초급
15	남남이 되다	成了陌路人	고급	초급	중급	중급	중급
16	남대문이 열렸다	前开门开了	고급	고급	고급	중급	고급
17	눈이 안 보이다	眼睛看不见	고급	초급	초급	초급	초급
18	달동네	老城区, 贫民区	고급	고급	고급	초급	고급
19	대소변	大小便	고급	초급	초급	고급	중급
20	돌아가(시)다	去了, 归土, 归天	고급	고급	고급	초급	고급
21	마법에 걸리다	大姨妈来了	고급	고급	고급	고급	고급
22	많이 안 좋다	情况不太好	초급	초급	중급	초급	초급
23	몸이 불편한 사람	身体不方便的人	고급	초급	초급	초급	초급
24	몸이 안 좋다	身体不好	초급	초급	중급	초급	초급
25	미용사	美发师	중급	고급	초급	고급	중급
26	바람을 피우다	乱来, 外面有人, 外遇	고급	고급	고급	중급	고급
27	바람이 나다	乱来, 外面有人, 外遇	고급	고급	고급	초급	고급
28	배탈(이) 나다	闹肚子	중급	중급	중급	고급	중급
29	별세(하다)	辞世	고급	초급	초급	고급	중급
30	봉투를 받다	收红包	고급	중급	중급	초급	중급

번호	한국어 완곡 표현	중국어 완곡 표현	활용 빈도	중국어 대응 완곡 표현과의 유사성	의미 투명도	어휘 난이도	등급화 단계
31	부부생활	夫妻生活	고급	초급	중급	초급	중급
32	불경기	不景气	고급	초급	초급	중급	중급
33	불황	不景气	고급	고급	고급	고급	고급
34	비행소년	问题少年 失足少年	고급	고급	중급	중급	고급
35	빽(뒷배경)	背景	고급	중급	중급	고급	고급
36	샐러리맨	工薪阶层	고급	중급	중급	고급	고급
37	성폭행(력)	强暴	중급	중급	중급	고급	중급
38	세상을 뜨다	离开人世	고급	초급	초급	초급	초급
39	섹시하다	丰满	고급	중급	중급	고급	고급
40	셰프	厨师	중급	중급	중급	고급	중급
41	속도(를)위반 (하다)	先上车 后补票	고급	고급	중급	중급	고급
42	쇼윈도 부부	琴瑟不和	고급	고급	고급	고급	고급
43	수의	寿衣	고급	초급	고급	고급	고급
44	순교(殉教)	殉教	고급	초급	초급	고급	중급
45	스님	师傅	고급	중급	중급	중급	중급
46	싱글	单身	초급	중급	중급	고급	중급
47	싱글 맘	单身妈妈	중급	중급	중급	고급	중급
48	아기를 가지다	有了	중급	고급	초급	초급	중급
49	아주머니	阿姨	중급	초급	중급	초급	초급
50	아프다	不舒服	초급	고급	고급	초급	중급
51	안색이 안 좋다	脸色不好	중급	초급	중급	고급	중급
52	어르신	老人家	초급	초급	초급	초급	초급
53	언어 장애인	不能说话 的人	고급	고급	초급	중급	중급
54	(부모를) 여의다	见背,失怙, 失恃	고급	고급	고급	고급	고급

번호	한국어 완곡 표현	중국어 완곡 표현	활용 빈도	중국어 대응 완곡 표현과의 유사성	의미 투명도	어휘 난이도	등급화 단계
55	옷을 벗다	炒鱿鱼	고급	고급	고급	초급	고급
56	요리사	厨师	중급	중급	초급	중급	중급
57	유흥가	红灯区	고급	고급	고급	고급	고급
58	음부	阴部, 会阴部	고급	초급	중급	고급	중급
59	이모	阿姨	고급	중급	중급	초급	중급
60	(볼)일을 보다	去洗手间	중급	고급	고급	고급	고급
61	잠자리가지다	共寝	중급	고급	고급	중급	고급
62	장애인	残疾人	초급	고급	초급	중급	중급
63	저 세상에 가다	去了另一个 世界	고급	초급	초급	초급	초급
64	주머니 사정이 좋지 않다	手头很紧	고급	고급	초급	중급	중급
65	직장인	上班族	중급	중급	초급	중급	중급
66	청각 장애인	听力/耳朵不 好的人	고급	고급	초급	고급	고급
67	초상을 치르다	办白事	고급	고급	중급	고급	고급
68	콩밥을 먹다	进去了	고급	고급	고급	고급	고급
69	큰일/작은 일을 보다	大解/小解	고급	고급	고급	초급	고급
70	편찮다	不舒服	중급	초급	초급	초급	초급
71	프리랜서	自由职业者	고급	중급	중급	고급	고급
72	하늘나라(로) 가다	去天堂了	중급	초급	초급	초급	초급
73	하늘로 가다	升天了	고급	초급	초급	초급	초급
74	학문(항문)	痔瘘(肛门)	고급	초급	초급	고급	중급
75	해우소	洗手间	고급	고급	고급	고급	고급
76	헤어디자이너	发型师	고급	중급	중급	고급	고급
77	헤어지다	分手	중급	초급	중급	초급	초급

번호	한국어 완곡 표현	중국어 완곡 표현	활용 빈도	중국어 대응 완곡 표현과의 유사성	의미 투명도	어휘 난이도	등급화 단계
78	화장실에 가다	去洗手间	초급	초급	초급	초급	초급
79	환경미화원	清洁工	중급	중급	중급	고급	중급
80	회사원	公司职员	중급	중급	초급	중급	중급
81	흰가루/하얀 가루	白粉	고급	초급	중급	중급	중급

위 〈표 5-14〉에서 제시한 바와 같이 본고는 선행연구를 검토하고 이를 바탕으로 총 81개 완곡 표현을 포함한 한국어 교육용 완곡 표현 등급화 목록을 제시하였으며, 이를 통해 중국어권 학습자의 한국어 완곡 표현 학습에 보탬이 되어주기를 바란다.

제6장
—
맺음말

6. 맺음말

한국어의 완곡 표현은 한국어 교육에 있어서 매우 중요하다. 한국어를 배우는 학습자의 수가 갈수록 늘어가는 상황 속에서 원만한 의사소통을 위한 한국어의 완곡 표현 교육의 중요성도 나날이 부각되고 있다. 본고는 기존의 교재 및 현재까지의 한국어 교육 현황을 살펴보는 과정에서 한국어 완곡 표현 교육에 많은 부족함과 문제점이 있음을 깨달았다. 특히 현재에 이르기까지도 완곡 표현을 전문적으로 다룬 단원이 포함되어 있는 교재의 수가 극히 적고, 목록으로 제시된 한국어의 완곡 표현과 관련된 전문 사전 및 관련된 논문 또한 거의 없음을 발견했다.

따라서 본고는 한국어 학습자들에게 한국어 교육을 진행하는 과정에서 이러한 문제의 해결이 반드시 필요할 것으로 생각했다. 이를 위해서 우선 시급한 것은 교육용 한국어의 완곡 표현을 선정하여 목록화 하는 작업이며, 이를 바탕으로 각각의 빈도와 난이도를 분석함으로써 체계적인 교재 편찬 및 현장 교육에 참고 자료를 제공하는 것이라고 판단하였다.

이에 따라 본고는 완곡 표현과 관련된 이론 및 선행된 연구 자료를 고찰하였고, 완곡 표현을 사용하게 된 원인, 완곡 표현의 생성 방식, 완곡 표현을 실현하는 원리에 대해 분석을 진행하였다. 그리고 이를 토대로 하여 기존의 문헌에서 다룬 완곡 표현의 어휘를 기초 어휘 자료로 활용함과 동시에 설문 조사를 통해 가장 자주 사용되는 완곡 표현 81개를 선정하여 교육용 완곡 표현 목록을 만들었다. 또한 이를 다시 해당되는 중국어 완곡 표현과 대조하는 방식으로 중국어권 학습자를 대상으로 하는 81개 완곡 표현의 빈도, 난이도를 분석했다.

본고에서 선정한 81개의 표현은 총 10개 유형으로 대분류할 수 있으며, 이 중에서 죽음에 관한 표현은 10개, 병과 상해에 관한 표현은 6개, 장애, 성, 부정적인 행위, 경제에 관한 표현은 각각 5개, 15개, 7개, 4개이다. 그리고 연애, 가정, 혼인과 임신에 관한 표현이 8개, 생리/배설이나 분비에 관한 표현이 7개, 직업과 신분에 관한 표현이 15개이다.

이처럼 선정된 한국어 완곡 표현은 빈도 및 난이도를 함께 고려하여 등급화 작업을 진행하였다. 통합 고려한 결과, 81개의 표현 중에서 자주 사용하며 비교적 쉽기 때문에 초급 단계에서 가르치기에 적합한 표현은 16개였고, 중급 단계에서 가르치기에 적당한 표현은 36개, 그리고 빈도수가 낮고 난이도가 높아 고급 단계에서 제시하기 적합한 표현은 29개였다.

본고에서 도출한 교육용 한국어의 완곡 표현 목록은 체계적인 한국어 교재 또는 완곡 표현 교재를 편찬할 시 도움을 줄 수 있을 것이고, 교재 등의 부록으로 제시하여 학습자의 학습 참고 자료로 사용할 수도 있을 것이다. 그리고 한국어 교사의 수업연구 참고자료 및 후속연구의 보조 자료로도 활용될 수 있다.

다시 정리하면 앞서 제시한 연구방법에 따라 본고는 전체 총 6장으로 구성되며 결론 부분을 제외한 각 장별 주요 논점은 다음과 같다.

제1장에서는 연구의 배경, 목적과 필요성을 논하고, 한·중 양국의 선행 연구를 체계적으로 검토한 후 연구 방법과 범위 등을 제시하였다.

제2장에서는 본고를 진행하기 위한 이론적 고찰을 진행하였고, 이장에서는 특히 완곡 표현의 정의, 특징, 기초이론, 생성원인, 완곡 표현의 원리와 표현방법 등에 관련된 이론을 살펴보았다.

제3장에서는 한국어 완곡 표현을 언어적인 생성 방식과 비언어적인 생성 방식 두 가지 측면에서 분석하였다. 이 장에서는 선행연구를 바탕으로 지금까지 논의되어 왔던 모든 한국어 완곡 표현의 생성방식을 분석하고 재검토하였다. 특히 언어적인 생성 방식인 어휘범주의 완곡 표현 생성방식을 중심으로 검토하였다.

제4장에서는 어휘범주의 한국어 교육용 완곡 표현을 선정하고 목록을 제시하였다. 먼저 교육용 어휘 선정의 개념을 확립한 다음에 선정의 기준을 명확히 제시하고 선정의 대상을 확보하였다. 즉, 이 장에서는 먼저 선행연구에서 수집하고 정리한 403개 완곡 표현을 후보 표현으로 삼아 한국어 모어화자 총 223명을 대상으로 실시한 설문조사를 바탕으로 어휘범주의 한국어 교육용 완곡 표현을 선정하였다. 설정 절차는 총 6단계로 진행되었고, 그 결과로 상용성 평가 점수가 가장 높은 81개의 한국어 완곡 표현을 선정하여 교육용 완곡 표현 목록을 제시하게 되었다. 그리고 앞에서 선정한 완곡 표현의 결과를 바탕으로 해당 목록의 타당성에 대해서도 논의를 진행하였다.

5장에서는 선정된 완곡 표현의 빈도와 난이도를 분석하였다. 이 장에서는 한·중 완곡 표현 대조 분석을 통해 선정된 교육용 완곡 표현의 투명도, 중국어 완곡 표현과의 유사성, 어휘의 난이도를 분석을 하였다. 그리고 빈도와 난이도를 함께 고려한 등급화 설정 작업을 진행하여 이를 초급 · 중급 · 고급으로 나눠서 분류하였다.

이상의 작업을 진행하는 과정을 거쳐 본 연구자는 한국어 완곡 표현을 교육하는 입장에서 아래와 같은 몇 가지 중요한 시사점을 제시하고자 한다.

첫째, 교사는 한국어 완곡 표현 교육을 중요하게 다뤄야 한다. 한국어 완곡 표현은 일상생활에서 특수한 작용을 하므로, 한국어 교사는 한국어 완곡 표현에 관한 교육을 더욱 중요시하고, 교육 현장에서 가르칠 때 의식적으로 문제를 제기하여 한국어 완곡 표현과 관련된 설명들이 자연스럽게 이루어질 수 있도록 하여야 한다.

둘째, 학습자 스스로 학습하는 것이 매우 중요하므로, 한국어 완곡 표현을 학습자 스스로가 한국어 일상 회화 속에서 완곡 표현이 차지하는 의의와 필요성을 자각하고 그 능력을 향상시켜야 한다. 그렇게 함으로써 완곡 표현을 주도적으로 학습하고자 하는 능동성을 키우고, 교사는 이를 적극적으로 자극해야 한다. 또한, 영화나 텔레비전 프로그램 등의 매체를 통해 한국인의 표현방식과 자연스러운 한국어 완곡 표현에 노출되게 돕고, 이로써 완곡 표현을 배우고자 하는 의식 및 학습능력을 높여줘야 한다.

셋째, 본고에서 선정한 교육용 한국어의 완곡 표현 목록을 적극적으로 이용하여, 각 표현의 난이도에 따라 수업을 효과적으로 진행하여야 한다. 사람들이 매우 민감하게 다루는 화제 가운데 비교적 대표적인 일부 완곡 표현을 학습시키고 기억하게 하는 것이 한국어의 완곡 표현을 배우는 기초가 된다. 본고에서는 일상생활에서 가장 자주 사용되는 완곡 표현을 81

개 선정한 후 다양한 화제와 연관시켰다. 교재 편찬 시 이를 참고용으로 사용할 수 있고, 부록으로 제시하여 한국어의 완곡 표현 자료로써 사용할 수도 있다. 교육 과정에서 교사는 구체적인 교육 상황에 따라 본고에서 제출한 표현 목록을 참고할 수 있으며, 필요한 완곡 표현을 선택하여 지도할 수 있다.

넷째, 한국어 완곡 표현 속에 함축된 의미, 완곡 표현이 형성된 구체적인 원인, 실현 원리, 사용 방법을 학습자들에게 설명하는 것이 교육의 중점이자 난점이다. 교육 과정에서 학습자들은 특정한 완곡 표현에 함축한 뜻을 이해해야 하고, 어째서 완곡 표현을 써야 하는지를 알아야 하며, 대화 속에서 어떻게 사용하는지를 습득하고, 어떻게 완곡 표현의 효과가 생기는지를 배워야 한다. 따라서 한국어 완곡 표현을 교육할 때는 이 몇 가지를 중점으로 하여 교육을 진행해야 한다. 이들 문제를 겨냥하여 선정한 81개의 완곡 표현은 비교적 체계적으로 분석되었으므로 교육 시 참고 자료로 사용할 수 있다.

다섯째, 설명할 때는 중국어, 한국어 단어의 완곡 표현을 비교하는 방법을 잘 사용해야 한다. 대조를 통해 학생들의 해당 표현에 대한 난이도를 확인하고, 그 난이도에 따라 효과적으로 교육해야 한다. 한국어와 중국어의 완곡 표현을 비교하면서 공통점을 발견하면, 학습자들이 중국어를 참고하여 상호 대조를 통해 한국어의 완곡 표현을 이해하는 데 도움이 된다. 또, 대조하면서 상이한 부분을 발견하면, 교사와 학생이 그 상이한 부분을 교육의 주안점으로 두고 중점적으로 교육하는 데 도움이 된다. 본고에서는 81개의 대표적인 완곡 표현을 선정한 후 각 표현마다 중국어와 한국어를 대조시켰고, 난이도를 분석하였다. 이러한 비교와 분석 내용은 중국어권 학습자를 중심으로 하여 한국어의 완곡 표현을 교육하는 데 도움이 될 것이다.

본고를 진행하며 연구자로서 봉착하여야 했던 어려움은 다음의 두 가지 방향으로 압축할 수 있다.

그것은 첫째, 본 논문에서의 완곡 표현 선정 방법은 완전한 객관적 방법이 아닌 한국어 모어 화자의 직관적, 주관적인 판단과 객관적 자료의 분석을 절충한 방법을 택했다. 선정 결과는 설문 조사를 통해 이루어진 것인데 설문참여자의 나이, 직업, 성별, 학력, 경험에 따라 완곡 표현 방식에 개인적 차이가 있을 수밖에 없기 때문에 온전히 객관적인 자료라 보기는 어렵다. 하지만 설문을 통한 빈도수 측정 과정을 거침으로써 일상생활에서의 사용 빈도가 높은 표현을 선정하기 위해 노력하였다. 그리고 한국어 학습자의 입장에서도 한국인과의 대화 시 에둘러 말하여야 할 필요가 있는 표현의 목록들을 제시하는 시도로서의 의의를 지닌다고 할 수 있다. 물론 본고에서 제시한 완곡 표현 목록은 양적으로나 방법론적으로나 앞으로 지속적인 후속 연구를 통해 보완해 나갈 필요가 있다. 그리고 이를 바탕으로 대표성을 지닐 수 있는 더 풍부한 어휘, 표현 자료와 더 객관적인 선정 방법에 대한 다양한 연구가 필요하다.

둘째, 본고는 한국어 어휘범주의 완곡 표현만을 선정하였고, 한국어 문장범주의 구절이나 화용 차원에서의 완곡 표현은 논의 범위에서 일단 제외하였다. 따라서 앞으로도 문장차원의 완곡 표현과 화용차원에서 제시하는 완곡 표현을 중점으로 하여 더욱 전문적이고 심도 있는 후속 연구가 이어지기를 바란다.

▪ 참고문헌

강영웅(2015), 한국어와 영어의 금기·완곡 표현의 사용 양상 대조 연구, 연세대학교 대학원 석사학위 논문.

강현화(2011), 한국방송통신대학교 평생교육원, 『외국어로서의 한국어교육학』, 한국 방송통신대학교 출판부.

곽단양(2006), 중국어권 학습자를 위한 한국어 완곡 표현 교육 연구, 서울대학교 대학원 석사학위 논문.

국립국어원(2005), 『외국인을 위한 한국어문법1』, 커뮤니케이션 북스.

권길호(2015), 한국어 완곡 표현 연구, 부산대학교 대학원 박사학위 논문.

김경지(2011), 한국어 학습자를 위한 비언어적 표현 연구, 경희대학교 대학원 박사학위 논문.

김광해(1993), 『국어 어휘론 개설』, 집문당, 160쪽.

_____(2003), 기초어휘의 개념과 중요성, 『새국어생활』13-3.

김기선(2011), 고구려 '온달'과 몽골 산악신앙의 완곡어 'Öndör'와의 작명관 비교 연구, 『동아시아고대학』24, 441-472쪽.

김나영(2008), 영어권 학습자를 위한 한국어 속담 교육 연구-교훈적 속담 교육을 중심으로-, 숙명여자대학교 대학원 석사학위 논문.

김미라(2006), 한·일 양 언어의 완곡 표현 대조·비교, 경상대학교 교육대학원 석사학위 논문.

김미형(2000), 국어 완곡 표현의 유형과 언어 심리 연구, 『한말연구』7, 27-63쪽.

_____(2009), 한·영 완곡어의 대조 분석, 『한말연구』25, 61-112쪽.

김서형(2007), 한국어 교육을 위한 희망 표현 연구, 『한국어 교육』18-1, 23-48쪽.

김선정·김성수(2006), 한국어 속담 교재 개발을 위한 기초연구 및 모형 제시, 『Foreign Languages Education』13-2.

김 옥(2011), 한·중 완곡어 대조연구, 경희대학교 대학원 석사학위 논문.

김정아(2002), 한국어 교육에서의 속담 활용 방안 연구, 한국외국어대학교 교육대학원 석사학위 논문.

김정은(2006), 한국어교육에서의 비언어적 표현 교육, 『Foreign languages education (외국어교육)』13-2, 514쪽.

김정헌(2015), 거절장면에서의 「완곡 표현」 연구: 한·일 TV드라마를 중심으로, 『일본 근대학연구』49, 123-138쪽.

김종택(1992), 『국어어휘론』, 탑출판사.

김종학(1995), 국어 기초어휘의 개념에 대하여, 『어문논집』 23.

김중섭·김재욱·김정숙·강현화·김현진·이정희(2011), 『국제통용 한국어교육 표준 모형 개발 2단계』, 국립국어원.

김진우(2002), 『第2語 習得硏究-現況과 展望』, 한국문화사.

김진희·한승규(2012), 한국어 사전에서의 기피어와 완곡어 연구 - 더 나은 학습자 사전 편찬을 위하여, 『한국사전학』20, 141-163쪽.

김흥석(2008), 국어 어휘 범주의 완곡어 고찰, 『한어문교육』19, 20-37쪽.

김희경(2011), 한자어의 유형 분류 재고-한중일 한자어의 대조언어학적 연구를 위한 고찰-, 『언어와 언어학』, 53-74쪽.

侯捷·이은화(2014), 한국인 중국어 학습자의 이음절 어휘 습득과 한국어 한자어와의 상관관계연구, 『중국언어연구』54, 337-361쪽.

노금송(2010), 중한 번역에서의 한자어 교육 연구-오류 분석을 중심으로-, 『한국(조선)어 교육연구』7, 89-108쪽.

盧大奎(1975), 婉曲語法攷, 『연세어문학』6, 67-82쪽.

두위(2011), 한국어 한자어 합성어와 중국어 이합사의 대조연구, 『문창어문논집』48, 113-135쪽.

리우씨아오쉬엔(2012), 한국어 완곡 표현 교육 방안 연구: 완곡 표현의 화행 유형을 중심으로, 충주대학교 대학원 석사학위 논문.

마풍빈(2013), 한·중 완곡어의 비교연구, 대구대학교 대학원 석사학위 논문.

문효근(1974), 한국어 금기어, 건국대학교 대학원 박사학위 논문.

박선옥(1990), 대화적 함추: 그 발전과 확장, 『진주전문대학 논문집』13, 1-19쪽.

박선현(2009), 추측 표현 '-것 같다'의 완곡 기능 연구: 구어 전사 말뭉치를 중심으로, 한국외국어대학교 교육대학원 석사학위 논문.

박승혁(2007), 영어의 비속어와 완곡 표현에 대한 소고-몇 가지 예를 중심으로-, 『영미어문학』84, 153쪽.

박영준(2004), 한국어 금기어 연구-유형과 실현 양상을 중심으로-, 『우리말연구』15, 79-105쪽.

박종호(1998), 국어와 영어의 婉曲語·卑曲語 표현, 『사회과학연구』6, 113-127쪽.

박지영(2005), 우리 국어 중의 한자어와 중국어의 어휘 대조 연구-중국어 어휘, 교학을 중심으로, 『중국어문학지』18, 465-496쪽.

배성영(2012), 고급 한국어 학습자를 위한 완곡 표현의 교육 방안 연구, 영남대학교 대학원 석사학위 논문.

배재석·윤창준(2004), 한국 한자어와 중국어 어휘의 어의, 형태론적 비교연구-초급중국어 교재에 수록된 한자어의 계량적 분석을 중심으로-, 『이중언어학』25, 93-112쪽.

배재홍(2001), 한중 속담 비교연구, 경기대학교 교육대학원 석사학위논문.

백설자(2005), 간접화행, 은유(법), 반어(법)의 화용론적 성격, 『인문화학연구』29, 127-143쪽.

서덕현(1990), 기본어휘의 개념과 기초어휘의 위상: 교육용 어휘를 중심으로, 『국어교육』71, 211-244쪽.

서상규·남윤진·진기호(1998), 『한국어 교육을 위한 기초 어휘 선정 1-기초 어휘 빈도 조사 결과 보고서』, 문화관광부 한국어 세계화 추진위원회.

서상규·윤현경·봉미경(2009), 『교육용 기본 어휘 선정을 위한 기초 연구』, 국립국어원 연구보고서.

석진주(2011), 한국어 교육용 완곡 표현 연구, 경희대학교 교육대학원 석사학위 논문.

성미선(2009), 한국어 추측표현의 완곡어법 양상과 교육방안, 한양대학교 교육대학원 석사학위 논문.

송창선(2010), 『국어통사론』, 한국문화사.

안인숙(2013), 비언어적 의사소통의 의미강화 양상 연구, 『국어문학회』54, 51-75쪽.

오길용(2012), 중국어 완곡 표현에 대한 연구, 『중국인문과학』, 중국인문학회, Vol.52, 69-86쪽.

왕례량(2004), 한국인과 중국인의 비언어적 의사표현, 연세대학교 대학원 석사학위 논문.

왕몽각(2007), 한·중 속담 비교연구, 부산외국어대학교 대학원 석사학위 논문.

왕소단(2011), 한국어와 중국어 완곡 표현의 대비 연구, 충남대학교 대학원 석사학위 논문.

왕자기(2014), 중국어권 한국어 학습자를 위한 완곡어법 교육 방안 연구: 간접 화행 현상을 중심으로, 중앙대학교 대학원 석사학위 논문.

왕효효(2011), 한국어 완곡 표현 교육 연구: 교재에 나타난 완곡 표현을 중심으로, 동국대학교 대학원 석사학위 논문.

용요요(2010), 한국어와 중국어의 완곡 표현 대비 연구, 건국대학교 대학원 석사학위 논문.

육흔(2003), 한중일 삼국 속담의 비교 연구, 명지대학교 대학원, 박사학위 논문.

윤희주(2007), 완곡어법과 위악어법의 번역원인 및 번역방법, 『번역학연구』8-1, 193-220쪽.

이선희(2002), 정중성 이론의 제 양상과 통합적 모형, 『언어와 언어교육』17, 85-117.

이영숙(1996), 국어과 지도 대상 어휘의 선정 원리에 관한 연구, 서울대학교 대학원 국어교육과 석사학위 논문.

이용주(1959), 완곡어법 소고, 『국어교육』2, 33-45쪽.

이을환(1985), 『국어의미론』, 서울:현문사.

이응백(1972), 초등학교 학습용 기본어휘 연구, 『국어교육』18-20.

이정란(2011), 한국어 학습자의 화용 생산 능력과 이해 능력 비교-추측, 희망 표현의 화행 실현을 중심으로-, 『이중언어학』46, 297-319쪽.

이종능(2003), 英語에서의 婉曲語法에 관한 硏究, 한서대학교 대학원 석사학위논문, 4쪽.

이진선(2006), 한·중 속담 비교연구, 강릉대학교 교육대학원 석사학위 논문.

이충우(1991), 교육용 어휘의 선정- 경험적 방법에 의한 어휘 선정의 기준 설정, 『관대 논문집』19.

이충우(1994), 『한국어 교육용 어휘 연구』, 국학자료원.

이혁진(1991), 완곡어법의 연구: 영어와 우리말을 중심으로, 국민대학교 대학원 석사 학위 논문.

이현복(1976), 한국어 단음절의 억양 연구, 『언억학』,131-143쪽.

이효신(1998), 완곡 표현의 일한대조고찰, 계명대학교 대학원 석사학위 논문.

임지룡(1991), 국어의 기초어휘에 대한 연구, 『국어교육연구』23.

임지룡(2008), 『의미의 인지언어학적 탐색』, 한국문화사.

장지정(2008), 한국어 학습자를 위한 속담 교육 방안: 중국인 학습자를 중심으로, 상명 대학교 대학원 석사학위 논문.

전지연(2013), 미국 신문과 한국 신문의 사망 기사와 부고에서 사용되는 죽음에 대한 완곡어법의 차이 비교 연구, 단국대학교 대학원 석사학위 논문.

조광산(2013), '죽음'관련 한·중 완곡 표현 연구: 개념적 은유/환유 이론의 관점에서, 전북대학교 대학원 석사학위 논문.

조미경(2005), 공손 전략으로서의 한국어 완곡 표현 연구, 연세대학교 교육대학원 석 사학위 논문.

조영심(2002), 은유의 인지언어학적 연구, 전주대학교 대학원 박사학위 논문.

조현용(2000), 어휘 중심 한국어 교육방법 연구, 경희대학교 대학원 박사학위 논문.

조현용(2003), 비언어적 행위 관련 한국어 관용표현 교육 연구, 『한국어교육』, 14-1, 289-291쪽.

조혜선(1999), 완곡어법의 화용론적 설명, 『커뮤니케이션학연구』7-1, 303-316쪽.

조희숙(2005), 동의어로서의 완곡어와 위악어 연구: 몇 가지 예문을 기준으로, 『한국 슬라브어학회 학술대회 자료집』, 38-52쪽.

_____(2006a), 동의어, 완곡어와 위악어의 이론적 개념화, 한『국슬라브어학회 학술 대회 자료집』, 63-75쪽.

_____(2006b), 러시아 동의어 시스템에서 완곡어와 위악어의 위치 연구, 『슬라브어 연구』11, 91-106쪽.

_____(2006c), 러시아어 동의어 시스템에서 긍정적/부정적 뉘앙스와 완곡어/위악어 와의 연관성 연구(신체부위를 지칭하는 어휘를 중심으로), 『노어노문학』 18-3, 33-58쪽.

_____(2009), 동의어 발생과 사회심리언어학적 현상-완곡어와 위악어의 상관관계고 찰, 『노어노문학』21-2, 97-126쪽.

주수정(2010), 속담을 활용한 한국어 교육 연구, 대구가톨릭대학교 대학원 석사학위 논문.

진흔흔(2016), 한·중 완곡 표현의 비교 연구, 충북대학교 대학원 석사학위 논문.

채춘옥(2013a), 국어 완곡 표현의 영상 도식 은유에 관하여, 『사회언어학』21-1, 301-324쪽.

_____(2013b), 한·중 완곡 표현의 음성 변용과 문자 변용에 관한 대조연구, 『서강인 문논총』, 서강대학교 인문과학연구소, Vol.38, 253-300쪽.

_____(2014a), 완곡표현의 심리적 기제에 관한 재고찰, 『서강인문논총』41, 385-423쪽.

_____(2014b), 한국어와 중국어에서 사용되는 죽음에 관한 완곡어의 대조 분석, 사회 언어학』22-1, 255-279쪽.

_____(2014c), 한·중 대조를 통한 완곡 표현 연구, 서울대학교 대학원 박사학위 논문.

천강우(1991), 대화 함축에 관한 연구, 『언어와 언어교육』6, 137-157.

최규수(2010), 『한국어 통사론 입문』, 박이정 출판사.

쳬이 펑 훼이(2010), 한·중 완곡어 구성 방식의 대조 연구, 경북대학교 대학원 석사학 위 논문.

학사경(2012), 중국인 학습자를 위한 한국어 완곡 표현 연구, 연세대학교 대학원 석사 학위 논문.

허동진(1994), 조선말의 완곡적 수법과 민족심리, 『중국조선어문』69, 15-19쪽.

헤마(2010), 한국어문화교육을 위한 속담 교육 연구-인도인 한국어 학습자를 중심으 로-, 고려대학교 대학원 석사학위 논문.

황설련(2012), 조선어 "-것 같다"의 완곡기능에 대한 고찰: 구어말뭉치를 중심으로, 『중국조선어문』179, 60-66쪽.

Tran Thi Van Yen(2011), 한국어 완곡어법의 의미 변화 현상,『인문논총』23, 31-43쪽.
Yao Yan-jun(2014), 한국어와 중국어 완곡 표현의 비교연구: 단어와 관용어를 중심으로, 강원대학교 대학원 석사학위 논문.

蔡紅(2014), 漢韓語委婉語對比學習,『時代經貿』6, 215-215쪽.
戴国瑞(2015), 中韓委婉表達言語差異的對比分析,『信息化建設』8, 242쪽.
薑素英(2013), 韓英委婉語對比研究, 延邊大學, 碩士學位論文.
金莉娜(2006), 漢語、韓國語的委婉語對比分析,『延邊大學學報(社會科學版)』39-4, 76-79쪽.
李寶曄(2013), 漢韓死亡委婉語對比研究, 中國海洋大學, 碩士學位論文.
李 丹(2014), 跨文化交際視域下的韓漢委婉語語用研究,『華章』2, 78쪽.
李善熙(2012), 漢韓委婉語對比研究, 黑龍江大學, 碩士學位論文.
梁 丹(2014), 委婉語漢韓翻譯策略,『科教導刊:電子版』7, 64-65쪽.
劉一雙(2012), 韓國語詞彙教學實踐與探索,『西南民族大學學報(人文社會科學版)』, 161쪽.
柳炳泰(1985), 禁忌語와 婉曲語法의 言語學的役割,『관동대학교 關大論文集』13-1, 213-229쪽.
呂春燕(2004), 朝鮮語的委婉方式,『民族語文』3, 47-50쪽.
孟繁平(2014), 中韓委婉表達對比研究, 黑龍江大學, 碩士學位論文.
南桂仙(2006), 漢韓委婉語對比研究, 延邊大學, 碩士學位論文.
潘天琴(2012), 韓英委婉語對比研究, 對外經濟貿易大學, 碩士學位論文.
樸繕希(2002), 淺談漢語委婉語與對外漢語教學──兼談漢韓委婉語的對比, 北京語言文化大學, 碩士學位論文.
蘇曉霞(2015), 中韓委婉語比較研究,『當代教育實踐與教學研究』11, 242-243쪽.
田 英(2011), 韓漢委婉語對比研究, 河北師範大學, 碩士學位論文.
王海明(2001),『新倫理學』, 北京:商務印書館.
現代漢語大詞典編委會(2010),『現代漢語大詞典』, 上海：上海辭書出版社.
姚秋林(2012), 漢韓委婉語對比研究, 中國海洋大學, 碩士學位論文.
翟 泉(2006), 中韓委婉語比較研究, 對外經濟貿易大學, 碩士學位論文.
張拱貴(1996),『漢語委婉語詞典』, 北京語言文化大學出版社.
趙美恩(2011), 韓漢委婉語對比研究, 山東大學, 碩士學位論文.
佐伯茂雄, 郭祖儀 譯(1985),『現代心理學概述』, 西安: 陝西師範大學出版社.
Fromkin, Victoria, & Rodman, Robert(1983), An introduction to language, New York: Holt, Rinehart and Winston, Inc.; 박재양역(1987),『언어의 이해』, 시인사.
Gass, Susan M. Selinker, Larry(1999), 박의재, 이정원 역,『제2언어 습득론』, 서울: 한신

문화사.

Grice, H.P.(1975), Logic and conversation. In Cole, P. and Morgan, J.(Eds.). *Syntax and Semantics* 3: Speech Acts. New York : Academic Press, 41-58쪽;

_____(1978), Further Notes on Logic and Conversation. In Cole, P.(Eds.). *Pragmatics: Syntax and Semantics* 9. New York : Academic Press, 113-127쪽.

JJohnson, D. D., & Pearson(1984), P. D, *Teaching reading vocabulary*, New York: Holt, Rinehart and Winston.

Kellerman,E.(1977), Towards a characterisation of the strategy of transfer in second language learning, *Interlanguage Studies Bulletin* 2-1, 58-145쪽.

Kendon, A.(1987), On Gesture: Its complementary relationship to speech, in A. W. Siegman & S. Feldstein (eds.), *Nonverbal Behavior & Communication, Hillsdale*, N.J.: Lawrence Erlbaum Asso. Inc. 74쪽.

Kim, K.S., & J.O.Lee.(2012), A Comparative Study of Euphemisms in the Mongolian and Korean Languages. *Oriental Archive* 80, 124쪽.

Lakoff, R.T.(1973), The Logic of Politeness: or Minding Your p's and q's, *Chicago Linguistics Society* 9, 292-305쪽.

_____(1990), *Talking Power: The Politics of Language in Our Lives*, Glasgow: Harper Collins.

Leech, G.(1983), *Principle of Pragmatics*, New York: Longman.

Nagy, W.E.(1991), Teaching vocabulary to improve reading comprehension, IRA.

Swadesh, M.(1950), Salish Internal Relationships, *International Journal of American Linguistics* 16(4), 157-167쪽.

Taylor, J.R.(2002), *Cognitive Grammar*, Oxford: Oxford University Press; 임지룡, 김동환 옮김(2005), 한국문화사.

Ungerer, F. & H-J., Schmid(1996/2006), *An Introduction to Cognitive Linguistics*, London & New York: Longman; 임지룡, 김동환 옮김(1998), 『인지언어학 개론』, 태학사.

인터넷 검색

Cnki 검색: http://www.cnki.net/.

Google 학술 검색: https://scholar.google.com/.

Riss 검색: http://www.riss.kr/index.do.

국립국어원, 표준국어대사전: http://stdweb2.korean.go.kr/main.jsp

【완곡 표현 설문조사】

안녕하십니까?

본 설문은 중국인 한국어 학습자들 위한 한국어 교육용 완곡 표현 목록을 선정하는 데 도움이 될 수 있는 연구를 진행하기 위해 실시합니다.

본 연구를 수행하는 과정에 귀하의 도움이 필요합니다. 설문에 해당 어휘나 표현을 일상생활에서 상용하는 완곡 표현인지 아닌지 귀하의 개인 경험에 의해 판단하시고 설문에 답해 주시면 됩니다. **매우 자주 사용하는 완곡 표현인 경우 '매우 그렇다' 칸에 'V로 체크하시고 자주 사용하는 완곡 표현인 경우 '그렇다' 칸에, 별로 자주 사용하지 않는 완곡 표현인 경우 '보통이다' 칸에 , 거의 사용하지 않는 완곡 표현인 경우 '그렇지 않다' 칸에, 전혀 사용하지 않거나 의미조차 모른다 하면 '전혀 그렇지 않다' 칸에 'V로 체크하시면 됩니다.(예시 참고)**

귀하께서 주신 응답 내용은 학술연구만을 위해 사용될 것을 약속드리며 응답 결과는 아래 이메일로 보내 주시면 됩니다. 번거로우시더라도 내용을 잘 읽으신 후 답해 주시면 감사하겠습니다. 중국어권 학습자들의 한국어 완곡 표현 학습에 도움이 될 수 있는 연구로 보답해 드리겠습니다.

연구자 드림

본 설문과 관련한 의문사항은 전화나 이메일로 문의하여 주시면 됩니다.
(휴대전화: 010-2239-****, 이메일: ****@naver.com)

※ 예시: 죽음에 관한 완곡 표현

직설 표현	완곡 표현	매우 그렇다	그렇다	보통 이다	그렇지 않다	전혀 그렇지 않다
죽다	돌아가다	V				
	(영원히) 떠나(가)다		V			
	눈을 감다			V		
	작고(하다)				V	
	몰세하다					V

※ 본 설문에서의 '완곡 표현'에 대한 기준은 다음과 같습니다. (참고용)

1. 해당 완곡 표현은 <u>직설적인 표현이</u> 존재한다.
2. 해당 완곡 표현은 직설적인 표현보다 우회적이며 <u>간접적</u>이며 부드럽고 함축적이다.
3. 해당 완곡 표현은 사용하는 목적에 있어서 원활한 의사소통을 위한 것이며 <u>긍정적</u>이다.
4. 해당 완곡 표현은 <u>현대사회</u>에서 일상대화의 의사소통 과정에서 완곡 어휘와 완곡 표현으로 사용되고 있어야 한다.

I. 다음은 귀하의 일반적인 사항에 관한 질문입니다.

성별		나이	
전공		최종학력	

II. 다음은 한국어 교육용 완곡 표현 목록 선정에 관한 설문 조사 내용입니다.

1. 죽음에 관한 완곡 표현

직설 표현	완곡 표현	매우 그렇다	그렇다	보통 이다	그렇지 않다	전혀 그렇지 않다
죽다	목숨이 다하다					
	생명이 끝나다					
	생을 마치다					
	지다					
	목숨을 잃다					
	운명(하다)					
	심장(고동)이 멈추다					
	숨을 거두다					
	숨을 끊다					
	숨을 멈추다					
	눈을 감다					
	하늘로 가다					
	저 세상에 가다					
	저승에 가다					
	유명을 달리하다					
	(흙으로) 돌아가다					
	(영원히) 다시 돌아오지 않다					
	먼 길을 떠나다					
	곁을 떠나다					
	멀리 떠나다					
	(영원히) 떠나(가)다					
	세상을 뜨다					
	이별하다					
	세상과 이별하다					
	세상을 등지다					

직설 표현	완곡 표현	매우 그렇다	그렇다	보통 이다	그렇지 않다	전혀 그렇지 않다
	세상을 하직하다					
	이승을 떠나다					
	세상을 떠나다					
	영결					
	서거(하다)					
	세상에 없다					
	(영원히) 사라지다					
	세상을 버리다					
	세상 사람이 아니다					
	사별하다					
	안식하다					
	(고이/영원히) 잠들다					
	눈에 흙이 들어가다					
	작고(하다)					
	구천에 가다					
	귀천(歸泉)					
	귀토(歸土)					
	황천객이 되다					
	황천길로 가다					
	황천에 가다					
	하늘나라(에) 가다					
	하늘나라로 떠나다					
	하늘나라로 올라가다					
	하늘로 돌아가다					
	향년					
	천명을 다하다					
	천수를 다하다					
	붕어(崩御)(하다)					
	승하(昇遐)(하다)					

직설 표현	완곡 표현	매우 그렇다	그렇다	보통 이다	그렇지 않다	전혀 그렇지 않다
	별이 떨어지다					
	별이 지다					
	별세(別世)(하다)					
	타계(他界)(하다)					
	성불하다					
	열반에 들다(入涅槃)					
	천국(당)에 가다					
	하느님 곁으로 가다					
	(부모를) 여의다					
	상처(喪妻)(하다)					
	(아내를) 잃다					
	(아내와) 사별하다					
	상부(喪夫)(하다)					
	혼자가 되다					
	아사하다(餓死)					
	전몰하다(戰歿)					
	잘못 되다(不測)					
	(삶의) 고통을 멈추다					
	일어나지 못하다					
	몸(을) 바치다					
	목숨을 바치다					
	순교(殉敎)					
	희생(犧牲)(하다)					
	순국(殉國)(하다)					
	순직(殉職)(하다)					
	살신성인					
	자결(自決)					
	스스로 목숨을 끊다					
	투강(投江)					

직설 표현	완곡 표현	매우 그렇다	그렇다	보통 이다	그렇지 않다	전혀 그렇지 않다
	한강에 뛰어들다					
	투신(投身)					
	음독(飮毒)					
	목을 매다					
	돌연사(突然死)					
	급사(急死)					
장사를 지내다, 장례	초상을 치르다					
무덤, 장지	묻힌 곳					
	길지					
죽은 이가 입는 옷	수의					

2. 병과 상해에 관련된 완곡 표현

직설 표현	완곡 표현	매우 그렇다	그렇다	보통 이다	그렇지 않다	전혀 그렇지 않다
병나다 (병에 걸리다, 병을 앓다)	몸이 안 좋다					
	아프다					
	안색(이) 안 좋다					
	편찮다					
	누워 있다					
	불편하다					
	몸이 이상하다					
	컨디션이 좋지 않다					
중병에 걸리다	일어나지 못하다					
	몹쓸 병에 걸리다					

직설 표현	완곡 표현	매우 그렇다	그렇다	보통 이다	그렇지 않다	전혀 그렇지 않다
암(이나 다른 중병)	나쁜 병					
	나쁜 소식					
	많이 않 좋다					
	고치기 힘든 병					
	죽을 병					
암	종양					
	캔서					
흑사병	페스트					
문둥병	나병					
	한센병					
마마	천연두					
설사하다	복통					
	배 아프다					
	배탈 나다					

3. 장애에 관한 완곡 표현

직설 표현	완곡 표현	매우 그렇다	그렇다	보통 이다	그렇지 않다	전혀 그렇지 않다
병신, 페인, 불구자	장애인/장애자/장애우					
	도움이 필요한 사람					
	몸이 불편한 사람					
	손발이 불편한 사람					
	팔이 불편한 사람					
앉은뱅이	하반신 장애인					
절름발이	다리가 불편한 사람					
	걷기 불편한 사람					

직설 표현	완곡 표현	매우 그렇다	그렇다	보통 이다	그렇지 않다	전혀 그렇지 않다
꼽추, 곱사등이	척추 장애인					
	등이 굽었다					
봉사, 소경, 장님	시각 장애인					
	앞 못 보는 사람					
	시력을 잃은 사람					
	맹인					
실명하다	눈이 안 보이다					
	시력을 잃다					
귀머거리	청각 장애인					
말더듬이, 벙어리, 농아	언어 장애우					
	말 못하는 사람					
머저리, 바보, 천치, 백치	지적 장애우					
난쟁이	왜소증					
미치광이, 미친이	정신 장애인					
	정신이 이상한 사람					
	정신 지체인					
정신 박약자	유리멘탈					
정신병, 정신지체	정신장애					
	정신질환					
미치다	정신이 잘못되다					

4. 성(신체 부위 포함)에 관한 완곡 표현

직설 표현	완곡 표현	매우 그렇다	그렇다	보통 이다	그렇지 않다	전혀 그렇지 않다
십(씹)방세계	시방세계					
성관계, 성, 성행위	밤일					
	섹스					
	성생활					
	부부생활					
성교, 성관계를 발생하다	침대를 같이 쓰 다					
	관계를 가지다/ 갖다/맺다					
	동침하다					
	사랑을 나누다					
	사랑을 하다					
	잠자리 가지다 (하다)					
	책임 질 일을 하다					
	하다					
	함께 자다					
	합궁					
	하룻밤을 보내 다					
	한자리에 들다					
결혼 전 관계를 갖다	속도위반(하다)					
	과속하다					
성기, 성 기관, 생식기	거기					
	그것					
	밑					
	아래					
남자성기, 자지	거시기					
	남근					

직설 표현	완곡 표현	매우 그렇다	그렇다	보통 이다	그렇지 않다	전혀 그렇지 않다
	잡지					
불알	음낭					
	고환					
	붕알					
여자의 생식기, 보지	음부					
	은밀한 곳(부위)					
알몸	나체					
똥구멍	항문(학문)					
궁둥이, 엉덩이	히프/힙					
젖, 젖가슴	가슴					
	유방					
	바스트					
거웃	음모					
포경수술	고래잡이					
	고래사냥					
성적매력	섹시(하다)					
	관능적이다					
강간	성폭행(력)					
사창가, 윤락가	유흥가					
	홍등가					
몸을 팔다	성매매					
정조를 더럽히다	순결을 잃다					
바지 지퍼가 열려 있다	남대문이 열려 있다					
브라자	라자					
18(씹할)	열여덟					
4층	F층					

5. 연애, 가정, 혼인과 임신에 관한 완곡 표현

직설 표현	완곡 표현	매우 그렇다	그렇다	보통 이다	그렇지 않다	전혀 그렇지 않다
독신, 독신 남, 독신녀	싱글					
비혼모, 미혼모	싱글맘					
노처녀	골드 미스					
	올드미스					
좋아하다	마음이 있다					
	생각이 있다					
	관심이 있다					
바람둥이, 풍각쟁이	플레이보이					
	호색가					
결혼하다	보금자리를 틀다					
	국수를 먹다					
이혼하다	남남이 되다					
	헤어지다					
	이혼 도장을 찍다					
	갈라서다					
남편	바깥 사람					
	바깥 양반					
부인, 처	집사람					
	안사람					
	안주인					
불화 부부	쇼윈도 부부					
과부	홀어미					

직설 표현	완곡 표현	매우 그렇다	그렇다	보통 이다	그렇지 않다	전혀 그렇지 않다
외국인 며느리	결혼이민여성					
혼인 외 사랑 하는 사람, 정부, 첩	세컨드					
	애인					
간통, 불륜	외도를 하다					
	바람을 피우다					
	바람이 나다					
	부적절한 관계이다					
	여자가 있다					
	혼외정사					
임신하다	경사가 나다					
	홀몸이 아니다					
	아이를 배다					
	배부르다					
	배가 불러오다					
	좋은 소식을 갖다					
	아기를 가지다					
	아이가 서다					
	기쁜 소식이 있다					
콘돔	그거					
낙태	지우다					
피임약	지우개					
결손가정	한 부모 가정					
	외부모 가정					
	편부모 가정					
국제결혼가정	다문화 가족					

6. 생리, 배설이나 분비에 관한 완곡 표현

직설 표현	완곡 표현	매우 그렇다	그렇다	보통 이다	그렇지 않다	전혀 그렇지 않다
월경(하다), 생리	그날					
	마법에 걸리다					
	멘스					
흰 머리	흰 서리					
오줌	줌오					
똥과 오줌	대소변					
똥이나 오줌을 누는 일	볼 일					
똥을 누는 일	응가					
	큰것					
오줌을 누는 일	작은 것					
똥이나 오줌을 누다	대소변을 보다					
	(볼)일을 보다					
	용변 (하다/보다)					
	배변하다					
	큰일/작은 일을 보다					
오줌을 누다	소피하다					
	쉬하다					
똥/오줌 누러가다	화장실에 가다					
	일 보러 가다					
	잠깐 실례 하겠다					
	잠깐 화장실에 갔다 오겠다					
똥 마렵다	화장실 가고 싶다					
	뒤가 급하다					
	아랫배가 아파오다					

직설 표현	완곡 표현	매우 그렇다	그렇다	보통 이다	그렇지 않다	전혀 그렇지 않다
야뇨	지도를 그리다					
뒷간, 변방	해우소					
	변소					
	정랑					
방구	가스를 배출하다					
	구방					
팬티	속옷					

7. 직업과 신분에 관한 완곡 표현

직설 표현	완곡 표현	매우 그렇다	그렇다	보통 이다	그렇지 않다	전혀 그렇지 않다
식모, 가정청소부, 파출부	아주머니					
	가사도우미					
	이모					
쓰레기 청소부, 청소부	환경미화원					
경품꾼, 경매꾼	경매인					
월급쟁이	화이트칼라					
	직장인					
	봉급생활자					
	샐러리맨					
	회사원					
농민 근로자	농업종사자					
동자, 밥 짓는 사람	요리사					
	셰프/쉐프					
매춘부, 창녀	직업여성					
	아가씨					

직설 표현	완곡 표현	매우 그렇다	그렇다	보통 이다	그렇지 않다	전혀 그렇지 않다
매파, 중매쟁이	중매인					
	커플매니저					
머리를 깎는 사람	미용사					
	이발사					
	헤어디자이너					
	헤어스타일 리스트					
	헤어아티스트					
백수	무직업					
운전수	기사님					
장사꾼	상인					
	사업가					
	비즈니스맨					
	무역인					
	기업인					
비전속인	프리랜서					
지배계급	지도층(인사)					
중	승려					
	스님					
염장이	장례 지도사					
내시	환관					
해고, 실업, 퇴직, 면직	구조조정(되다)					
	조기퇴직					
	밥줄이 끊기다					
	인력감축 되다					
	옷을 벗다					
	짐을 싸다					
흑인, 검둥이	아프리카계 미 국인					

8. 동물에 관한 완곡 표현

직설 표현	완곡 표현	매우 그렇다	그렇다	보통 이다	그렇지 않다	전혀 그렇지 않다
개고기 요리, 개장국	보신탕					
	사철탕					
	영양탕					
개(같은)	멍멍이(같은)					
뱀	집주인					
쥐	서생원					

9. 평가에 관한 완곡 표현

직설 표현	완곡 표현	매우 그렇다	그렇다	보통 이다	그렇지 않다	전혀 그렇지 않다
못생기다	별로 예쁘지 않다					
	보통이다					
	귀엽다					
	독특하다					
	개성 있게 생기다					
	개성 있다					
뚱뚱하다, 통통하다, 살이 찌다	건장하다					
	넉넉해 보이다					
	보기 좋다					
	복스럽다					
	실하다					
마르다	날씬하다					
	슬림하다					
	호리호리하다					

직설 표현	완곡 표현	매우 그렇다	그렇다	보통 이다	그렇지 않다	전혀 그렇지 않다
몸매가 좋지 않다	몸매가 안 되다					
늙다, 노화	나이가 들다					
	성숙하다					
	나이가 있다					
늙은 이, 노인	어르신					
노인반점	버섯					
	검버섯					
대머리, 민머리	탈모된 머리					
인색하다	알뜰하다					
담이 작다	신중하다					
능력이 부족하다	능력이 안 되다					
무식하다	속이 비었다					
수다쟁이	언변이 좋다					
	입담이 좋다					
	말솜씨가 좋다					
	말재간이 좋다					
열등생	학습부진아					
불쾌하다, 언짢다	씁쓸하다					
고통스럽게 하다	괴롭히다					
초조하다	안절부절 못하다					
질투하다	시샘하다					
후진국	개발도상국					
	저개발국					

10. 불량 행위, 부정적 행위, 범죄에 관한 완곡 표현

직설 표현	완곡 표현	매우 그렇다	그렇다	보통 이다	그렇지 않다	전혀 그렇지 않다
범죄를 짓다	일을 저지르다					
사형	단두대에 오르다					
감옥	교도소					
	높은 담					
감옥에 들어가다, 감옥살이 (하다)	쇠고랑을 차다					
	콩밥을 먹다					
	콩밥 신세를 지다					
	철창행					
도박, 노름	손장난					
뇌물, 뒷돈	봉투					
	상납금					
돈을 받다	봉투 받다					
불법 수입	검은 돈					
	검은 수입					
도둑, 밤도둑	밤손님					
	양상군자					
범죄소년	비행 소년					
마약	흰가루/ 하얀 가루					
백 그라운드	빽					
때리다	손 좀 봐 주다					
	주먹 쓰다					

11. 경제에 관한 완곡 표현

직설 표현	완곡 표현	매우 그렇다	그렇다	보통 이다	그렇지 않다	전혀 그렇지 않다
만원	배춧잎					
돈놀이	재테크					
빈곤하다, 돈 없다	주머니 사정이 좋지 않다					
	주머니가 가볍다					
	주머니가 넉넉하지 않다					
	주머니가 비다					
	허리띠를 졸라매야 한다					
	가정 형편이 어렵다					
	가정 경제가 빠듯하다					
빈민가	판자촌					
	달동네					
빚	적자					
	대출					
성장하락세	마이너스성장					
경제위기, 경제 침체	불경기					
	불황					
	내리막길을 가다					
통화팽창	인플레이션					
근로 빈곤	워킹푸어					
싸구려	길거리표					
	시장표					
가격이 비싸다	가격이 세다					
거지가 되다	쪽박을 차다					

- 귀한 시간 내어 주셔서 대단히 감사합니다! -

• 설문조사에 대한 기본 통계

완곡 표현	N	극솟값	극대치	평균값	표준편차
목숨이 다하다	116	1.00	5.00	3.69	0.97
생명이 끝나다	116	1.00	5.00	2.91	1.21
생을 마치다	116	1.00	5.00	3.31	1.25
지다	116	1.00	5.00	2.59	1.12
목숨을 잃다	116	1.00	5.00	3.34	1.17
운명(하다)	116	1.00	5.00	3.12	1.33
심장(고동)이멈추다	116	1.00	5.00	3.18	1.16
숨을 거두다	116	1.00	5.00	3.59	1.13
숨을 끊다	116	1.00	5.00	3.03	1.27
숨을 멈추다	116	1.00	5.00	2.96	1.15
눈을 감다	116	1.00	5.00	3.64	1.04
하늘로 가다	116	1.00	5.00	4.16	1.10
저 세상에 가다	116	1.00	5.00	4.05	0.95
저승에 가다	116	1.00	5.00	3.31	1.25
유명을 달리하다	116	1.00	5.00	3.72	1.14
(흙으로) 돌아가다	116	1.00	5.00	4.09	1.29
(영원히) 다시 돌아오지 않다	116	1.00	5.00	3.01	1.09
먼 길을 떠나다	116	1.00	5.00	3.22	1.13
곁을 떠나다	116	1.00	5.00	3.29	1.02
멀리 떠나다	116	1.00	5.00	3.15	1.09
(영원히)떠나(가)다	116	1.00	5.00	3.38	1.17
세상을 뜨다	116	1.00	5.00	4.01	1.08
이별하다	116	1.00	5.00	2.86	1.13
세상과 이별하다	116	1.00	5.00	3.10	1.11
세상을 등지다	116	1.00	5.00	2.90	1.17
세상을 하직하다	116	1.00	5.00	3.09	1.12
이승을 떠나다	116	1.00	5.00	3.11	1.07
세상을 떠나다	116	1.00	5.00	3.66	1.13
영결	116	1.00	5.00	2.82	1.18
서거(하다)	116	1.00	5.00	3.25	1.09
세상에 없다	116	1.00	5.00	3.09	1.11

완곡 표현	N	극솟값	극대치	평균값	표준편차
(영원히)사라지다	116	1.00	5.00	2.89	1.02
세상을 버리다	116	1.00	5.00	2.42	1.10
세상 사람이 아니다	116	1.00	5.00	3.11	1.09
사별하다	116	1.00	5.00	3.01	1.09
안식하다	116	1.00	5.00	3.03	1.13
(고이/영원히) 잠들다	116	1.00	5.00	3.66	0.91
눈에 흙이 들어가다	116	1.00	5.00	2.81	1.18
작고(하다)	116	1.00	5.00	3.03	1.11
구천에 가다	116	1.00	5.00	2.64	1.17
귀천(歸泉)	116	1.00	5.00	2.45	1.15
귀토(歸土)	116	1.00	5.00	2.22	1.07
황천객이 되다	116	1.00	5.00	2.31	1.14
황천길로 가다	116	1.00	5.00	2.62	1.30
황천에 가다	116	1.00	5.00	2.54	1.26
하늘나라(에)가다	116	1.00	5.00	4.34	0.89
하늘나라로 떠나다	116	1.00	5.00	3.59	1.06
하늘나라로 올라가다	116	1.00	5.00	3.39	1.17
하늘로 돌아가다	116	1.00	5.00	3.27	1.16
향년	116	1.00	5.00	2.81	1.09
천명을 다하다	116	1.00	5.00	3.03	1.08
천수를 다하다	116	1.00	5.00	3.02	1.08
붕어(崩禦)(하다)	116	1.00	5.00	3.56	3.94
승하(昇遐)(하다)	116	1.00	5.00	3.45	1.30
별이 떨어지다	116	1.00	5.00	2.86	1.14
별이 지다	116	1.00	5.00	2.90	1.23
별세(別世)(하다)	116	1.00	5.00	4.01	0.99
타계(他界)(하다)	116	1.00	5.00	3.61	1.10
성불하다	116	1.00	5.00	2.65	1.14
열반에 들다(入涅槃)	116	1.00	5.00	2.52	1.08
천국(당)에 가다	116	1.00	5.00	3.90	1.14
하느님 곁으로 가다	116	1.00	5.00	3.40	0.94
(부모를) 여의다	116	1.00	5.00	4.00	1.10
상처(喪妻)(하다)	116	1.00	5.00	2.66	1.05
(아내를) 잃다	116	1.00	5.00	3.28	1.14
(아내와) 사별하다	116	1.00	5.00	3.71	1.13
상부(喪夫)(하다)	116	1.00	5.00	2.62	1.08
혼자가 되다	116	1.00	5.00	3.61	1.28
아사하다(餓死)	116	1.00	5.00	2.71	1.17

완곡 표현	N	극솟값	극대치	평균값	표준편차
전몰하다(戰歿)	116	1.00	5.00	2.34	1.02
잘못되다(不測)	116	1.00	5.00	2.72	1.02
(삶의)고통을 멈추다	116	1.00	5.00	2.89	1.07
일어나지 못하다	116	1.00	5.00	2.81	1.13
몸(을)바치다	116	1.00	5.00	2.72	1.10
목숨을 바치다	116	1.00	5.00	3.17	1.05
순교(殉教)	116	1.00	5.00	4.01	1.21
희생(犧牲)(하다)	116	1.00	5.00	3.25	0.96
순국(殉國)(하다)	116	1.00	5.00	3.33	1.06
순직(殉職)(하다)	116	1.00	5.00	3.35	1.11
살신성인	116	1.00	5.00	2.75	1.31
자결(自決)	116	1.00	5.00	2.94	1.21
스스로 목숨을 끊다	116	1.00	5.00	3.78	1.13
투강(投江)	116	1.00	5.00	2.40	1.14
한강에 뛰어들다	116	1.00	5.00	2.82	1.08
투신(投身)	116	1.00	5.00	3.07	1.12
음독(飲毒)	116	1.00	5.00	3.46	1.27
목을 매다	116	1.00	5.00	3.71	1.20
돌연사(突然死)	116	1.00	5.00	3.63	1.21
급사(急死)	116	1.00	5.00	3.53	1.18
초상을 치르다	116	1.00	5.00	4.16	0.96
묻힌 곳	116	1.00	5.00	3.91	1.10
길지	116	1.00	5.00	2.49	1.14
수의	116	1.00	5.00	4.10	0.91
몸 안 좋다	116	3.00	5.00	4.55	0.68
아프다	116	2.00	5.00	4.53	0.76
안색(이)안좋다	116	1.00	5.00	4.35	0.82
편찮다	116	1.00	5.00	4.34	0.79
누워 있다	116	1.00	5.00	3.03	1.10
불편하다	116	1.00	5.00	3.50	1.07
몸 이상하다	116	1.00	5.00	3.20	1.09
컨디션이 좋지 않다	116	1.00	5.00	3.51	1.07
일어나지 못하다	116	1.00	5.00	3.41	1.14
몹쓸 병에 걸리다	116	1.00	5.00	3.73	1.12
나쁜 병	116	1.00	5.00	3.34	1.20
나쁜 소식	116	1.00	5.00	3.25	1.09
많이 안 좋다	116	2.00	5.00	4.43	0.73
고치기 힘든 병	116	1.00	5.00	3.61	0.96

완곡 표현	N	극솟값	극대치	평균값	표준편차
죽을 병	116	1.00	5.00	2.89	1.27
종양	116	1.00	5.00	3.67	1.06
캔서	116	1.00	5.00	3.04	1.15
페스트	116	1.00	5.00	2.84	1.26
나병	116	1.00	5.00	3.32	1.18
한센병	116	1.00	5.00	3.42	1.23
천연두	116	1.00	5.00	3.47	1.15
복통	116	1.00	5.00	3.47	1.24
배 아프다	116	1.00	5.00	3.72	0.99
배탈 나다	116	1.00	5.00	4.24	1.00
장애인/장애자/장애우	116	2.00	5.00	4.52	0.76
도움이 필요한 사람	116	1.00	5.00	3.47	1.07
몸이 불편한 사람	116	2.00	5.00	4.14	0.82
손발이 불편한 사람	116	1.00	5.00	3.40	1.01
팔이 불편한 사람	116	1.00	5.00	3.27	0.98
하반신 장애인	116	1.00	5.00	3.21	1.15
다리가 불편한 사람	116	1.00	5.00	3.59	1.01
걷기 불편한 사람	116	1.00	5.00	3.53	0.96
척추 장애인	116	1.00	5.00	3.03	1.11
등이 굽었다	116	1.00	5.00	3.25	1.15
시각 장애인	116	1.00	5.00	3.78	1.06
앞 못 보는 사람	116	1.00	5.00	3.71	1.02
시력을 잃은 사람	116	1.00	5.00	3.47	1.09
맹인	116	1.00	5.00	3.18	1.49
눈이 안 보이다	116	1.00	5.00	4.16	0.90
시력을 잃다	116	1.00	5.00	3.78	1.18
청각 장애인	116	2.00	5.00	4.14	0.87
언어장애인	116	2.00	5.00	4.02	0.91
말 못하는 사람	116	1.00	5.00	3.50	1.02
지적 장애우	116	1.00	5.00	3.25	1.23
왜소증	116	1.00	5.00	2.84	1.28
정신 장애인	116	1.00	5.00	3.31	1.23
정신이 이상한 사람	116	1.00	5.00	3.59	1.03
정신 지체인	116	1.00	5.00	3.13	1.22
유리멘탈	116	1.00	5.00	2.84	1.11
정신장애	116	1.00	5.00	3.35	1.11
정신질환	116	1.00	5.00	3.70	0.99
정신이 잘못되다	116	1.00	5.00	2.96	1.12

완곡 표현	N	극솟값	극대치	평균값	표준편차
시방세계	116	1.00	5.00	2.19	1.07
밤일	116	1.00	5.00	3.09	1.08
섹스	116	2.00	5.00	3.91	0.95
성생활	116	1.00	5.00	3.97	1.21
부부생활	116	1.00	5.00	4.06	0.90
침대를 같이 쓰다	116	1.00	5.00	2.59	1.17
관계를 가지다	116	1.00	5.00	4.37	0.77
동침하다	116	1.00	5.00	3.35	1.03
사랑을 나누다	116	1.00	5.00	3.37	1.22
사랑을 하다	116	1.00	5.00	3.06	1.11
잠자리를 가지다(하다)	116	2.00	5.00	4.29	0.86
책임 질 일을 하다	116	1.00	5.00	2.64	1.23
하다	116	1.00	5.00	3.33	1.26
함께 자다	116	1.00	5.00	3.34	1.10
합궁	116	1.00	5.00	2.39	1.09
하룻밤을 보내다	116	1.00	5.00	3.20	1.12
한자리에 들다	116	1.00	5.00	2.83	1.13
속도(를)위반(하다)	116	1.00	5.00	4.25	0.96
과속하다	116	1.00	5.00	3.19	1.16
거기	116	1.00	5.00	4.05	1.04
그것	116	1.00	5.00	3.47	1.11
밑	116	1.00	5.00	3.16	1.10
아래	116	1.00	5.00	3.16	1.00
거시기	116	1.00	5.00	4.16	0.82
남근	116	1.00	5.00	2.83	1.08
잡지	116	1.00	5.00	2.09	1.09
음낭	116	1.00	5.00	3.05	1.16
고환	116	1.00	5.00	3.60	0.98
불알	116	1.00	5.00	2.64	1.20
음부	116	1.00	5.00	4.10	0.99
은밀한 곳(부위)	116	1.00	5.00	2.96	1.14
나체	116	1.00	5.00	4.09	0.97
항문	116	1.00	5.00	4.13	0.89
히프/힙	116	2.00	5.00	3.74	1.03
가슴	116	2.00	5.00	4.41	0.79
유방	116	1.00	5.00	3.47	1.12
바스트	116	1.00	5.00	2.88	1.33
음모	116	1.00	5.00	3.20	1.17

완곡 표현	N	극솟값	극대치	평균값	표준편차
고래잡이	116	1.00	5.00	4.01	0.99
고래사냥	116	1.00	5.00	3.03	1.16
섹시(하다)	116	1.00	5.00	4.09	0.94
관능적이다	116	1.00	5.00	3.34	1.10
성폭행(력)	116	1.00	5.00	4.22	0.95
유흥가	116	1.00	5.00	4.07	0.92
홍등가	116	1.00	5.00	3.54	1.02
성매매	116	1.00	5.00	3.88	1.11
순결을 잃다	116	1.00	5.00	3.43	1.27
남대문이 열려 있다	116	1.00	5.00	4.00	0.99
라자	116	1.00	5.00	2.43	1.16
열여덟	116	1.00	5.00	3.20	1.27
F층	116	1.00	5.00	3.16	1.23
싱글	116	2.00	5.00	4.50	0.81
싱글맘	116	1.00	5.00	4.38	0.90
골드 미스	116	1.00	5.00	3.84	0.93
올드 미스	116	1.00	5.00	3.30	1.12
마음이 있다	116	1.00	5.00	3.64	1.07
생각이 있다	116	1.00	5.00	3.36	1.02
관심이 있다	116	2.00	5.00	3.82	0.80
플레이보이	116	1.00	5.00	3.67	1.09
호색가	116	1.00	5.00	2.76	1.11
보금자리를 틀다	116	1.00	5.00	2.92	1.03
국수를 먹다	116	1.00	5.00	3.53	1.03
남남이 되다	116	1.00	5.00	4.12	0.89
헤어지다	116	1.00	5.00	4.21	0.93
이혼 도장을 찍다	116	1.00	5.00	3.32	1.23
갈라서다	116	1.00	5.00	3.66	1.06
바깥 사람	116	1.00	5.00	2.95	1.21
바깥 양반	116	1.00	5.00	2.96	1.23
집사람	116	1.00	5.00	3.48	1.14
안사람	116	1.00	5.00	3.31	1.16
안주인	116	1.00	5.00	2.95	1.14
쇼윈도부부	116	1.00	5.00	4.05	1.06
홀어미	116	1.00	5.00	2.91	1.15
결혼이민여성	116	1.00	5.00	3.00	1.17
세컨드	116	1.00	5.00	3.74	1.02
애인	116	1.00	5.00	3.30	1.11

완곡 표현	N	극솟값	극대치	평균값	표준편차
외도를 하다	116	1.00	5.00	3.87	0.96
바람을 피우다	116	2.00	5.00	4.05	0.86
바람이 나다	116	2.00	5.00	4.03	0.86
부적절한 관계이다	116	1.00	5.00	3.15	1.27
여자가 있다	116	1.00	5.00	3.60	0.93
혼외정사	116	1.00	5.00	2.92	1.17
경사가 나다	116	1.00	5.00	3.03	1.03
홀몸이 아니다	116	1.00	5.00	3.36	1.13
아이를 배다	116	1.00	5.00	3.46	1.07
배부르다	116	1.00	5.00	2.98	1.18
배가 불러오다	116	1.00	5.00	3.16	1.13
좋은 소식을 갖다	116	1.00	5.00	3.13	1.08
아기를 가지다	116	2.00	5.00	4.39	0.85
아이가 서다	116	1.00	5.00	3.34	1.01
기쁜 소식이 있다	116	1.00	5.00	3.08	1.04
그거	116	1.00	5.00	2.92	1.23
지우다	116	1.00	5.00	3.45	1.09
지우개	116	1.00	5.00	2.43	1.09
한 부모 가정	116	1.00	5.00	3.50	1.23
외부모 가정	116	1.00	5.00	2.89	1.08
편부모 가정	116	1.00	5.00	2.97	1.15
다문화 가족	116	1.00	5.00	3.41	1.27
그날	116	1.00	5.00	4.41	0.81
마법에 걸리다	116	1.00	5.00	3.97	1.03
멘스	116	1.00	5.00	3.30	1.22
흰 서리	116	1.00	5.00	2.72	1.10
줌오	116	1.00	5.00	1.84	1.01
대소변	116	1.00	5.00	4.18	0.98
볼 일	116	2.00	5.00	3.98	0.76
응가	116	1.00	5.00	3.76	1.05
큰것	116	1.00	5.00	3.28	1.19
작은 것	116	1.00	5.00	3.17	1.27
대소변을 보다	116	1.00	5.00	3.71	1.06
(볼)일을 보다	116	2.00	5.00	4.26	0.82
용변(하다/보다)	116	1.00	5.00	3.39	0.98
배변하다	116	1.00	5.00	3.22	1.10
큰일/작은일을 보다/하다	116	1.00	5.00	4.17	0.91
소피하다	116	1.00	5.00	3.06	1.17

완곡 표현	N	극솟값	극대치	평균값	표준편차
쉬하다	116	1.00	5.00	3.56	1.17
화장실에 가다	116	1.00	5.00	4.41	0.74
일 보러 가다	116	1.00	5.00	3.86	0.97
잠깐 실례 하겠다	116	1.00	5.00	3.53	1.05
잠깐 화장실에 갔다 오겠다	116	1.00	5.00	3.75	1.01
화장실 가고 싶다	116	1.00	5.00	3.87	1.18
뒤가 급하다	116	1.00	5.00	2.69	1.08
아랫배가 아파오다	116	1.00	5.00	2.90	1.14
지도를 그리다	116	1.00	5.00	2.95	1.23
변소	116	1.00	5.00	2.45	1.07
해우소	116	1.00	5.00	4.01	1.03
정랑	116	1.00	5.00	2.09	1.00
가스를 배출하다	116	1.00	5.00	3.48	1.02
구방	116	1.00	5.00	1.92	0.93
속옷	116	1.00	5.00	3.70	1.05
아주머님	116	1.00	5.00	4.22	1.00
가사도우미	116	2.00	5.00	3.56	1.14
이모님	116	1.00	5.00	4.12	1.17
환경미화원	116	2.00	5.00	3.85	0.84
경매인	116	1.00	5.00	3.34	1.25
화이트칼라	116	1.00	5.00	3.08	1.10
직장인	116	1.00	5.00	4.28	0.94
봉급생활자	116	1.00	5.00	3.01	1.12
샐러리맨	116	1.00	5.00	4.02	1.07
회사원	116	1.00	5.00	4.28	1.02
농업종사자	116	1.00	5.00	3.39	1.07
요리사	116	1.00	5.00	4.32	0.98
쉐프	116	1.00	5.00	4.08	1.09
성매매 직업 여성	116	1.00	5.00	3.37	1.08
아가씨	116	1.00	5.00	3.34	1.10
중매인	116	1.00	5.00	3.21	1.02
커플매니저	116	1.00	5.00	3.43	1.13
미용사	116	2.00	5.00	4.23	0.88
이발사	116	1.00	5.00	3.41	1.19
헤어디자이너	116	1.00	5.00	4.09	0.93
헤어스타일리스트	116	1.00	5.00	3.66	1.12
헤어아티스트	116	1.00	5.00	3.20	1.14
무직업	116	1.00	5.00	3.33	1.05

완곡 표현	N	극솟값	극대치	평균값	표준편차
기사님	116	1.00	5.00	4.20	0.97
상인	116	1.00	5.00	3.77	1.08
사업가	116	1.00	5.00	3.81	1.06
비즈니스맨	116	1.00	5.00	3.56	1.07
무역인	116	1.00	5.00	3.11	1.07
기업인	116	1.00	5.00	3.66	1.11
프리랜서	116	1.00	5.00	4.18	0.87
지도층(인사)	116	1.00	5.00	3.15	1.38
승려	116	1.00	5.00	3.74	1.05
스님	116	1.00	5.00	4.08	1.04
장례 지도사	116	1.00	5.00	3.59	1.19
환관	116	1.00	5.00	3.12	1.17
구조조정(되다)	116	2.00	5.00	4.26	0.86
조기퇴직	116	1.00	5.00	3.08	1.11
밥줄이 끊기다	116	1.00	5.00	3.04	1.10
인력 감축되다	116	1.00	5.00	2.99	1.03
옷을 벗다	116	2.00	5.00	4.00	0.97
짐을 싸다	116	1.00	5.00	3.15	1.00
아프리카계 미국인	116	1.00	5.00	2.76	1.21
보신탕	116	1.00	5.00	3.80	1.20
사철탕	116	1.00	5.00	2.99	1.20
영양탕	116	1.00	5.00	3.25	1.13
멍멍이(같은)	116	1.00	5.00	2.77	1.16
집주인	116	1.00	5.00	2.02	0.93
서생원	116	1.00	5.00	2.17	1.10
별로 예쁘지 않다	116	1.00	5.00	3.79	0.97
보통이다	116	1.00	5.00	3.42	1.00
귀엽다	116	1.00	5.00	3.12	1.10
독특하다	116	1.00	5.00	3.19	1.04
개성 있게 생기다	116	1.00	5.00	3.41	1.03
개성 있다	116	1.00	5.00	3.18	1.07
건장하다	116	1.00	5.00	3.21	1.12
넉넉해 보이다	116	1.00	5.00	3.17	1.04
보기 좋다	116	1.00	5.00	3.07	1.04
복스럽다	116	1.00	5.00	3.61	0.92
실하다	116	1.00	5.00	3.12	3.05
날씬하다	116	2.00	5.00	4.29	0.86
슬림하다	116	1.00	5.00	3.64	0.94

완곡 표현	N	극솟값	극대치	평균값	표준편차
호리호리하다	116	1.00	5.00	3.26	1.17
몸매가 안 되다	116	1.00	5.00	3.55	1.00
나이가 들다	116	1.00	5.00	4.29	0.87
성숙하다	116	1.00	5.00	3.30	1.02
나이가 있다	116	1.00	5.00	3.58	1.06
어르신	116	2.00	5.00	4.41	0.83
버섯	116	1.00	5.00	2.47	1.10
검버섯	116	1.00	5.00	3.23	1.28
탈모된 머리	116	1.00	5.00	2.78	1.11
알뜰하다	116	1.00	5.00	3.02	1.16
신중하다	116	1.00	5.00	3.30	1.17
능력이 안 되다	116	1.00	5.00	3.62	1.00
속이 비었다	116	1.00	5.00	3.18	1.03
언변이 좋다	116	1.00	5.00	3.22	1.06
입담이 좋다	116	1.00	5.00	3.34	1.12
말솜씨가 좋다	116	1.00	5.00	3.51	1.04
말재간이 좋다	116	1.00	5.00	3.28	1.10
학습부진아	116	1.00	5.00	2.88	1.05
씁쓸하다	116	1.00	5.00	3.17	1.11
괴롭히다	116	2.00	5.00	3.59	0.97
안절부절못하다	116	1.00	5.00	3.62	0.97
시샘하다	116	2.00	5.00	3.50	0.96
개발도상국	116	1.00	5.00	4.21	0.98
저개발국	116	1.00	5.00	3.07	1.08
일을 저지르다	116	1.00	5.00	3.37	1.02
단두대에 오르다	116	1.00	5.00	3.12	1.05
교도소	116	1.00	5.00	4.22	0.86
높은 담	116	1.00	5.00	2.59	1.15
쇠고랑을 차다	116	1.00	5.00	3.51	1.11
콩밥을 먹다	116	1.00	5.00	4.01	0.99
콩밥 신세를 지다	116	1.00	5.00	3.48	0.96
철창행	116	1.00	5.00	2.94	1.23
손장난	116	1.00	5.00	2.80	1.12
봉투	116	1.00	5.00	3.49	1.03
상납금	116	1.00	5.00	3.16	1.08
봉투 받다	116	1.00	5.00	4.04	0.96
검은 돈	116	1.00	5.00	4.10	0.98
검은 수입	116	1.00	5.00	3.21	1.18

완곡 표현	N	극솟값	극대치	평균값	표준편차
밤손님	116	1.00	5.00	2.76	1.39
양상군자	116	1.00	5.00	2.18	1.20
비행 소년	116	1.00	5.00	4.00	0.99
흰가루/하얀 가루	116	1.00	5.00	4.04	0.99
빽	116	2.00	5.00	4.09	0.88
손 좀 봐 주다	116	1.00	5.00	3.91	0.99
주먹 쓰다	116	1.00	5.00	3.30	0.96
배춧잎	116	1.00	5.00	3.09	1.16
재테크	116	1.00	5.00	3.07	1.28
주머니 사정이 좋지 않다	116	2.00	5.00	4.01	0.96
주머니가 가볍다	116	1.00	5.00	3.25	1.03
주머니가 넉넉하지 않다	116	1.00	5.00	3.36	1.03
주머니가 비다	116	1.00	5.00	3.12	1.05
허리띠를 졸라매다	116	2.00	5.00	3.34	0.91
가정 형편이 어렵다	116	1.00	5.00	3.78	0.90
가정 경제가 빠듯하다	116	1.00	5.00	3.26	1.06
판자촌	116	1.00	5.00	3.35	1.07
달동네	116	2.00	5.00	4.02	0.82
적자	116	1.00	5.00	3.57	1.07
대출	116	1.00	5.00	3.97	0.87
마이너스성장	116	2.00	5.00	3.56	0.94
불경기	116	2.00	5.00	4.11	0.84
불황	116	1.00	5.00	4.02	0.91
내리막길을 가다	116	1.00	5.00	2.99	1.08
인플레이션	116	1.00	5.00	3.53	1.11
위킹푸어	116	1.00	5.00	3.17	1.07
길거리표	116	1.00	5.00	3.01	1.12
시장표	116	1.00	5.00	3.10	0.99
가격이 세다	116	1.00	5.00	3.59	1.00
쪽박을 차다	116	1.00	5.00	3.09	1.22

양 정 楊靜

한국외국어대학교 국어국문학과 졸업 · 문학박사

한영외국어고등학교 중국어과 외국인 초빙 교원

한국관광대학교 관광중국어과 중국어 강사

연세대학교 상남경영원 MBA과정 중국어 강사

現 중국 광동외어외무대학교(廣東外語外貿大學) 동양어대 조선어학과 전임교수

　호원대학교 한국어교육원 한국어 초빙 교수

.

한국어 완곡 표현 연구

초판인쇄　2018년 04월 11일
초판발행　2018년 04월 20일

저　　자　양 정
발 행 인　윤석현
책임편집　안지윤
발 행 처　도서출판 박문사
주　　소　서울시 도봉구 우이천로 353 성주빌딩 3F
전　　화　(02) 992-3253(대)
전　　송　(02) 991-1285
전자우편　bakmunsa@hanmail.net
홈페이지　http://jnc.jncbms.co.kr
등록번호　제2009-11호

ⓒ 양정 2018 Printed in KOREA.

ISBN 979-11-87425-88-5　93710　　　　정가 21,000원